경제
상식사전

경제 상식사전
Common Sense Dictionary of Economy

초판	1쇄 발행	2008년 1월 15일
초판	13쇄 발행	2009년 2월 27일
1차 개정	6쇄 발행	2010년 5월 27일
2차 개정	3쇄 발행	2011년 3월 31일
3차 개정	6쇄 발행	2014년 2월 28일
4차 개정	5쇄 발행	2016년 10월 28일
5차 개정	3쇄 발행	2018년 10월 31일
6차 개정	7쇄 발행	2021년 3월 2일
7차 개정	7쇄 발행	2024년 4월 5일
8차 개정	2쇄 발행	2025년 6월 27일

지은이 김민구
발행인 이종원
발행처 (주)도서출판 길벗
출판사 등록일 1990년 12월 24일
주소 서울시 마포구 월드컵로 10길 56(서교동)
대표전화 02)332-0931 | **팩스** 02)322-0586
홈페이지 www.gilbut.co.kr | **이메일** gilbut@gilbut.co.kr

기획 및 책임편집 이재인(jlee@gilbut.co.kr) | **디자인** 박상희
제작 이준호, 손일순, 이진혁 | **마케팅** 정경원, 김진영, 류효정
유통혁신 한준희 | **영업관리** 김명자, 심선숙, 정경화 | **독자지원** 윤정아

편집 및 교정교열 김동화 | **전산편집** 김정미 | **삽화** 조윤혜 | **인쇄** 금강인쇄 | **제본** 금강제본

▶ 이 책은 저작권법에 따라 보호받는 저작물이므로 무단전재와 무단복제를 금합니다.
　이 책의 전부 또는 일부를 이용하려면 반드시 사전에 저작권자와 출판사 이름의 서면 동의를 받아야 합니다.
▶ 인공지능(AI) 기술 또는 시스템을 훈련하기 위해 이 책의 전체 내용은 물론 일부 문장도 사용하는 것을 금지합니다.
▶ 잘못 만든 책은 구입한 서점에서 바꿔드립니다.

ⓒ 김민구, 2025
ISBN 979-11-407-1277-9 03320
(길벗도서번호 070531)

정가 20,000원

독자의 1초를 아껴주는 정성 길벗출판사

(주)도서출판 길벗 IT단행본&교재, 성인어학, 교과서, 수험서, 경제경영, 교양, 자녀교육, 취미실용　www.gilbut.co.kr
길벗스쿨 국어학습, 수학학습, 주니어어학, 어린이단행본, 학습단행본　www.gilbutschool.co.kr

김민구 지음

길벗

> 지은이의 말

한 치 앞이 안 보이는 경제!
흐름을 알아야 이치를 안다

2020년대 중반에 접어들면서 세계 경제가 요동치고 있습니다. '분노와 갈라치기 끝판왕'이라는 꼬리표가 붙은 도널드 트럼프(Donald Trump)가 4년간의 공백을 끝내고 '미국 호(號)'를 진두지휘하는 수장(首將)으로 화려하게 복귀했기 때문입니다.

트럼프의 재등판으로 한동안 잠들었던 보호무역주의가 관 뚜껑을 열고 되살아나고 있습니다. 이에 미국은 자유무역주의와 결별하는 모습입니다. 이를 보여주듯 트럼프는 대통령 취임 후 한 달이 채 되기도 전에 캐나다, 멕시코, 중국 등 주요 교역국에 고율의 관세를 부과하는 등 글로벌 통상전쟁에 돌입했습니다.

특히 우려되는 대목은 세계 경제 패권을 둘러싼 미국과 중국의 대격돌입니다. 미중 패권 경쟁을 보면 기원전 5세기 고대 그리스 시대가 떠오릅니다. 그리스 펠로폰네소스 반도에 자리 잡은 도시국가 스파르타는 막강한 국력을 과시했지만, 또 다른 도시국가 아테네에 돈과 사람이 몰리면서 상황이 급변하기 시작했죠.

펠로폰네소스의 맹주 스파르타는 아테네의 급부상에 두려움을 느꼈고, 결국 두 나라는 경제·정치 패권을 놓고 무려 30년간 길고 지루한 전쟁을 벌였습니다. 그리고 이 전쟁은 두 나라 모두 패망의 길을 걸으며 막을 내렸죠. 그리스 역사학자 투키디데스(Thucydides)가 이를 기록하며 탄생한 용어가 '투키디데스의 함정'입니다. 이는 자신보다 열등하다고 여긴 자가 어느 날 자신을 추월했을 때 이를 가만히 두고 볼 수 없는 상황을 뜻합니다.

고대 그리스 시대 이후 수천 년이 지났지만 투키디데스의 함정이 되풀이되고 있습니다. '관세전쟁'의 포문을 연 트럼프에 맞서 중국이 또 다른 관세 정책으로 대응하는 등 양측이 세계 경제 패권을 놓고 힘겨루기를 하고 있기 때문이죠.

국내로 눈을 돌리면 계속되는 경기침체와 고물가로 소비자의 시름이 깊어지는 가운데 이들의 이색 소비 성향을 보여주는 '듀프(Dupe) 소비'가 자리를 잡고 있습니다. 또 '알파 세대'와 'Z세대'의 특징을 공유하는 이른바 '잘파 세대'가 등장해 유통업계에 새로운 바람을 불러일으킬 것으로 보입니다.

이처럼 국내외 경제가 출렁이고 있는 가운데 《경제 상식사전》은 독자 여러분이 익숙하지 않은 경제 지형을 헤쳐 나가는 길잡이가 되기를 기대합니다.

기본 경제 용어는 물론 최신 경제 용어까지, 8차 개정판으로 만난다

2008년 초판 발행 이후 7차 개정판을 거치며 50만 독자의 사랑을 받아온 《경제 상식사전》이 급변하는 경제 상황을 보다 정확하게 전달하기 위해 2025년 8차 개정판으로 찾아왔습니다.

기본적인 경제 용어는 물론이고 최신 경제 용어까지 꼼꼼하게 정리했고, 세계적인 경제 매체에 빠지지 않고 등장하는 필수 용어도 업그레이드했습니다. 특히 트럼프의 경제정책인 '트럼프노믹스'를 비롯해 최근 소비 추세를 보여주는 '듀프' 등 다양한 주제를 충실하게 담았습니다. 총 152개 주제로 정리한 이 책이 독자 여러분의 지적 욕구를 충족시켜줄 수 있기를 바랍니다.

초보자에게는 기초를,
중급자에게는 핵심 정리를!

이 책은 취업을 앞둔 대학생, 재테크 기초 지식을 쌓으려는 직장인, 중고교생, 경제시험 수험생도 두루 볼 수 있도록 집필했습니다. 경제를 처음 공부하는 초보자들에게는 다소 어려울 수도 있지만, 다양한 예시, 삽화, 도표와 함께한 설명은 초보자들도 부담 없이 경제 용어를 습득할 수 있도록 도울 것입니다.

또 경제에 대한 지식은 있지만 그 지식이 흩어져 있는 분들에게도 이 책은 매우 유용할 것입니다. '구슬도 꿰어야 보배'라는 말이 있지 않습니까? 여러분의 지식을 보배로 만드세요.

경제는 결코 어려운 분야가 아닙니다. 경제 용어를 보다 쉽고 편안하게 다룬 이 책을 통해 독자 여러분이 경제를 좀 더 친숙하게 느꼈으면 하는 바람입니다.

김민구

경제 상식 자가 진단

✓ 나의 경제 상식 지수는?

나의 경제 상식 지수는 얼마일까요? 가벼운 마음으로 풀어보세요(정답은 10쪽에).

01 우수 고객의 20%가 전체 매출의 80%를 차지한다는 '파레토의 법칙'과 반대되는 것은?
- ⓐ 롱테일 법칙
- ⓑ 롱헤어 법칙
- ⓒ 숏테일 법칙
- ⓓ 숏헤어 법칙

02 무엇을 얻으려면 마땅히 그에 상응하는 비용이나 대가를 치러야 한다는 것을 의미하는 용어는?
- ⓐ 제로섬
- ⓑ 언더독
- ⓒ 기회 비용
- ⓓ 공짜 점심

03 대량 생산을 할수록 평균 비용이 하락하는 현상은?
- ⓐ 설비의 경제
- ⓑ 규모의 경제
- ⓒ 생산의 경제
- ⓓ 비용의 경제

04 지질학 용어였으나 새로운 제품이나 서비스가 일반인에게 받아들여지기 전까지 겪는 답답하고 힘든 침체기를 말하는 용어는?
- ⓐ 불쾌한 골짜기
- ⓑ 캐즘
- ⓒ 버블
- ⓓ 블록딜

05 개발도상국 가운데 경제성장률이 높고 빠른 속도로 산업화가 진행되는 신흥시장은?
- ⓐ 일머징마켓
- ⓑ 이머징마켓
- ⓒ 삼머징마켓
- ⓓ 사머징마켓

06 환율 변동으로 발생하는 손해는?
- ⓐ 적자
- ⓑ 환율 손해
- ⓒ 환차익
- ⓓ 환차손

07 기업 또는 정부가 계약대로 채무를 상환할 수 없는 채무불이행 상태를 말하는 것은?
- ⓐ 디폴트
- ⓑ 인플레이션
- ⓒ 정크본드
- ⓓ 모라토리엄

08 주식 소유를 통해 다른 회사(종속회사 또는 자회사)를 지배하는 회사는?
- ⓐ 주주회사
- ⓑ 지주회사
- ⓒ 주지회사
- ⓓ 지지회사

09 은행의 예금금리와 대출금리 간의 차이를 말하는 것은?
- ⓐ 환율
- ⓑ 여신
- ⓒ 대출이자
- ⓓ 예대마진

10 한 나라 또는 일정 국가의 경제가 인접한 다른 국가나 보편적인 세계경제의 흐름과 달리 독자적인 노선을 보이는 현상은?
- ⓐ 동조화
- ⓑ 사베인-옥슬리
- ⓒ 엑슨-플로리오
- ⓓ 디커플링

11 비상 상황에서 벗어나 금리를 인상하는 등 경제정책 기조를 원래 상태로 되돌리는 것은?
- ⓐ 비상구 전략
- ⓑ 금리전략
- ⓒ 출구전략
- ⓓ 탈출전략

12 영국 런던에서 우량은행끼리 단기자금을 거래할 때 적용하는 금리는?
ⓐ 리보금리　　　ⓑ 바보금리
ⓒ 미모금리　　　ⓓ 니모금리

13 일하는 80대를 뜻하는 용어는?
ⓐ 잘파 세대　　　ⓑ 파이어족
ⓒ 옥토제너리언　　ⓓ 센티너리언

14 미래의 상품을 현재에 미리 사두거나 파는 것은?
ⓐ 현물　　　ⓑ 과거물
ⓒ 미래물　　ⓓ 선물

15 증권거래소에서 매매할 수 있는 품목(종목)으로 지정하는 일은?
ⓐ 상장　　　ⓑ 상패
ⓒ 트로피　　ⓓ 성장

테스트 결과

✓ 맞힌 정답의 개수를 세어보세요. 정답은 아래에 있습니다.

12개 이상

경제 척척박사

이 정도 경제 상식쯤은 땅 짚고 헤엄치기인 당신. 그러나 경제 상식은 꾸준히 업데이트하는 것이 중요하니 너무 자만하지 마세요!

8~11개

어설픈 안다박사

들으면 아는데 정확한 개념은 알쏭달쏭한 당신. 아는 것도 되짚으면서 경제 개념을 확실하게 잡아보세요!

6~7개

왕초보 경제박사

용어들은 낯이 익은데 그놈이 그놈 같아 헷갈리는 당신. 초보 딱지를 떼려면 경제에 재미있게 접근하는 것부터 시작하세요!

3개 이하

나는 경제 울렁증

경제와는 궁합 제로인 당신. 하지만 이 책과 함께라면 경제도 결코 어렵지 않다는 것을 알게 될 거예요!

정답

1 ⓐ | 2 ⓓ | 3 ⓑ | 4 ⓑ | 5 ⓑ | 6 ⓓ | 7 ⓐ | 8 ⓑ | 9 ⓓ | 10 ⓓ | 11 ⓒ | 12 ⓐ | 13 ⓒ | 14 ⓓ | 15 ⓐ

차례

지은이의 말　　004
경제 상식 자가 진단　　007

첫째마당 ⓦ 경제 기초 체력 쌓기

번호	제목	쪽
001	어떤 것을 선택해야 할까? **총과 버터**	020
002	세상에 공짜는 없다! **공짜 점심**	022
003	가짜 정보가 전염병처럼 퍼지는 **인포데믹**	025
004	직관을 따를까 말까? **몬티홀 딜레마**	028
005	다수의 행복과 소수의 희생 **트롤리 딜레마**	031
006	살아남기 위해 계속 움직여라! **붉은 여왕의 법칙**	034
007	모 아니면 도! **치킨게임**	037
008	이질감에서 비롯된 불편함 **불쾌한 골짜기**	040
009	경제판 '제 논에 물 대기' **근린궁핍화 정책**	043
010	소비자가 진화한다 **다양한 컨슈머**	046
011	잘 모르면 바가지 쓰는 곳! **레몬마켓**	049
012	나라의 존폐는 인구가 결정한다 **인구절벽**	052
013	내 것 아닌 공유지니까 막 써 **공유지의 비극**	054
014	전쟁터의 술수와 방어전략들 **적대적M&A**	058
015	상처뿐인 영광 **승자의 저주**	062
016	부(富)는 높은 곳에서 낮은 곳으로 흐른다 **트리클다운 이론**	066
017	짝퉁이 진품을 이기는 **그레셤의 법칙**	068
018	소수의 부유층만 공략한다 **파레토의 법칙**	070
019	비쌀수록 잘 팔리는 **베블런효과**	072

020	친구 따라 강남 가는 **밴드왜건효과**	074
021	국가도 부도가 난다고? **모라토리엄**	076
022	돈은 흘러야 제맛 **유동성**	079
023	물가가 지속적으로 상승하는 **인플레이션**	081
024	고성장에도 물가가 오르지 않는 **골디락스**	085
025	정부의 돈 잔치는 끝났다 **출구전략**	087
026	경제를 동물에 빗댄다? **매파와 비둘기파**	090
027	기업의 비재무적 성과를 평가하는 **ESG 경영**	093
028	빛 좋은 개살구 **분식회계**	096
029	기업이 흑자여도 망한다 **흑자부도**	098
030	세계를 두려움에 떨게 하는 **검은 백조**	100
031	하나를 얻으면 하나를 잃는 **기회비용**	102
032	본전 생각이 나서 포기 못 하겠네 **매몰비용**	104
033	산업 가치사슬의 앞과 뒤 **전방산업과 후방산업**	107
034	나라경제의 가계부 **경상수지**	109
035	누르면 다른 곳이 부풀어오르는 **풍선효과**	111
036	급한 성질 때문에 경제를 망치는 **샤워실의 바보**	113
037	소득분배의 불평등도를 보여주는 **지니계수**	115
038	장소로 보는 경제지표 **GDP**	117
039	혼자 다 해먹고 끼리끼리 다 해먹는 **독점과 과점**	119

셋째 마당 재테크에 도움 되는 금융 상식

| 040 | 극복해야 살아남는다! **캐즘** | 124 |
| 041 | 인류 역사에서 반복적으로 일어나는 **버블** | 127 |

042	시장의 유동성을 파악하는 **통화지표**	130
043	돈이 제대로 돌아야 나라가 산다 **통화승수**	134
044	조용히 숨어 효율적으로 사냥하는 **스토킹호스**	136
045	경제에 안정을 찾아주는 기준 **테일러 준칙**	139
046	가진 주식에 콜옵션을 더하다 **커버드콜**	141
047	시장의 투명성을 높이는 **코픽스**	145
048	외환시장에서 환율을 안정시키는 **외국환평형기금**	148
049	주주의 이익을 극대화하자! **주주자본주의**	151
050	주식과 펀드의 장점만 담은 **ETF**	154
051	대주주의 보고 의무 **5%룰**	157
052	해도 고민, 안 해도 고민 **기업공개(IPO)**	160
053	증권거래소 시세표에 이름 올리는 **상장**	162
054	시간 외에 이뤄지는 대규모 주식매매 **블록딜**	164
055	만질 수 없는 돈 **디지털화폐**	167
056	주인이 아닌 자신을 위해 일하는 **주인-대리인 문제**	171
057	기업의 시장가치를 알 수 있는 **5가지 척도**	174
058	저금리국에서 돈 빌려 고금리국에 투자하는 **캐리 트레이드**	176
059	은행의 안정성을 보여주는 **BIS비율**	178
060	내 돈이 위험하다 **뱅크런**	181
061	은행의 이자 장사는 이대로 끝? **예대마진**	184
062	환율에 웃고 우는 **환차익과 환차손**	186
063	돈의 흐름을 좌우지하는 **금리**	188
064	각종 금리의 기준이 되는 대표 금리 **기준금리**	191
065	부르면 달려오는 초단기자금 **콜금리**	193
066	외국 돈을 빌릴 때는 **리보금리**	195
067	경제 살리려고 공짜로 돈 빌려주는 **제로금리**	198
068	은행에 돈 맡기면 오히려 손해 **마이너스 금리**	201

069	기업 인수를 목적으로 설립하는 회사 **SPAC**	204
070	1,000원이 100원 되는 **리디노미네이션**	207
071	주식회사의 사업 밑천 **주식**	209
072	차트를 보면 주식시장이 보인다! **봉 차트**	212
073	이것이 보이면 주식을 사야 할 때! **골든크로스**	215
074	컴퓨터가 알아서 주식을 거래하는 **프로그램 매매**	218
075	좋은 신상 주식 나왔어요 **공모주**	221
076	작은 주식이 좋다 **스몰캡**	224
077	소는 강세장, 곰은 약세장 **불마켓과 베어마켓**	227
078	주식이 없어도 팔 수 있다 **공매도**	229
079	주식시장의 보이지 않는 손 **사이드카**	232
080	주식을 나누는 **액면분할**	235
081	회사 규모가 커지면 사업 밑천이 더 필요하다 **증자와 감자**	237
082	주가 방어 위해 자기 회사 주식 사들이는 **자사주매입**	240
083	우리나라 대표 주가지수 **코스피**	243
084	제2시장의 주가 **코스닥**	245
085	미국의 주가지수 **다우지수**	247
086	먹튀의 대마왕 **사모펀드**	249
087	공격적이고 도박성이 큰 **헤지펀드**	251
088	부실기업을 먹고 사는 **벌처펀드**	254
089	세계경제를 위기로 몰아넣는 **파생상품**	256
090	미래 가격으로 결제하는 **선물거래**	259
091	선물 가격이 정상 상태인 **콘탱고**	261
092	투자자들 몰래 나쁜 소식 발표하는 **올빼미 공시**	263
093	우수 인재를 확보하기 위한 전략 **스톡옵션**	266
094	돈을 튕겨서 불리는 지렛대 **레버리지**	269

한국경제 핫이슈 따라잡기

095	K팝, K드라마, 이제는 K코인 **김치코인**	274
096	일하는 80대 **옥토제너리언**	278
097	개발 규제 대신 경제 성장 **화이트존**	281
098	가혹한 세금 징수는 그만! **거위 깃털 뽑기**	284
099	현실 세계와 똑같은 **디지털 트윈**	287
100	원주민이 쫓겨난다 **젠트리피케이션**	290
101	새로운 기준이 온다 **뉴노멀**	294
102	복제품이지만 짝퉁은 아냐! **듀프**	297
103	정규직보다 자유로운 프리랜서가 좋아 **긱 이코노미**	300
104	하늘에서 돈이 떨어지는 **헬리콥터 머니**	303
105	죽 쒀서 개 주는 **가마우지 경제**	306
106	악재에 악재가 더해지는 **칵테일 위기**	309
107	대한민국은 대기업 천국? **규모의 경제**	311
108	삼성의 실적 발표가 궁금하다 **어닝쇼크**	314
109	수당, 상여금, 퇴직금을 결정하는 **통상임금**	316
110	세금 폭탄 피하기 위한 기업의 꼼수 **조세피난처**	319
111	뒷문으로 주식시장 들어가는 **우회상장**	321
112	땅콩 회항이 시사하는 **오너와 전문경영인**	323
113	기업과 국가의 성적표 **신용등급**	325
114	떠오르는 신흥시장 **이머징마켓**	329
115	많아도 걱정, 적어도 걱정 **외환보유고**	331
116	죽은 것도 산 것도 아닌 **좀비기업**	334
117	각자 갈 길 가자! **디커플링**	337
118	꼬리가 길면 성공한다 **롱테일 법칙**	339

119	지적재산권의 두 얼굴 **특허괴물**	342
120	햄버거로 물가 수준을 점쳐볼까? **빅맥지수**	345
121	굴러온 돌이 박힌 돌 빼내는 **윔블던효과**	348
122	국가끼리 돈을 교환하는 **통화스와프**	350
123	강대국 사이에 눌린 호두 신세 **넛크래커**	352
124	아시아의 자유무역지대가 될 **아세안**	355
125	주식을 보유하고 있는 **지주회사**	357

넷째 마당 — 세계경제 시야 넓히기

126	그녀가 가는 곳에 돈이 몰린다 **스위프트노믹스**	362
127	화폐를 발행해 얻는 이익 **세뇨리지효과**	365
128	기술과 인터넷을 기반으로 한 새로운 경제 모델 **프로토콜 경제**	368
129	빅테크 기업에 대한 반발심 **테크래시**	371
130	진짜처럼 위장한 가짜를 조심하라 **스패머플라지**	375
131	세계적인 경제 행사 **잭슨홀 미팅**	377
132	다시 돌아온 위대한 미국 **트럼프노믹스**	381
133	일본경제가 그의 손에 **이시바노믹스**	385
134	경제를 살리기 위해 시중에 돈을 푸는 **양적완화**	388
135	양적완화 규모를 축소하는 **테이퍼링**	392
136	새로운 세대의 등장 **잘파 세대**	395
137	중국이 주도하는 국제 금융기구 **AIIB**	398
138	정치적 기싸움에 휘청거리는 무역 자유화 **TPP**	402
139	국제무대에서 끼리끼리 뭉쳤다 **G20**	406
140	EU와 NAFTA에 맞서는 남미 경제공동체 **메르코수르**	410

141	우리 물건 싸게 팔게 세금 많이 내! **스무트-홀리 관세법**	413
142	달러화 강세가 몰고 올 세계경제의 소용돌이 **패리티**	417
143	공해로도 돈을 번다 **탄소배출권거래소**	420
144	우물 안 개구리가 된 일본 IT산업 **갈라파고스 신드롬**	423
145	중국의 경제 개발을 이끈 **흑묘백묘론**	426
146	20년 전부터 아프리카에 공들인 중국 **차이나프리카**	428
147	중국경제, 초고속 성장 시대는 끝났다! **바오우(保五) 시대**	431
148	세계 관광시장의 큰손 **유커와 싼커**	434
149	중국을 들썩이게 하는 인터넷 슈퍼스타 **왕훙**	437
150	달러화냐, 유로화냐, 위안화냐? **기축통화**	439
151	달라진 세계 금융시장의 판도 **신자본주의**	442
152	인류 역사에 큰 영향을 미친 귀금속 **금**	445

경제
기초 체력
쌓기

Common Sense Dictionary
of Economy

001 어떤 것을 선택해야 할까?
총과 버터

총과 버터 또는 대포와 버터로 불리는 이 말은 미국 경제학자 폴 새뮤얼슨(Paul Samuelson)이 1947년 "사회는 총과 버터 가운데 하나를 선택해야 한다"라고 주장하면서 유명해지기 시작했습니다. 새뮤얼슨은 총은 국방에 필요한 무기를 확보하는 데 돈을 지출하는 것, 버터는 민간생산과 소비 등 경제활동에 필요한 돈을 지출하는 것이라고 설명했습니다. 즉 버터는 소비재와 서비스를 뜻합니다.

새뮤얼슨이 총과 버터라는 개념을 사용한 것은 나치 독일을 염두에 둔 것으로 풀이됩니다. 아돌프 히틀러(Adolf Hitler)가 이끈 나치 독일 정부는 제2차 세계대전을 앞두고 군사비 지출에 과도한 예산을 투입해 생산과 민간소비를 파탄으로 몰고 갔습니다. 이는 결국 나치 독일의 몰락을 초래하는 요인이 됐죠.

어떻게 보면 총과 버터는 각국 지도자들이 늘 고민하는 항목입니다. 국가의 한정된 자원을 안보와 민생에 어떻게 배분할 것인지는 쉽지 않은 문제입니다. 국방 예산과 민생 예산의 균형이 필요한 것은 예산이 국가의 모든 영역에 투입될 만큼 풍부하지 않기 때문이죠. 그로 인해 한쪽을 택하면 다른 한쪽이 영향을 받을 수밖에 없는 이른바 '트레이드오프(Trade-off)' 현상이 빚어집니다. 트레이드오프는 2가지 목표를 모두 달성할 수 없는 양자택일 상황을 뜻합니다.

사실 세계 안보가 평온하면 ==평화 배당== 혜택을 고스란히 누릴 수 있습니다. 평화 배당이라는 말은 1988~1991년 옛 소련 해체 이후 조지 H. W. 부시(George H. W. Bush) 전 미국 대통령과 마거릿 대처(Margaret Thatcher) 전 영국 총리가 국방비 지출 감소에 따른 경제적 이익을 설명하기 위해 사용한 정치적 슬로건입니다.

평화 배당은 전쟁 등 갈등 상황이 끝나면서 생기는 경제적 이득을 뜻합니다. 평화 배당은 국방비를 삭감해 생긴 여유 예산을 마치 투자 배당금을 받아 생긴 목돈처럼 여기는 표현이기도 하죠. 냉전 체제가 국제 무대에서 거의 사라지면서 각국은 국방비 예산 일부를 복지와 교육 등에 투입했습니다. 이처럼 국제 분쟁 종식에 따른 평화 배당은 장기적으로 경제 발전을 가져다주는 효과가 있습니다.

국제 정세를 살펴보면 대다수 국가가 평화 배당을 누려왔습니다. 제2차 세계대전 이후 독일을 비롯한 유럽 각국은 미국 안보 우산 아래에서 경제 성장에 집중해 복지국가를 이룩했습니다. 그러나 몇 년 전에 발발한 우크라이나-러시아 전쟁을 비롯해 이스라엘-이란 전쟁 등 군사적 충돌이 일어나면서 평화 배당이 사라지는 모습입니다. 유럽 등 주요 국가들이 전쟁에 대비해 국방비 예산을 대폭 늘리는 정책을 펼치고 있기 때문이죠.

한동안 주춤했던 총과 버터 논란이 다시 불거진 상황에서 각국은 ==파레토 효율==을 더욱 고민할 수밖에 없게 됐습니다. 희소성을 띤 자원을 특정 영역에 대거 투입하지 않고 균형을 맞추면서 국가를 운영하는 일이 더욱 중요한 시대가 온 것입니다.

002 세상에 공짜는 없다!
공짜 점심

1875년 2월 20일 미국 최대 일간지 중 하나인 〈뉴욕타임스〉는 다음과 같은 기사를 실었습니다.

'미국 루이지애나주(州) 뉴올리언스에 있는 술집들은 독특한 서비스 문화가 있다. 이들 술집은 점심 시간에 고객에게 빵과 수프를 공짜로 준다. 그러나 반주로 곁들이는 술값은 그대로 받는다. 점심값에 비해 술값이 꽤 비싸다. 하지만 대부분은 이에 개의치 않고 공짜 점심을 얻어먹기 위해 장사진을 이룬다.'

낮에는 식당, 밤에는 술집을 운영한 이곳 가게들은 어느 날부터 손님이 줄기 시작했습니다. 대책 마련에 부심한 사장들은 손님을 모으기 위해 술을 일정량 이상 사 마시는 이들에게 점심 식사를 무료로 제공하기로 했죠. 무료 점심 소식에 고객들이 몰려들었고, 가게는 큰돈을 벌었습니다. 일각에서는 술집이 망하지 않을까 걱정했지만 술값에 이미 식사비용이 포함돼 있어 손님들은 점심값에 상응하는 대가를 치른 셈입니다. 결국 공짜 점심은 애초에 없었던 것이죠.

작은 정부, 자유시장을 옹호한 노벨경제학상 수상자 밀턴 프리드먼(Milton Friedman)과 폴 새뮤얼슨은 뉴올리언스 술집 사례를 통해 "공짜 점심은 없다"라는 유명한 말을 남겼습니다. 이와 비슷한 말로 '공짜 치즈는 쥐덫에만 놓여 있다'라는 러시아 속담도 있죠.

프리드먼은 공짜로 어떤 이익을 얻으려면 그에 상응하는 비용, 즉 기회비용을 내야 한다고 강조했습니다. 결국 '기회비용=명시적 비용+암묵적 비용'이라는 공식이 성립됩니다.

명시적 비용은 실제로 지불한 비용입니다. 뉴올리언스 술집을 예로 들면 명시적 비용은 '술값'입니다. 암묵적 비용은 A라는 일을 선택해 다른 일인 B를 하며 얻을 수 있는 수입을 포기하는 대가를 뜻합니다. 암묵적 비용은 앞선 예처럼 '숨겨진 비용'이죠. 뉴올리언스 술집 고객은 점심을 공짜로 얻어먹었지만 점심을 먹는 데 걸린 시간과 그 시간 동안 할 수 있는 다른 무언가를 포기했기 때문에 '공짜'라고 할 수 없다는 것이죠. 이런 의미에서 모든 경제활동에는 기회비용이 있어 공짜 점심은 없다는 것입니다.

그렇다면 비영리 단체에서 노숙자에게 무료 점심을 주는 것은 어떻게 설명할 수 있을까요? 노숙자가 먹는 점심은 기업이나 개인 기부로 자금을 조달해 제공합니다. 결국 공짜가 아닌 셈이죠. 식사를 제공받는 노숙자가 직접 돈을 내지는 않지만 기부나 세금 등 기타 방식으로 간접적으로 지불하게 됩니다.

공짜 점심이 없다면 일반 소비자들은 어떤 관점에서 경제활동을 해야 할까요? '합리적 선택'입니다. 소비자가 합리적인 선택을 하려면 편익(선택으로 얻는 만족이나 혜택)과 선택에 따른 비용(기회비용)을 비교해야 합니다. 일반적으로

편익이 선택에 따른 비용에 비해 크면 합리적인 선택을 했다고 봅니다. 반면 편익이 비용보다 작으면 그 선택을 하지 않는 것이 합리적이죠.

이처럼 선택에 따른 손실을 피하기 위한 속성을 <mark>손실 회피</mark>라고 합니다. 손실 회피는 얻는 것에 따른 가치보다 잃어버린(손실) 것의 가치를 더 크게 평가합니다. 소비자가 편익과 손실이 발생할 수 있는 상황에 놓이면 손실에서 더 큰 고통을 느끼기 때문에 손실을 줄이는 선택을 한다는 이야기입니다.

003 가짜 정보가 전염병처럼 퍼지는
인포데믹

<u>인포데믹</u>(Infodemic)은 정보(Information)와 유행성 전염병(Epidemic)을 합쳐 만든 합성어로, 그릇된 정보나 악성 루머가 마치 유행성 전염병처럼 빠르게 확산하는 '정보전염병'을 의미합니다.

인포데믹이라는 용어는 사스(SARS, 중증급성호흡기증후군)가 맹위를 떨치던 시점(2002~2004년)에 등장했습니다. 2002년 11월 중국 광둥성의 한 외곽 지역에서 등장한 사스는 2003년 5월 30개국으로 확산되어 확진자는 8,000명 이상, 사망자는 774명에 이르렀죠.

미국 외교정책 및 국가안보 전문가 데이비드 로스코프(David Rothkopf)는 2003년 1월 사스 발병 경로를 추적했습니다. 그는 사스를 둘러싼 인포데믹이 중국 특정 지역의 보건위기에 머물지 않고 전 세계로 퍼진 이유를 연구했습니다. 그리고 그는 사스와 관련된 오보가 주류 미디어에 국한하지 않고 문자 메시지, 팩스, 이메일 등 비공식 미디어로 확산해 걷잡을 수 없는 상황으로 번졌다고 주장했죠.

전염병과 관련된 인포데믹은 여기에서 그치지 않습니다. 인포데믹은 사스 이후 2015년 메르스(MERS, 중동호흡기증후군)로 이어졌습니다. 사우디아라비아 등 중동에서 메르스가 창궐하면서 그에 따른 적절한 치료법을 놓고

'코에 바세린을 바르면 바이러스 침투를 막을 수 있다' 등 비과학적인 예방법이 난무하는 현상이 빚어졌습니다. 이후 2020년 10월 신종 코로나바이러스 감염증(코로나19)이 지구촌을 뒤흔들면서 코로나19를 둘러싼 인포데믹이 또다시 맹위를 떨쳤습니다.

그런데 인포데믹은 비단 전염병 등 보건 분야에만 영향을 미치는 것은 아닙니다. 부정확한 정보가 인터넷 등 각종 매체를 통해 전염병처럼 빠르게 퍼지면 보건은 물론 경제, 안보에도 악영향을 미칠 수 있죠. 이처럼 그릇된 정보가 경제에 영향을 미치는 것을 '정보경제학'이라 부릅니다.

미시경제학의 한 분야인 정보경제학은 경제주체가 지닌 정보 차이로 벌어지는 경제적 현상을 말합니다. 구체적으로 살펴보면 인포데믹이 정보경제학에 영향을 미치는 것을 흔히 '부두(Voodoo) 경제학'이라 부릅니다.

원래 '부두(Vodou)'로 표기되는 이것은 중미 카리브해에 있는 아이티(Haiti) 토착 신앙이 변형된 종교입니다. 부두교는 무당이 주문을 외워 현실을 외면하고 미신을 숭배하는 샤머니즘입니다. 부두교가 경제와 만나는 부두경제학이 현실이 되면 걷잡을 수 없는 상황이 펼쳐집니다. 예를 들어 2008년 전국을 뒤흔든 광우병 사태가 대표적인 예입니다. 2008년 이후 16년이 흘렀지만 광우병 발생 이야기는 더 이상 들리지 않습니다.

앞서 설명한 코로나19 포비아(공포증)도 이러한 맥락에서 크게 벗어나지 않습니다. 코로나19는 확진자 수가 아닌 치사율로 봐야 하죠. 일반 유행성 독감 치사율은 0.1%, 코로나19 치사율은 0.3%입니다. 이는 우리나라 하루 평균 교통사고 치사율인 1.62%에 턱없이 못 미치죠. 이러한 현실을 도외시한 채 TV 등 각종 매체가 과거 코로나19 현황을 마치 스포츠 중계 방송하듯 다뤄 공포심을 부추긴 점을 지적하지 않을 수 없습니다.

경제는 심리입니다. 인포데믹을 불어넣어 재앙이나 다름없는 부두교 무당의 어설픈 춤판이 나라경제에 영향을 미치지 않으려면 날카로운 이성이 비합리와 공포 그리고 미신을 떨쳐내야 합니다.

그렇다면 인포데믹이 등장하면 어떻게 대응해야 할까요? 왜곡된 정보가 널리 퍼지는 것을 막으려면 무엇보다 미디어 리터러시(Media Literacy) 능력을 키워야 합니다. 미디어 리터러시란, 사람들이 미디어를 접할 때 이를 냉철하게 사실에 기반한 관점에서 보는 것을 말합니다. 이를 통해 가짜뉴스가 판을 치는 것을 막을 수 있죠. 이와 함께 과학적인 근거에 토대를 둔 정보가 전달될 수 있는 분위기를 만들어야 합니다. 비과학적인 정보 미신 수준의 정보를 차단해야 한다는 뜻입니다.

004 직관을 따를까 말까?
몬티홀 딜레마

우리가 시험을 볼 때 흔히 하는 고민이 있습니다. 정답이 헷갈릴 때 처음 선택한 답을 그대로 유지해야 할지 아니면 바꿔야 할지입니다. 많은 사람이 "답을 모르겠다면 처음 선택한 것을 바꾸지 말라"라고 이야기합니다. 이를 뒷받침하듯 시험을 보는 대부분의 사람이 처음 정한 답을 고수하는 것으로 알려졌습니다.

이와 관련해 3명의 교수가 심리학 강의를 듣는 1,561명의 학생을 대상으로 실험을 했습니다. 이들은 학생들이 객관식 시험을 치를 때 답을 바꿀 경우 답안지에 표시를 하도록 지시했죠. 교수들이 이후에 학생들의 답안지를 채점해본 결과, 절반이 넘는 58%가 답을 바꿔 정답을 맞춘 것을 발견했습니다. 물론 처음 선택한 답이 정답인 경우도 있습니다. 이 실험은 직관에만 지나치게 의존하지 말라는 교훈을 줍니다.

이처럼 선택과 관련된 딜레마를 다룬 이론이 바로 **몬티홀 딜레마**(Monty Hall Dilemma)입니다. 몬티홀 딜레마는 조건부 확률 게임의 일종입니다. 조건부 확률은 '사건 A가 일어났다는 조건 아래에서 사건 B가 일어나는 확률'을 뜻합니다.

몬티홀 딜레마는 1975년 2월 미국의 TV 퀴즈 프로그램인 〈Let's Make

a Deal(거래합시다)〉을 통해 알려졌습니다. 이 프로그램의 진행자 이름이 몬티 홀(Monty Hall)이었기에 몬티홀 딜레마라 불리게 된 것이죠.

몬티홀 딜레마는 다음과 같습니다. 여러분이 게임쇼에 참가했다고 생각해봅시다. 여러분 눈앞에 3개의 문이 있습니다. 이 중 1개의 문 뒤에는 자동차가 있고, 나머지 2개의 문 뒤에는 염소가 있죠. 여러분은 자동차가 있을 것으로 여겨지는 하나의 문만 고를 수 있습니다.

여러분이 문 하나를 선택하면 문 뒤에 무엇이 있는지 알고 있는 게임쇼 진행자가 앞으로 다가옵니다. 그는 여러분이 선택한 문을 제외한 나머지 문 2개 중 염소가 있는 문을 하나 열어 보여줍니다. 그리고 진행자는 여러분에게 다음과 같이 질문합니다.

"처음 정한 문이 아닌 다른 문으로 선택을 바꾸겠습니까?"

그렇다면 처음 선택을 고집하는 것이 유리할까요 아니면 진행자 권유에 따라 다른 문을 선택하는 것이 현명까요?

결론부터 말하면, 선택을 바꾸는 것이 유리합니다. 왜 그럴까요? 자동차가 1번 문 뒤에 있고 2번과 3번 문 뒤에 각각 염소가 있다고 가정해보죠. 여러분이 처음에 자동차가 있는 1번 문을 선택하면 진행자는 2번과 3번 문 중 하나를 열 겁니다. 이때 여러분이 선택을 바꾸지 않으면 자동차를 얻을 수 있지만 선택을 바꾸면 자동차를 얻을 수 있는 기회가 사라집니다.

이번에는 여러분이 염소가 있는 2번 문을 선택했다고 가정해봅시다. 이에 따라 진행자는 자동차가 있는 1번 문은 열지 않고 3번 문을 열 겁니다. 이럴 경우 여러분이 선택을 바꾸면 자동차를 얻을 수 있죠. 그러나 선택을 바꾸지 않는다면 자동차는 포기해야 합니다.

여러분이 염소가 있는 3번 문을 선택했다고 가정해봅시다. 진행자는

2번 문을 열 겁니다. 이때 여러분이 선택을 바꾸면 자동차를 얻을 수 있고, 기존 선택을 고집하면 자동차를 얻을 수 없습니다. 결론적으로 말하면, 처음 선택을 고집하지 않고 선택을 바꾸는 것이 유리하다는 게 몬티홀 딜레마가 주는 교훈입니다.

아직도 이해하지 못했나요? 조금 더 쉽게 설명해보겠습니다. 여러분이 처음 문을 골랐을 때 문 뒤에 자동차가 있을 확률은 3분의 1입니다. 이에 따라 여러분이 염소를 고를 확률은 3분의 2가 됩니다.

게임 진행자가 문을 하나 열어 염소를 보여줬습니다. 그렇다면 이제 2개의 문만 남았습니다. 만약 여러분이 처음에 염소를 골랐다면(확률 3분의 2), 다른 문을 고르면 자동차를 얻게 됩니다. 그러나 여러분이 처음에 자동차를 골랐다면(확률 3분의 1), 다른 문을 고르면 염소를 얻게 됩니다. 즉 여러분이 처음에 염소를 골랐을 확률이 더 높기 때문에 문을 바꾸는 것이 자동차를 얻을 확률을 높이는 거죠. 통계학에서는 이를 '확률의 재분배'라고 합니다.

몬티홀 딜레마는 인간의 직관이 항상 옳은 것은 아니라는 점을 보여줍니다. 때로는 직관이 판단에 혼란을 주기 때문에 확률과 논리적인 분석으로 사물을 바라봐야 한다는 점을 시사합니다.

005 다수의 행복과 소수의 희생
트롤리 딜레마

공리주의(功利主義)는 인간 행위의 윤리적 기초를 개인 이익과 쾌락 추구에 두는 사상을 말합니다. 조금 더 쉽게 설명하기 위해 공리주의의 시조(始祖)인 제레미 벤담(Jeremy Bentham)을 소개하겠습니다.

벤담은 18세기 영국의 법학자이자 철학자입니다. 그는 경제적 자유, 정교분리(政敎分離), 표현의 자유, 남녀평등, 이혼할 수 있는 권리 등 당시에는 파격적인 주장을 했죠. 심지어 그는 동물의 권리도 중요하다고 여겼습니다.

벤담의 공리주의가 등장하게 된 배경에는 당시 영국 사회를 대변혁의 소용돌이에 휘말리게 한 산업혁명을 꼽을 수 있습니다. 방적기 등 가내수공업에 안주했던 당시 영국 사회가 공장식 기계공업 체제로 바뀐 산업혁명은 경제적 번영을 가져왔습니다. 물질적인 풍요가 눈에 띄면서 그에 따른 편의 추구와 정부 간섭을 최소화할 것을 주장한 자유방임이 힘을 얻는 사회적 분위기가 조성됐죠. 산업혁명 시대 도래에 따른 자유 경쟁과 이윤 추구 극대화는 개인의 이기적 쾌락과 사회 공익을 조화롭게 해야 하는 숙제를 떠안게 됐습니다.

이를 해결하기 위한 해법이 벤담의 공리주의였습니다. 벤담은 사회는 개인이 모인 집합체라며 개개인의 행복이 결국 사회 전체 행복으로 이어진다고 주장했죠. 또한 그는 더 많은 사람이 행복을 누리는 것도 사회에 긍정적인 현상이라고 강조했습니다. '최대 다수의 최대 행복'이라는 벤담의 슬로건도 이러한 철학을 뒷받침하는 대목이죠. 결국 벤담이 외친 공리주의는 이기적인 성격을 갖고 있는 인간의 자기중심적 관점에서 탈피해 사회적 존재로서 살아가는 길을 제시한 셈입니다.

이와 함께 벤담의 공리주의는 트롤리 딜레마(The Trolley Problem)에 대한 논란을 부추겼습니다. 트롤리는 터널 공사나 토공 현장에서 굴착한 흙을 운반하는 차를 뜻하죠.

영국 철학자 필리파 루스 푸트(Philippa Ruth Foot)와 미국 철학자 주디스 자비스 톰슨(Judith Jarvis Thomson)은 1976년 〈Killing, Letting Die, and the Trolley Problem〉이라는 제목의 논문을 통해 공리주의의 현실적 한계를 지적했습니다. 푸트가 제시한 문제는 다음과 같습니다.

'공사 현장에 있는 거대한 트롤리가 고장이 났습니다. 제어할 수 없는 트롤리가 레일을 달리고 있을 때 한 레일에는 5명의 인부가, 다른 레일에는 1명의 인부가 있습니다. 여러분이 트롤리가 가는 방향을 바꿀 수 있다면 어떤 결정을 내릴 것입니까?'

이 질문은 다섯 사람을 구하기 위해 한 사람을 죽이는 걸 도덕적으로 허용할 수 있는지를 물어본 것입니다. 푸트의 질문에 나이, 학력, 종교, 인종, 문화적 차이를 불문하고 무려 89%의 응답자가 1명의 인부가 있는 레일로 트롤리 방향을 바꿔야 한다고 답했습니다. 즉 다수(인부 5명)를 위해 소수(인부 1명)가 희생돼야 한다는 이야기죠.

푸트에 이어 톰슨은 다음 상황을 제시했습니다.

'고장난 트롤리가 철길 위에서 일하고 있는 5명의 인부를 향해 빠른 속도로 달려오고 있습니다. 여러분은 철길 위 육교에서 이 상황을 지켜보고 있습니다. 당신은 이 트롤리를 세우기 위해 뭔가 큰 물건을 트롤리 앞에 던져야 합니다. 마침 당신 옆에 몸집이 큰 사람이 난간에 기대 아래를 보고 있습니다. 당신이 그 사람을 떠밀면 트롤리가 멈추고 철길에서 일하던 5명의 인부는 목숨을 구할 수 있습니다. 어떻게 하겠습니까?'

이 질문에는 절대 다수 사람이 몸집이 큰 사람을 떠밀지 않겠다고 답했습니다. 한 사람의 목숨을 희생해 다섯 사람의 목숨을 구하는 것은 같은데도 말이죠. '팻 맨 프라블럼(Fat Man Problem)'이라 불리는 이러한 상황은 인간은 수만 년에 걸친 진화 과정을 통해 학습하지 않아도 알 수 있는 도덕적 가치가 있고, 목적을 위해 수단과 방법을 정당화하면 안 된다는 의식을 가지고 있음을 보여줍니다.

이를 흔히 '이중효과의 교리'라 부릅니다. 이는 그릇된 부작용이 있는 행동을 할 수는 있지만 (설령 좋은 목적이라도) 고의적으로 해를 입히려는 것은 잘못됐다는 뜻이죠. 결국 벤담이 강조하는 '최대 다수의 최대 행복' 역시 때로는 트롤리 딜레마처럼 다수를 위한 소수의 희생이 이어질 수 있다는 점을 보여주고 있습니다.

006 살아남기 위해 계속 움직여라!
붉은 여왕의 법칙

영국 동화 작가 루이스 캐럴(Lewis Carrol)이 쓴 소설 《이상한 나라의 앨리스》의 후속편 《거울 나라의 앨리스》에는 붉은 여왕이 등장합니다.

이 소설에서 주인공 앨리스는 체스판 모양으로 된 마을에 갇혀 있습니다. 문제는 이 마을이 움직이고 있다는 점입니다. 그것도 앞이 아닌 뒤로 말이죠. 뒤처지지 않기 위해 숨을 헐떡이며 뛰던 앨리스는 이곳을 다스리는 붉은 여왕에게 마을이 움직이는 이유를 물었습니다. 이에 붉은 여왕은 이렇게 대답했습니다.

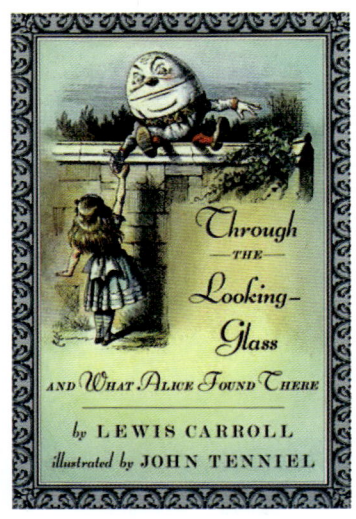

《거울 나라의 앨리스》

"이곳에서는 제자리에 머무르려면 쉬지 않고 힘껏 달려야 해. 다른 곳으로 가려면 이보다 2배 더 빨리 달려야 하지!"

이 동화는 우리에게 붉은 여왕의 법칙(Red Queen's Law)이라는 교훈을 알려줍니다. 즉 현재 상태에 머무르려면 말 그대로 그냥 머물면 안 되고 노력해야 합니다. 만약 더 좋은 여건을 원한다면 2배 이상 노력해야 하죠.

붉은 여왕의 법칙은 미국 시카고대학 교수이자 진화생물학자인 레이 밴 베일런(Leigh Van Valen)이 처음 소개했습니다. 베일런은 1973년 지속 소멸의 법칙을 설명하며 어떤 종(種)이 경쟁에서 살아남으려면 끊임없이 발전을 거듭해야 한다고 강조했죠. 그에 따르면 어떤 종이 멸종될 확률은 그 종이 존재하는 동안 거의 같은 수준으로 유지됩니다. 이는 어떤 종이 오랫동안 존재했다고 해서 멸종될 확률이 더 높거나 낮지 않다는 이야기죠. 시간이 흐르면 특정 종의 생존 확률이 클 거라는 일반적인 생각이 사실이 아니라는 것을 보여줍니다.

기업 현장에도 붉은 여왕의 법칙이 존재합니다. 1966년 미국 스탠퍼드 경영대학원 교수 윌리엄 P. 바넷(William P. Barnett)은 캘리포니아대학 경영학 교수 모튼 T. 한센(Morten T. Hansen)과 손잡고 〈조직 진화에 있는 붉은 여왕(The red queen in organizational evolution)〉이라는 논문을 발표했습니다. 이 논문에서 두 사람은 붉은 여왕의 법칙을 기업 경영에 적용했죠.

그들이 논문에서 강조한 건 경쟁을 피하지 말고 적극적으로 대응하라는 것입니다. 붉은 여왕 교훈처럼 다른 기업과의 끝없는 경쟁에서 이겨야 시장에서 퇴출되지 않는다는 의미죠. 결국 기업 간 치열한 경쟁이 기업을 성장시키는 원동력이 된다는 이야기입니다.

우리 주변을 살펴보면 붉은 여왕의 법칙이 적용되는 사례가 많습니다. 1999년 8월 1일 등장한 세계 최초의 SNS '싸이월드'는 한때 가입자 3,000만 명, 연간 매출액 1,000억 원 이상인 SNS업계의 대명사였습니다. 그러나 이 업체는 스마트폰 시대 개막에 제대로 대처하지 못해 페이스북과 트위터 등에 밀려 역사의 뒤안길로 사라졌습니다.

미국의 코닥도 예외는 아닙니다. 필름사진시장을 쥐락펴락했던 코닥은 치열한 시장 경쟁에서 변화에 제대로 적응하지 못해 도태한 대표적인 업체입니다. 코닥은 한때 직원 수만 16만 명이 넘는 사진산업의 대명사였습니다. 우리에게 익숙한 사진용 필름은 물론 영화용 필름을 선보인 업체도 바로 코닥이었죠. 특히 코닥은 세계 최초로 디지털카메라를 개발하는 등 사진산업의 전설적 업체로 자리매김했습니다. 그러나 편안하게 돈을 벌 수 있는 필름 사업에 안주한 나머지 밀려오는 디지털카메라 시대에 좌초되고 말았습니다.

　　세계 무대에서 영원한 1등 기업은 없습니다. 기업이 혁신을 등한시하고 과거 성공에만 머무르고 시장 변화에 둔감하면 문을 닫는 것은 시간문제입니다. 붉은 여왕의 법칙처럼 기업이 경쟁업체에 맞서 끊임없이 품질을 개선해 경쟁력을 갖추지 못하면 사라질 수밖에 없습니다. 거울 나라의 앨리스처럼 글로벌 사업 영토에서 남들과 같은 속도로 달리면 발전이 아닌 퇴보를 거듭하기 때문입니다.

007 모 아니면 도!
치킨게임

　1955년에 개봉한 미국 영화 〈이유 없는 반항〉에서 주인공 짐과 버즈는 여자 주인공 주디의 마음을 사기 위해 치열한 구애 작전을 펼칩니다. 짐과 버즈는 상대방의 담력을 떠보기 위해 각자 차로 절벽을 향해 달리다 먼저 차에서 뛰어내린 사람이 지는 게임을 하기로 했습니다. 먼저 뛰어내린 자는 치킨(Chicken, 겁쟁이)이 되는 <mark>치킨게임</mark>인 셈이죠.

　이때 짐은 차에서 아슬아슬하게 뛰어내립니다. 그러나 버즈는 옷소매가 차 문손잡이에 걸려 뛰어내리지 못해 결국 차와 함께 절벽으로 떨어져 목숨을 잃고 맙니다.

영화 〈이유 없는 반항〉

　이처럼 치킨게임의 결말은 해피 엔딩이 아닙니다. 선택의 결과가 매우 좋을 수도 있고, 매우 나쁠 수도 있는 '모 아니면 도'입니다. 또한 치킨게임은 제로섬 게임(Zero-sum Game)의 성격을 띠고 있습니다. 제로섬은 말 그대로 한쪽이 이득을 얻고 다른 쪽이 손해를 봐 결국 합계(섬: sum)가 0, 즉 제로가 되는 것을 뜻합니다. 승자 이득이 패자 손실로 이어지기 때문에 제로섬은 승자독식(勝者獨食) 양상을 보입니다.

치킨게임과 제로섬 게임처럼 경쟁자와 심리전을 펼치며 그에 따른 이익과 손해를 수학적으로 밝힌 이론을 경제학에서는 '게임 이론'이라 부릅니다. 게임 이론은 헝가리 출신 수학자 존 폰 노이만(John von Neumann)과 독일 경제학자 오스카 모르겐슈테른(Oskar Morgenstern)이 1944년에 함께 쓴 도서 《게임 이론과 경제 행동》을 통해 알려졌습니다. 두 학자에 따르면, 제로섬 게임은 우리의 일상생활에서 쉽게 찾아볼 수 있습니다. 동전 앞뒷면으로 결정하는 동전 던지기를 비롯해 홀짝게임, 포커 등이 여기에 속하죠.

경쟁자 2명 중 어느 한쪽이 포기하면 다른 쪽이 이득을 보는 치킨게임은 경쟁 상황에서 상대방 행동을 면밀하게 분석해 본인에게 유리한 최적의 선택을 하는 것입니다. 하지만 짐과 버즈처럼 상대방에 대한 신뢰가 없어 공생이 아닌 공멸이라는 역(逆)선택의 길로 갈 수도 있습니다. 역선택은 정보의 불균형으로 A가 상대방 B에 대한 정보가 부족한 나머지 A에게 불리한 의사결정을 내리는 것을 말합니다.

레몬마켓(중고차시장, 11장 참고)과 보험시장이 역선택의 대표적 사례입니다. 역선택은 결국 시장효율성을 떨어뜨리고 좋은 상품이나 서비스가 시장에서 사라지게 만드는 결과를 가져옵니다.

치킨게임과 관련해 등장하는 또 다른 개념이 있습니다. 바로 '죄수의 딜레마'입니다. 죄수의 딜레마는 미국 수학자 메릴 믹스 플러드(Merrill Meeks Flood)와 멜빈 드레셔(Melvin Dresher)가 1950년 미국의 싱크탱크 랜드연구소에서 근무할 때 고안한 이론입니다.

일반적으로 두 사람이 무언가를 선택할 때 서로 돕는 결정을 내리는 것이 가장 바람직합니다. 윈윈(win-win) 게임을 하는 것이죠. 이를 통해 상대방과 상생할 수 있습니다. 그런데 자신의 이익만을 고려해 선택하면 이는 자신뿐 아니라 상대방에게도 나쁜 결과를 가져다줄 수 있습니다.

예를 들어보겠습니다. 용의자 A와 B가 검사 앞에 앉았습니다. 검사는 정확한 상황을 파악하기 위해 두 용의자를 분리해 심문합니다. 두 사람이 모두 입을 다물면 가벼운 범죄로 기소해 각각 징역 1년형을 구형할 수 있습니다. 그런데 검사는 두 사람에게 한 가지 제안을 합니다. 범죄를 자백한 사람은 징역을 살지 않고, 침묵을 유지한 사람은 혼자 징역 5년형을 구형받을 것이라는 내용입니다.

이에 두 용의자는 상대방이 배신할 수도 있다는 두려움에 먼저 자백을 하는 상황이 벌어집니다. 이른바 '조정의 실패'가 생긴 것이죠. 조정의 실패는 두 사람이 조정을 하지 않거나 잘못된 데 따른 낭패를 뜻합니다.

그렇다면 앞서 언급한 용의자 A와 B가 또다시 같은 상황에 놓인다면 어떤 결정을 내릴까요? 경제학에서는 이런 상황을 '반복적인 죄수의 딜레마'라고 합니다. 이런 경우에는 두 사람이 또 배신을 하기보다는 새로운 전략을 구사할 가능성이 큽니다. 즉 A와 B는 최적의 선택을 도출하기 위해 암묵적인 합의를 할 수 있다는 이야기입니다.

결국 반복적인 죄수의 딜레마는 단기적인 이익이 아닌 장기적인 이익이 더 중요하다는 점을 일깨웁니다. 즉 자신의 이익뿐 아니라 공동체 이익을 함께 생각해 결정해야 한다는 뜻이죠. 또한 상대방에 대한 신뢰와 신용이 합리적 결정을 내리는 데 매우 중요한 척도라는 교훈을 우리에게 안겨줍니다.

008 이질감에서 비롯된 불편함
불쾌한 골짜기

불쾌한 골짜기(Uncanny Valley)는 일본의 로봇 과학자 모리 마사히로가 처음 제시한 이론입니다. 모리는 1970년 〈불쾌한 골짜기 현상(不氣味の谷現象)〉이라는 제목의 보고서를 발표했죠. 여기에서 '불쾌한'이라는 용어는 독일 정신과 의사 에른스트 안톤 옌치(Ernst Anton Jentsch)가 1906년 자신의 논문에 소개한 'Das Unheimliche(두려움, 낯설음)'를 영어로 번역한 것입니다. 불쾌한 골짜기는 쉽게 설명하면 이질감에서 비롯된 불편함을 뜻합니다. 낯익은 대상에서 이질감이 느껴지면 기분이 으스스하면서 이를 피하고 싶은 충동이 든다는 것입니다.

모리는 로봇이 인간과 닮아지는 모습에 처음에는 사람들이 호감을 갖지만 어느 수준에 이르면 오히려 불쾌감을 느낀다고 설명했습니다. 그는 이를 증명하기 위해 그래프를 활용해 X축은 '인간과의 유사성', Y축은 '호감도'로 구분했습니다. 그래프에서 호감도가 크게 떨어지는 구간이 바로 불쾌한 골짜기입니다. 그러나 로봇의 외모와 행동이 인간과 거의 구별되지 않을 정도로 발전하면 사람들의 호감도가 다시 올라갑니다.

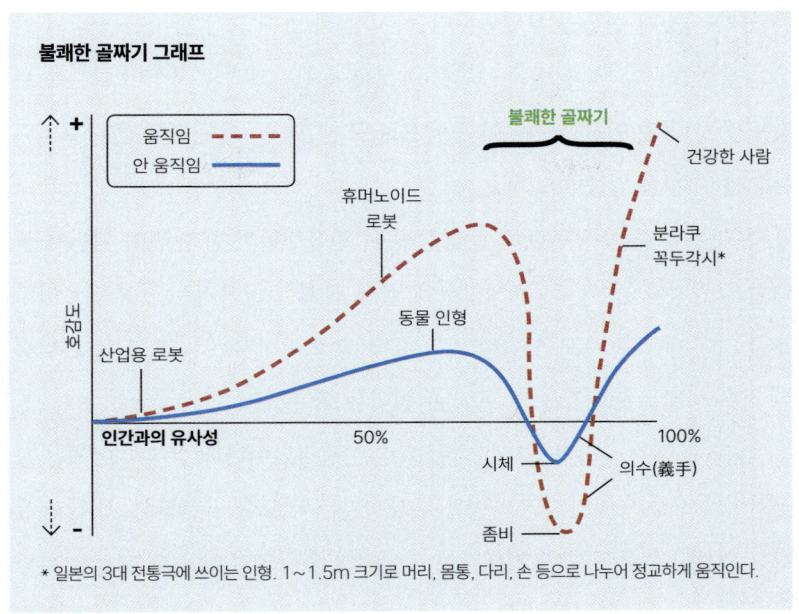

　모리가 제시한 그래프를 좀 더 자세히 살펴보면, 휴머노이드 로봇은 대다수 사람에게 친근감을 줍니다. 그러나 좀비, 의수처럼 인간의 모양을 하고 있지만 어딘가 인간과 다른 부분이 느껴지면 사람들은 호감이 아닌 불쾌감을 느낍니다.

　미국 생물 과학자 테렌스 세즈노프스키(Terrence Sejnowski)도 같은 입장입니다. 그는 일반인 참가자 20명을 세 그룹으로 나눠 뇌 반응을 살폈습니다.

　그는 첫 번째와 두 번째 그룹에는 실제 사람과 아주 흡사한 인간형 로봇 영상을, 세 번째 그룹에는 인체 내부 구조가 드러난 안드로이드 로봇이 손을 흔들며 인사하는 영상을 보여주었습니다. 그리고 참가자들의 뇌를 기능성 자기공명 영상으로 촬영했죠. 그 결과 첫 번째와 두 번째 그룹 참가자들은 뇌가 비슷한 반응을 보였습니다. 하지만 세 번째 그룹 참가자들의 뇌 반응은 달랐습니다. 이 실험은 사람들은 로봇이 인간과의 유사성이 클수록 호감도를 보이고, 인간을 기이한 모습으로 표현한 대상에는 불쾌감을 보인다는 기존 이론을 입증했습니다.

로봇은 물론 게임, 3D(3차원) 영상 등이 일상생활의 한 단면이 되면서 불쾌한 골짜기가 늘어나는 추세입니다. 물론 불쾌한 골짜기는 연령층에 따라 조금 차이가 있을 수도 있습니다. 컴퓨터 생성 이미지(CGI), 로봇 등에 익숙한 젊은 세대는 불쾌감을 덜 느낄 수 있다는 이야기죠.

결국 불쾌한 골짜기를 자아내는 요인은 움직임이나 표정에서 미세한 불균형이나 오류가 인간과의 차이를 부각시키는 '미묘한 불완전성', 인간과 유사한 외모나 행동에 대한 기대감이 현실에서 충족되지 않을 때 생기는 실망감과 거부감 형태인 '기대 못 미침', 인간성, 의식에 대한 의구심을 주어 윤리적 불안감을 조성하는 '윤리적 불안'으로 요약할 수 있습니다.

불쾌한 골짜기는 기술 발전이 인류에게 던진 과제입니다. 인공지능(AI) 로봇이 더욱 발달해 인간의 외모와 거의 가까운 정교함을 갖추거나 아니면 인간과 거리가 먼 모습이라면 불쾌한 골짜기는 더욱더 줄어들 것으로 보입니다. 이에 따라 단순히 외모적 유사성을 추구하는 것보다 인간과의 자연스러운 상호작용, 감정 이해 및 표현 능력, 윤리적 고려 등에 대한 연구와 개발이 더욱 중요한 시대가 됐습니다.

009 경제판 '제 논에 물 대기'
근린궁핍화 정책

경제학 이론 중에 근린궁핍화 정책이라는 것이 있습니다. 말 그대로 '가까운 이웃을 가난하게 만들다'라는 의미입니다. 이 표현은 서양식 카드놀이 트럼프에 '상대방 카드를 전부 빼앗아 온다'라는 게임에서 출발했습니다. 이 게임은 상대방의 카드를 모두 가져오면 끝이 납니다. 이를 경제학에 접목하면 자국 경제를 살리기 위해 다른 나라의 경제를 희생시키는 상황이 빚어질 것입니다. 결국 근린궁핍화 정책은 자국 이익만을 추구한 나머지 교역국 경제에 큰 손해를 끼치는 정책을 뜻합니다.

그렇다면 근린궁핍화 정책의 교과서적인 사례를 배워보도록 합시다. 1985년 9월 22일 미국 뉴욕시에 있는 플라자호텔. 이곳에 G5, 즉 미국, 일본, 서독, 프랑스, 영국의 경제 수장이 모여 앉았습니다. 회의는 20분 만에 끝났지만 이날 모임은 세계경제 질서를 뒤흔든 역사적 사건이었습니다. 미국 달러를 제외한 주요 통화의 가치를 올리는 내용을 담은 '플라자 합의(The Plaza Accord)'가 발표됐기 때문이죠.

플라자 합의의 표면적 명분은 세계경제의 불균형을 해소한다는 것이었습니다. 그러나 속내는 무역적자와 재정적자로 골머리를 앓아온 미국이 대미(對美) 수출로 짭짤하게 재미를 본 일본과 독일에 엔화와 마르크화 가치를 높여 두 나라의 수출 규모를 줄이라는 압력을 주기 위한 장(場)이었습니다.

미국의 이 정책은 효험을 발휘했습니다. 플라자 합의 직전 달러당 240~250엔대였던 엔달러 환율은 1985년 말에는 200엔, 1988년에는 120엔대까지 급락해 3년 만에 반토막이 났고, 이 때문에 일본 제품의 가격은 세계 무대에서 2배로 껑충 뛰어올랐습니다.

플라자 합의 당시 미국의 경우처럼 역사적으로 경상수지 적자에 시달리는 국가들은 자국 통화가치 절하(切下, 화폐가치를 낮춤)를 유도해 위기를 돌파하는 근린궁핍화 정책 카드를 사용해왔습니다.

그런데 근대 경제사를 살펴보면 이러한 법칙이 항상 성립하는 것은 아닙니다. 미국이 플라자 합의로 일본을 압박했지만, 오히려 일본 기업은 제품 생산성 향상과 기술혁신을 통해 세계시장에서 '메이드 인 재팬' 브랜드 파워를 높여 환율에 대한 내성을 키웠습니다.

또 미국 전 대통령 버락 오바마(Barack Obama)는 2015년에 '교역촉진법'을 제정했습니다. 교역촉진법 규정을 살펴보면 베넷 해치 카퍼(BHC) 수정 법안이 있습니다. 이 법안에는 미국을 상대로 막대한 무역흑자를 거두는 나라에 대한 구체적인 제재 방안이 있죠.

BHC 수정 법안을 좀 더 살펴보면 3가지, 즉 '미국을 상대로 한 해 200억 달러(약 22조 5,200억 원) 이상 무역흑자', '한 해 미국 국내총생산(GDP)의 2%를 초과하는 경상수지 흑자', '한 해 미국 GDP의 2%를 초과하는 외환 순매수' 항목이 눈에 띕니다. 이 중 2가지를 충족하면 '환율 관찰 대상국'에 오르고, 3가지 모두 충족하면 종합무역법상 환율조작국에 준하는 '심층 분석 대상국'으로 지정됩니다. 즉 교역국이 환율을 조작해 미국과의 교역에서 대규모 흑자를 낸 나라에 제재를 가하겠다는 내용입니다. 사실상 중국을 겨냥한 것이죠.

이를 보여주듯 미국은 중국이 BHC 수정 법안 3가지 항목 중 대미무역 흑자 3,108억 달러(약 350조 원) 요건만 충족했지만 중국을 '환율 관찰 대상국'에 포함시켰습니다.

우리나라도 예외는 아닙니다. 일본 정부가 2019년 한국에 반도체 핵심소재 수출을 규제한 점도 대표적인 근린궁핍화 정책의 예입니다. 일본은 당시 수출 규제가 전략물자 관리 부실에 따른 조치라는 궁색한 변명을 늘어놨지만, 사실은 한국경제의 핵심축인 반도체와 디스플레이산업에 비수를 꽂은 것이나 다름없습니다. 근린궁핍화 정책의 최대 피해자였던 일본이 가해자로 돌변한 셈입니다.

현대경제학의 아버지 애덤 스미스(Adam Smith)가 설파한 것처럼, 세계경제가 더욱 협력하고 발전하려면 근린궁핍화 정책이 아닌 자유무역을 권장해야 하지만, 최근 상황을 보면 세계 주요국이 근린궁핍화 정책의 치명적인 유혹을 쉽게 떨쳐버리지 못하는 모습입니다. 교역국 간 협력과 조정을 해야 하는 국제기구도 예전과 비교해 영향력이 크게 약해진 듯합니다.

미국과 중국이 세계 자유무역 기조를 적극적으로 지원하고, WTO 등 관련 기구가 미국, 중국은 물론 전 세계 국가를 상대로 공정한 게임을 하도록 영향력을 발휘하지 못한다면, 세계경제는 보호무역과 자국 이기주의로 점철된 안갯속 행보를 내딛게 될 것입니다.

010 소비자가 진화한다
다양한 컨슈머

프로슈머(Prosumer)는 세계적인 미래학자 앨빈 토플러(Alvin Toffler)가 자신의 저서 《제3의 물결》에서 처음 사용한 용어로, 생산자(Producer)와 소비자(Consumer)를 합성한 신조어입니다. 한마디로 상품 제조 과정에 소비자가 깊숙이 관여해 자신이 원하는 대로 제품을 생산해내는 '생산적 소비자'를 말합니다.

기업들이 프로슈머 마케팅을 추진하는 데는 크게 4가지 이유가 있습니다. 첫째, 고객만족도 증대효과가 있습니다. 소비자가 제품 개발에 참여하면 고객의 요구 사항을 제품에 그대로 반영할 수 있어 고객만족도가 높아집니다. 둘째, 비용절감효과를 거둘 수 있습니다. 고객의 취향을 반영하면 신상품 개발을 위해 별도로 비용을 들여 시장조사를 할 필요가 없습니다. 셋째, 고객선점효과를 기대할 수 있습니다. 소비자가 특정 제품의 개발에 관여할 경우 경쟁업체 제품을 구입할 가능성이 크게 낮아지고, 결과적으로 탄탄한 단골고객층을 확보할 수 있습니다. 넷째, 제품의 결함이나 안전성 등을 미리 검증할 수 있습니다. 상품 결함으로 발생한 손해를 유통업체 대신 공급자가 직접 보상해주는 제조물책임법(PL)이 발효됨에 따라, 소비자가 미리 제품의 결함과 안정성을 검증하는 것은 기업에 많은 도움이 됩니다.

프로슈머에서 한 단계 더 진보한 크리슈머(Cresumer=Creative+Consumer), 즉 '창조적 소비자'도 있습니다. 크리슈머는 기존 옷이나 상품을 변형해 자신만의 디자인으로 만들거나, 두 상품을 합쳐 새로운 상품을 만드는 등 기존 콘텐츠를 편집해 자신만의 독특한 콘텐츠를 선보이는 창조적인 소비자입니다.

프로슈머 바람은 국내 광고업계에도 불어 소비자가 광고 제작 과정에 직접 참여해 의견을 제안하는 애드슈머(Adsumer=Advertising+Consumer)도 등장했습니다. 여기에 현명한 의료 소비자를 뜻하는 메디슈머(Medisumer), 제품의 가격과 효능, 실용성 등을 꼼꼼하게 파악하는 소비자를 뜻하는 스마트슈머(Smartsumer), 가짜 제품에 담겨 있는 나름의 개성과 가치를 추구하는 페이크슈머(Fakesumer), 소용량 제품, 1인 제품을 선호하는 싱글슈머(Singlesumer), 기존 제품을 자신이 원하는 방식으로 다시 만들어 사용하는 모디슈머(Modisumer), 물건을 살 때 사용 목적 외에 제품의 신선함 등 재미를 찾아 구매를 결정하는 펀슈머(Funsumer), 새 제품을 사지 않고 중고품을 구입해 가성비(가격 대비 성능)를 추구하고 소비도 줄여 환경보호와 자원재활용에 기여하는 세컨슈머(Seconsumer), 밥값은 아끼지만 명품 브랜드 구입에는 아낌없이 지갑을 여는 앰비슈머(Ambisumer), 자신이 좋아하는 제품 브랜드에 꽂혀 신제품이 나올 때마다 습관적으로 제품을 구입하는 팬슈머(Fansumer) 등 소비자의 개성을 반영한 새로운 소비 형태가 매일 등장하고 있습니다.

그러나 빛이 있으면 그늘도 있는 법, 진상 소비자인 블랙컨슈머(Black Consumer)도 있습니다. 블랙컨슈머는 자신이 구매한 상품의 교환이나 보상금을 목적으로, 의도적으로 기업에 악성 민원을 제기하는 소비자를 말합니다. 각종 SNS를 통해 소문이 삽시간에 일파만파 퍼지는 시대인지라, 기업은 이러한 블랙컨슈머들 때문에 골머리를 앓고 있다고 합니다.

    소비자 권익 측면에서 소비자가 제품에 대한 불만을 자유롭게 말하고 표출하는 것은 환영할 만한 일입니다. 하지만 허위 제보, 업무 방해, 블랙컨슈머 등에 대한 법적 규제가 강해지고 있는 만큼, 기업에 불만 사항이 있다면 그에 대한 증거를 남기고 합리적으로 대응할 필요가 있습니다.

011 잘 모르면 바가지 쓰는 곳!
레몬마켓

레몬은 비타민C 성분이 많아 감기를 예방하는 효과가 있습니다. 그러나 특유의 신맛 때문에 거부감을 보이는 사람도 많습니다. 이런 속성에 빗대어 영어에서도 '레몬'이라고 하면 '결함이 있고 완벽하지 않아 만족스럽지 못한 사람이나 사물'을 뜻합니다. 쉽게 설명하면 불량품, 불쾌한 것 혹은 불쾌감을 주는 사람이라는 뜻이죠.

레몬의 이러한 성격을 학문적 관점에서 본 경제학자가 있습니다. 미국 캘리포니아대학 교수 조지 애컬로프(George Akerlof)가 그 주인공입니다. 애컬로프는 1970년 미국 경제 학술잡지에 〈레몬시장: 품질의 불확실성과 시장 메커니즘〉이라는 논문을 발표했습니다.

조지 애컬로프

애컬로프가 이 논문에서 주장한 레몬마켓은 시장에서 제품을 판매하는 이와 제품을 구입하는 소비자가 같은 정보를 공유하지 못해 결국 품질에 문제가 있는 저급품이 유통되는 상황을 말합니다.

레몬마켓에서 제품을 판매하는 이들은 그 제품의 장점 못지않게 단점도 잘 알고 있습니다. 하지만 제품을 사려는 구매자는 제품의 품질을 판매자만큼 알기 어려운 게 현실이죠. 제품을 판매하는 이들이 제품의 단점까지 구매자에게 시시콜콜 설명해주지는 않으니까요. 이러한 현상을 '정보의 비대칭성'이라고도 합니다. 파는 이들과 사는 이들 간의 정보 불균형은 결국 시장 실패(Market Failure)로 이어집니다.

애컬로프는 이 논문에서 레몬마켓의 대표적인 예로 중고차시장을 들었습니다. 그는 중고차가 겉보기에는 번지르르하지만 차량 속은 레몬의 시큼한 맛처럼 문제가 있을 수도 있다고 지적했습니다.

중고차 판매업자는 중고차를 사려는 이에게 차량의 모든 정보, 특히 차량의 문제점을 자세히 알려주지 않습니다. 차량의 장점보다 단점이 많으면 그 중고차를 사지 않을 것이기 때문이죠. 이처럼 정보의 격차가 있는 시장에서 품질이 좋은 차량보다 낮은 상품이 선택되는 '역선택(Adverse Selection)'이 이뤄지게 됩니다.

중고차시장의 또 다른 특징은 '가격'입니다. 일반 시장에서는 제품 가격이 떨어지면 수요가 늘어납니다. 그런데 중고차시장은 다릅니다. 중고차 가격이 눈에 띄게 낮으면 중고차를 구입하려는 사람들은 '이 차에 문제가 있는 것 아닐까? 여러 차례 사고가 났거나 정비가 잘 되지 않은 차일지도 몰라'라고 생각하게 됩니다. 이렇다 보니 낮은 가격의 중고차는 시장에서 외면받습니다. 하지만 중고차시장에 품질은 나쁘지만 가격만 비싼 차량이 유통되면 소비자들은 점차 외면할 것이고, 결국 중고차시장은 타격을 입을 수밖에 없습니다.

이를 해결하기 위한 해법이 레몬법(Lemon Law)입니다. 레몬법은 차량이나 전자제품에 결함이 생기면 제조업체가 소비자에게 제품을 교환해주거나 환불, 보상해주는 소비자 보호법입니다. 미국에서 처음 도입한 이 법으로 미국 중고차 판매업자들은 판매한 차량에 대해 일정 기간 수리를 보증해야 합니다. 우리나라도 2019년 1월부터 레몬법이 시행되고 있습니다. 한 예로 중고차의 성능이나 상태가 성능 점검 기록과 다르면 수리비를 보상하는 상품인 '중고차 성능-상태 점검 책임보험'을 도입했습니다.

또한 중고차 매매업체, 차량 제조사, 금융사가 손을 잡고 중고차 관련 상품을 내놓은 사례도 있습니다. 예를 들어 차량 제조업체가 자사 중고차를 보장하는 보증제도를 만들고 중고차 매매 플랫폼을 제공하는 방식입니다. 이를 통해 중고차를 구입하려는 소비자들은 중고차 상태를 정확하게 확인할 수 있습니다.

여기서 퀴즈 하나! 중고차시장을 비롯한 '레몬마켓'과 달리 비교적 좋은 중고 제품이 거래되는 곳을 무엇이라고 부를까요? 정답은 피치마켓(Peach Market, 복숭아시장)입니다. 레몬의 신맛이 아닌 복숭아의 달콤한 맛을 느낄 수 있는 피치마켓에서는 소비자와 생산자 혹은 경제주체 간에 정보가 잘 공유되어 소비자가 원하는 고품격 서비스나 제품을 얻을 수 있습니다.

012 나라의 존폐는 인구가 결정한다
인구절벽

사회 현상을 유심히 살펴보면 '절벽'이라는 용어가 많이 등장합니다. 우리가 여기서 다루려고 하는 인구절벽 외에 '재정', '소비', '고용' 등과 같은 경제 현상에도 절벽이라는 단어가 붙어 있습니다. 한마디로 '절벽의 시대'인 셈입니다.

인구절벽은 생산가능인구비율이 급속히 줄어드는 현상을 말합니다. 생산가능인구란 15~64세에 속하는 인구 계층으로, 직장이나 창업, 자영업 등을 통해 생산(경제활동)할 수 있는 연령층을 뜻합니다.

인구절벽이 벌어지면 구체적으로 어떤 일이 일어날까요? 당장 기업들은 경영난을 겪을 수 있습니다. 우리나라의 주력 산업이라 할 수 있는 자동차, 조선, 철강 등 많은 인력이 필요한 산업은 인구절벽에 따른 생산가능인구 감소로 노동력 확보에 어려움을 겪을 수 있습니다.

그뿐만이 아닙니다. 자동차 등 제조업 분야 이외에 일반 유통업체도 인구절벽에 직격탄을 맞고 있죠. 한 예로 신생아 출생 감소로 분유와 우유, 유아용 기저귀 등 관련 업체가 크게 휘청거리고 있습니다.

그렇다면 인구절벽에 따른 문제점을 해결할 수 있는 방법이 없을까요? 이미 인구절벽을 겪고 있는 일본의 사례를 살펴봅시다. 2015년 일본 전 총리 아베 신조는 국가의 핵심 과제로 일명 '1억 총활약 사회'를 내세웠습니다. 구호가 다소 거창하지만, 어쨌든 인구 확보를 최우선 과제로 삼았습니다.

일본은 저출산·고령화 사회에 대비해 인구 총 1억 명이 모두 활약하는 사회를 만들 계획을 세우고 있습니다. 앞으로 50년 후에도 인구 1억 명을 유지하면서, 청년층은 물론 고령층, 여성, 장애인까지 모두 포용해 이들이 일본 사회에서 활약할 수 있는 구조를 만들겠다는 겁니다. 이를 통해 일본은 경제 성장을 지속하면서 육아를 지원하고 노년에도 안심하고 살 수 있는 사회보장제도를 마련할 계획입니다.

우리로서는 우리나라와 산업, 경제 분야에서 유사성을 갖고 있는 일본이 이러한 정책을 펼치고 있는 것을 눈여겨볼 필요가 있습니다. 한국도 인구절벽에 따른 경제적 충격을 줄이기 위해 여성 인력과 고령자가 경제활동에 적극 참여할 수 있도록 권장하고, 외국 우수 인력을 유치해 이들을 활용하는 방안 등을 적극적으로 검토할 필요가 있습니다.

013 내 것 아닌 공유지니까 막 써
공유지의 비극

지하철이나 공공장소에 있는 화장실은 대부분 지저분합니다. 국립공원에 가보면 여기저기에 쓰레기가 수북이 쌓여 있는 것을 쉽게 볼 수 있습니다. 또 비가 온 후에 강에 몰래 폐수를 버리는 기업체도 있고, 연안 어장에서 촘촘한 그물로 치어(알에서 나온 지 얼마 되지 않은 어린 물고기)까지 잡아 어자원을 고갈시키는 행태도 종종 벌어집니다.

그렇다면 공공장소 화장실이나 국립공원은 왜 지저분하고, 치어들은 어째서 보호받지 못하는 것일까요? 물론 낙후된 시민의식도 문제지만, 근본적인 이유는 내 것이 아니기 때문입니다. 만일 자기 집 화장실을 지하철 화장실처럼 엉망진창으로 사용하고 방치한다면 당장 집에서 쫓겨날 겁니다. 또 국립공원이 자기 집 마당이라면 쓰레기를 마구 버리거나 더럽히지 않겠죠?

쓰레기가 방치되어 있는 공유지

옛날 어느 마을에 누구나 가축을 풀어 키울 수 있도록 개방된 땅이 있었습니다. 이 땅은 개인의 소유가 아닌 공동의 땅, 즉 공유지(公有地)였습니다. 마을 주민들은 각자 자기 땅을 갖고 있었지만 아끼느라 사용하지 않고, 이 공유지에 자신들이 기르는 가축을 가능한 한 많이 풀어놓았습니다. 그리고 아무런 비용도 부담하지 않고 가축에게 신선한 풀을 마음껏 먹였죠. 주민들의 이러한 이기적인 행동으로 공유지는 곧 가축들로 붐비게 됐고, 결국 가축이 먹을 만한 풀이 하나도 없는 황량한 땅으로 변하고 말았습니다.

이는 미국 캘리포니아대학 미생물학자 가렛 하딘(Garrett Hardin)이 1968년 과학잡지 《사이언스》에 기고한 논문인 〈공유지의 비극〉에 나오는 내용입니다. 경제학자도 아닌 미생물학자의 이론이 경제 분야에서 큰 관심을 모으는 이유는 무엇일까요?

가렛 하딘

하딘은 공유지의 비극 이론에서 인구가 많지 않을 때는 땅, 바다, 호수, 늪처럼 공동으로 소유하는 공유지(경제 용어로는 '공공재'라고 합니다)가 넉넉해 설령 오염되더라도 자정 능력이 충분해 회복될 수 있다고 말합니다. 그러나 인구가 팽창하고 개인이 공유지로 얻을 수 있는 이윤을 극대화하려고 하면 결국 공유지는 파괴됩니다. 이는 개인은 물론 전체 공동체에도 손해입니다.

하딘은 공유지의 비극을 막기 위해 "개인의 자유는 무한한 것이 아니라 사회적 필요를 반영해야 하고, 필요하다면 강제성도 동반해야 한다"라고 강조했습니다. 자유를 침해하는 것 아니냐는 반론도 있지만, 개인의 이익으로 인해 공공의 이익이 훼손되는 건 막아야 한다는 것이죠.

기업의 오염물질 방류를 막기 위해서는 정부가 공유지를 해치는 행위에 대해서는 세금을 매기고, 공유지를 살리는 행위에 대해서는 보조금을 주면 됩니다. 국립공원 훼손을 막기 위해서는 입장료를 부과하면 됩니다. 관광객이 급증하면서 발생하는 환경훼손 비용을 그들에게 전가시키는 것이죠.

영국 정치사상가 토머스 홉스(Thomas Hobbes)는 국가 권력이 반드시 갖춰야 할 요건으로 '국민을 보호할 수 있는 강력한 힘'을 강조했습니다. 프랑스 철학자 장 자크 루소(Jean Jacques Rousseau)도 '국민의 자연권을 보호하는 것이 국가의 가장 중요한 임무'라고 역설했습니다.

기업이 경영활동을 하는 데 지장을 주는 정부 규제를 없애는 것은 시대적 책무입니다. 그러나 기업과 관련 당국이 안전불감증과 적당주의로 일관하는 공유지의 비극을 연출한다면 '보이지 않는 손'인 시장 메커니즘보다는 '보이는 손'인 정부 규제가 더 필요할지도 모릅니다. 국민 생명과 직결되는 꼭 필요한 규제는 매우 엄격하게 시행해 시장 규율을 살리면서 국가를 안전하게 운영하는 지혜가 필요하다는 이야기입니다.

공유지의 비극은 어떤 관점에서 보면 ==깨진 유리창 이론==(Broken Windows Theory)과 맥락이 같습니다. 깨진 유리창 이론은 미국 스탠퍼드대학 심리학과 교수 필립 짐바르도(Philip Zimbardo)가 1969년에 발표했습니다.

짐바르도는 이 이론과 관련해 재미있는 실험을 했습니다. 그는 치안이 허술한 곳에 자동차 2대를 배치했습니다. 한 대는 보닛만 조금 열어 두고 다른 한 대는 유리창을 조금 깬 상태로 두었죠. 일주일 후 실험 장소에 다시 가보니 보닛만 열어둔 자동차에는 특별한 변화가 없었지만, 유리창을 깬 자동차는 배터리, 타이어가 없어지고 낙서와 오물이 가득해 결국 폐차를 해야 했습니다.

깨진 유리창 이론이 주는 교훈은 깨진 유리창이라는 작은 허점을 방치하면 이를 계기로 더 큰 범죄가 이어진다는 것입니다. 일종의 공유지의 비극인 셈이죠. 결국 이 이론은 사소해 보이는 것을 등한시하면 결국 전체가 무너진다는 내용을 담고 있습니다.

1991년 노벨경제학상을 받은 영국 경제학자 로널드 코스(Ronald Coase)는 공유지에 재산권이 명확하게 확립되면, 경제주체들이 협상을 통해 문제를 해결할 수 있다는 코스의 정리(Coase Theorem)를 발표했습니다. 공유로 두기보다는 재산권 확립을 통해 사유로 전환하는 것이 공유지를 더 효율적으로 관리하는 방법이라고 주장한 거죠. 호수에 사유재산권이 확립되면 수질오염을 막기 위해 CCTV 설치 등 엄격한 관리가 이루어질 테니까요.

지금 당장 코스의 주장대로 공공재를 특정 개인이나 단체의 소유로 만들 수는 없습니다. 하지만 모두의 것은 누구의 것도 아니라는 생각이 끊임없이 공유지의 비극을 낳고 있는 현실을 감안하면, 코스의 주장은 충분히 생각해볼 만한 가치가 있습니다.

014 전쟁터의 술수와 방어전략들
적대적 M&A

　자유시장경제에서 한 기업이 다른 기업을 인수하는 것은 흔한 일입니다. 문제는 기업을 인수하는 방식과 태도인데, 상대방의 동의 없이 강행하는 <mark>적대적 M&A</mark>는 간혹 큰 문제가 됩니다.

　그럼 적대적 M&A는 어떤 방식으로 시도될까요? 가장 일반적인 방법은 <mark>공개매수</mark>(Tender Offer)입니다. 특정 기업을 인수하기 위해 주식을 공개매수한다는 의사를 밝히고, 현재 시가보다 비싼 가격으로 살 테니 주식을 팔라고 제의하는 것입니다. 그런데 이 경우 짧은 기간에 인수하려는 기업의 주식을 특정 가격에 사들이기 때문에 인수 대상 기업도 이에 맞서 적극적인 태도를 취함으로써 주가가 오릅니다.

　시장을 쥐락펴락하는 기업이 혁신적인 기술을 갖춘 기업을 인수해 혁신 기업의 등장을 막는 이른바 <mark>킬러 인수</mark>(Killer Acquisitions)도 있습니다. '킬러 합병'이라고도 불리는 이 전략은 주로 대기업이 혁신 소기업을 인수해 소기업의 혁신제품 개발을 막는 것이죠.

　이 방식은 시장의 잠재적인 경쟁자를 없앨 수는 있지만 기술혁신 활동을 막아 사회 전체에 피해를 준다는 지적도 있습니다. 대표적인 예가 미국 대형 의료장비 제조업체 코비디엔(Covidien)입니다.

코비디엔은 인공호흡기시장에서 강자로 군림했지만 2010년 미국 신생 의료업체 뉴포트 메디컬(Newport Medical)의 등장으로 골머리를 앓았습니다. 뉴포트 메디컬이 미국 연방정부와 손잡고 저렴한 가격의 휴대용 인공호흡기를 개발했기 때문입니다. 생존의 위협을 느낀 코비디엔은 결국 뉴포트 메디칼을 인수해 저가 인공호흡기 양산을 중단시켰습니다.

곰의 포옹(Bear Hug) 전략도 있습니다. 곰의 포옹은 인수 기업이 인수 대상 기업에 공개매수를 선언한 뒤 인수 대상 기업 최고경영자(CEO)에게 기업 인수에 저항하지 말라고 권유하는 것을 말합니다.

대표적인 사례가 세계적인 기업 사냥꾼 칼 아이칸(Carl Icahn)이 2006년 국내 담배기업 KT&G에 사용한 적대적M&A 전략입니다. 당시 KT&G 주식 6.59%를 갖고 있던 아이칸은 KT&G 경영진에게 편지를 보내 공개매수를 통해 회사를 인수할 수 있다는 압박과 함께 구체적인 매수금을 제시했습니다. 쉽게 설명하면 회사 경영권을 넘기는 협상에 응하지 않으면 회사를 통째로 인수하겠다고 협박한 것이죠. 아이칸의 전략은 성공을 거둬 그는 주식 매각차익 1,358억 원과 배당금 124억 원 등 총 1,482억 원을 챙겨 한국을 떠났습니다.

간혹 특정 기업의 인수를 목표로 하기보다는 주가의 시세차익을 노리고 공개매수를 하는 경우도 있습니다. 인수 대상 기업의 주식을 대거 사들인 뒤 경영권을 담보로 잡고 대주주에게 편지를 보내 이미 사들인 주식을 비싼 값에 되파는 것인데, 이를 그린메일(Green Mail)이라고 합니다. 달러 지폐가 초록색이어서 이런 이름이 붙었습니다. 이러한 투자자들을 '그린메일러(Green Mailer)'라고 하는데, 이들은 대부분 '기업 사냥꾼'입니다. 더러는 대주주를 협박하면서 주식 매입을 강요하기도 하는데, 이는 특별히 '블랙메일

(Black Mail)'이라고 합니다.

또 다른 적대적M&A 방식으로는 **위임장대결**(Proxy Fight)이 있습니다. 주주총회에서 의결권(議決權)을 갖고 있는 위임장을 많이 확보해 현재 이사진이나 경영진을 물러나게 하는 방법입니다. 의결권은 '집단의 결정에 참여해 의사를 표명할 수 있는 권리'를 말합니다.

일반적으로 특정 기업을 인수하려는 기업이 인수 대상 기업의 지분을 50% 이상 얻는 것은 사실상 불가능합니다. 이에 따라 주주총회에서는 기존 경영자와 매수자 간에 표 대결이 벌어집니다. 이때 양측 모두 소수 주주의 의결권을 위임받아 경영권을 주장하죠. 평소 주주를 철저히 관리한 기업은 우호적 소수 주주를 확보해 매수자보다 적은 지분으로도 경영권을 보장받을 수 있습니다. 하지만 인수 대상 기업이 평소 주주 관리에 소홀했다면 경영권 확보가 어려워지겠죠.

그럼 적대적M&A에 맞서는 방어전략에는 어떤 것이 있을까요? 우선 **역(逆)공개매수**를 꼽을 수 있습니다. 인수 기업이 공개매수를 하면 이에 맞서 인수 대상 기업이 오히려 인수 기업의 주식을 사들여 정면 대결을 하는 것입니다. 이는 두 회사가 상호 10% 이상의 주식을 보유하는 경우, 상호 보유하고 있는 주식의 의결권이 제한되는 상법 규정을 이용한 것입니다. 이와 같은 전략을 '팩맨방어(Pacman Defense)'라고도 합니다.

포이즌필(Poison Pill)이라는 방어전략도 있습니다. 적대적M&A 시도가 있을 때 주주들에게 회사 주식을 싼값에 팔거나 비싼 값으로 회사에 되팔 수 있는 권리를 주는 방법입니다. 이렇게 함으로써 인수 기업에 막대한 비용을 전가해 인수 시도를 포기하도록 하는 것이죠.

황금낙하산(Golden Parachute) 전략도 있습니다. 인수 대상 기업의 최고경영자가 거액의 퇴직금을 받을 권리와 자사의 주식을 싼값에 매입할 수 있는 권리(스톡옵션, 93장 참고), 일정 기간 동안 보수와 보너스를 받을 권리 등을 사전에 고용 계약에 포함시키는 것을 말합니다. 이를 통해 기업의 안전성을 확보하고 인수비용을 높이는 것이죠.

한편 경영자가 아닌 일반 직원들에게 일시에 많은 퇴직금을 지급하도록 규정해 매수 기업의 의욕을 떨어뜨리는 전략도 있습니다. 이는 황금낙하산과 구별해 주석(朱錫)낙하산이라고 부릅니다.

적대적 M&A 대상이 된 기업에게 적당한 방어 수단이 없는 경우에는 현 경영진에게 우호적인 제3의 매수 희망자를 찾아 매수 결정에 필요한 각종 정보와 편의를 제공하기도 합니다. 이때 인수 대상 기업의 경영자에게 우호적인 제3의 기업 인수자를 '백기사'라고 하고, 이와 반대로 경영권 탈취를 노리는 쪽을 '흑기사'라고 합니다.

015 상처뿐인 영광
승자의 저주

치열한 경쟁에서 이기면 승리의 기쁨을 만끽하는 것이 당연합니다. 그런데 승리한 것이 오히려 저주스럽다는 뜻의 승자의 저주(Winner's Curse)라는 말이 있습니다.

승자의 저주를 이해하려면 고대 역사에서 '피로스 왕의 승리'를 먼저 알아야 합니다. 고대 로마 철학자이자 저술가인 플루타르코스(Ploutarchos, 우리에게는 영어식 발음인 '플루타크'로 알려져 있죠)가 쓴 《영웅전》에 따르면, 피로스는 기원전 3세기 고대 에피루스 왕국의 왕입니다. 피로스 왕은 기원전 280년에 2만 5,000여 명의 군대를 이끌고 로마를 침공해 승리를 거뒀습니다. 그러나 그에 따른 희생은 컸습니다. 70%가량의 병사를 잃고 만 것이죠. 피로스 왕의 승리는 이익이 별로 없는 승리, 즉 상처뿐인 영광이었습니다.

그래서 승자의 저주를 다른 말로 '피로스의 저주'라고도 합니다. 치열한 경쟁에서 이겨 승리를 거뒀지만 그 과정에서 너무 많은 걸 잃어 결과적으로 큰 손해를 입은 것을 말합니다. 이는 미국 행동경제학자 리처드 세일러(Richard Thaler)가

에피루스 왕국의 피로스 왕

1992년 《승자의 저주》라는 책을 세상에 내놓으면서 널리 알려졌습니다.

우리나라에도 이와 같은 사례가 있습니다. 2015년 7월 서울 시내 면세점 신규 입찰에서 승리한 한화그룹의 갤러리아면세점이 바로 그 주인공입니다. 당시 입찰에는 롯데면세점, 신세계DF, 이랜드 등 5곳이 참여해 치열한 경쟁을 벌였지만, 결국 사업권을 쟁취한 것은 갤러리아면세점과 HDC신라면세점이었습니다. 구체적인 입찰금액은 밝혀지지 않았지만, 중국인 관광객 급증에 따른 면세점 사업의 꾸준한 성장세를 고려했을 때 상당한 금액이었을 것으로 추측됩니다.

하지만 일각에서는 이 치열한 경쟁을 뚫은 갤러리아면세점을 승자의 저주 사례로 봅니다. 왜일까요? 가장 큰 이유는 면세점 낙찰 이후 계속해서 실적 부진이 이어졌기 때문입니다. 2014년까지만 해도 갤러리아면세점의 영업이익은 334억 원이었지만, 2015년 12월 서울 시내 면세점 사업을 시작한 이후 지속적으로 매출 하락세를 보이다 2019년 9월 1,200억 원의 적자만 남기고 3년 9개월 만에 문을 닫았습니다. 서울 시내 면세점 간의 지나친 가격 경쟁과 사드 배치 여파로 중국인 관광객의 발길이 끊긴 점 등이 자진 폐점의 이유로 꼽힙니다.

승자의 저주는 경매나 기업 인수합병(M&A)에서도 많이 인용됩니다. 기업이 인수 경쟁에 몰입하다 보니 적정가치를 크게 웃도는 금액을 지불하게 되고, 그 결과 인수로 인한 시너지효과는 별로 얻지 못하고 오히려 인수자금을 마련하느라 손해를 보는 거죠. 다음 표는 기업 인수합병으로 인해 승자의 저주에 빠진 기업들의 대표적인 사례입니다.

승자의 저주 대표적 사례

회사	피인수업체	결과
금호아시아나그룹	대우건설, 대한통운	대우건설 재매각, 대한통운 매각 추진
대한전선	남광토건, 명지건설	사옥 부지와 자회사 매각
동부그룹	아남반도체	자회사 매각 추진
유진그룹	하이마트	자산 일부 매각
이랜드그룹	홈에버	홈플러스에 홈에버 재매각

반면 승자의 저주를 떨쳐버린 사례도 있습니다. SK그룹의 반도체업체 SK하이닉스가 대표적인 예죠. SK하이닉스는 현대그룹이 1983년에 세운 현대전자산업에서 출발했습니다. 현대전자산업은 창립 6년 만에 세계 반도체 시장점유율 20위권에 진입하는 성과를 냈지만, 1999년 외환위기 직후 LG반도체와 합병하는 신세가 됐습니다. 당시 두 회사가 한몸이 되면서 회사가 떠안은 빚은 무려 15조 원이 넘었습니다.

종합전자회사였던 현대전자산업은 '메모리 반도체 전문 기업'으로 회사의 체질을 바꾸기로 결정한 뒤 당시 운영하고 있던 메모리 반도체 이외 사업 부문을 모두 팔아치우고 현대그룹으로부터 분리했습니다. 또한 2001년 3월 회사 이름을 '하이닉스반도체'로 바꿨습니다.

그러나 하이닉스반도체의 앞길은 순탄하지 않았습니다. 2000년대 초반에 반도체 가격이 급락했기 때문입니다. 결국 하이닉스반도체는 시장에 매물로 나오는 신세가 됐습니다. 이에 최태원 SK 회장은 2011년 약 3조

4,000억 원에 하이닉스반도체를 인수하며 회사 이름을 'SK하이닉스'로 바꿨습니다.

이에 대해 재계 일각에서는 SK의 하이닉스반도체 인수가 승자의 저주가 될 것이라고 입을 모았습니다. 이를 입증이라도 하듯 SK하이닉스는 인수 이듬해인 2012년 2,273억 원의 영업적자를 냈죠.

그러나 SK하이닉스는 시장의 큰손인 미국 반도체업체 엔비디아에 고(高)대역폭메모리인 HBM을 거의 독점적으로 공급하면서 2024년 매출액 66조 1,929억 원, 영업이익 23조 4,673억 원을 기록했습니다. 이는 창사 이래 역대 최고 실적을 경신한 수치입니다.

016 부(富)는 높은 곳에서 낮은 곳으로 흐른다
트리클다운 이론

트리클다운 이론은 양동이가 꽉 차 넘쳐흐른 물이 바닥을 고루 적시는 것처럼, 정부가 투자를 늘려 대기업과 부유층의 부를 먼저 늘려주면 중소기업과 저소득층에게도 골고루 혜택이 돌아가 결국 경기가 활성화되고 덩달아 경제 발전과 국민복지가 향상된다는 이론입니다. 고소득층의 소비지출을 늘리면 자연스럽게 저소득층의 소득이 확대된다는 말이죠.

많이 들어본 논리입니다. 과거 이명박 정부의 경제정책도 트리클다운 이론에 기초한 것이었습니다. MB노믹스에서는 대기업들이 요구하는 규제 철폐를 과감하게 실시하고 세금도 크게 줄여줬죠. 대기업들은 세금 혜택과 수출 호조로 많은 돈을 벌었고, 이 돈을 사내유보금 형식으로 쌓아놓았습니다. 사내유보금은 기업이 매출 급감 등 위기에 대비해 회사 내에 보관하는 돈을 말합니다.

문제는 기업들이 쌓아놓은 돈으로 투자에 적극

나서지 않고 위기 관리에만 신경 쓰면서 일어납니다. 급변하는 경기와 미래에 대한 불확실성 때문에 투자를 줄인 것이죠. 기업이 투자라는 수도꼭지를 꼭꼭 잠그면 중산층과 서민층에게 '낙수효과'가 스며들지 못하는 상황이 발생합니다. 부와 소득이 최상위에 집중되면서 빈부격차가 커지고, 중하위 계층의 가계부채 부담은 더욱 늘어나게 됩니다.

이러한 점을 깨달은 조 바이든(Joe Biden) 미국 전 대통령은 2021년 10월 고소득층과 대기업에 1조 7,500억 달러(약 2,108조 원)에 이르는 세금을 부과하는 '부자 증세' 방안을 마련했습니다. 바이든은 "낙수효과가 전혀 작동하지 않았다. 미국경제를 키우는 가장 좋은 방법은 위로부터가 아니라 아래와 중간으로부터라는 사실을 반영하는 예산안이다"라고 설명했습니다.

그렇다면 빈부격차 심화 현상을 해소하려면 어떻게 해야 할까요? 가장 쉬운 방법 중 하나는 '분수효과'입니다. 분수에서 뿜어져 나온 물이 아래로 흐르듯, 정부가 저소득층 소비를 늘려 전체 경기를 부양하자는 이론이죠.

소득 불평등은 계층 간 갈등으로 이어지며 사회적 불안을 야기합니다. 소득 불평등을 완화하는 법과 제도 창출에 최종 책임을 지닌 정치권과 정부의 현명한 선택이 그 어느 때보다 필요합니다.

017 짝퉁이 진품을 이기는
그레셤의 법칙

그레셤의 법칙(Gresham's Law)은 영국의 금융업자이자 사업가인 토머스 그레셤(Thomas Gresham)이 주장한 이론으로, 흔히 '악화(惡貨)가 양화(良貨)를 구축(驅逐, 내쫓다)한다'라는 말로 정의됩니다.

'악화'와 '양화'는 무엇일까요? 과거 영국에서는 귀금속인 금화나 은화가 화폐로 유통됐습니다. 그런데 경제가 나빠지면서 화폐에 들어가는 금이나 은의 함량을 줄여 발행하게 됐죠. 그러자 너 나 할 것 없이 이런 돈(악화)만 사용하고, 금이나 은의 함량이 높은 돈(양화)은 장롱 속에 깊이 숨겨놓고 쓰지 않았습니다. 결국 시중에는 점차 악화만 유통되고 양화는 사라지는 현상이 빚어졌습니다. 말 그대로 악화가 양화를 내쫓은 것이죠.

요즘에도 이와 같은 법칙이 적용됩니다. 2009년 10만 원권 수표 발행 비용을 줄이고 거래의 편의를 도모한다는 목적으로 5만 원권 지폐가 발행됐습니다. 일반적으로 은행을 떠난 화폐 중 80%는 은행

으로 돌아오지만 5만 원권은 예외입니다. 한국은행의 〈화폐 수급 동향 자료〉에 따르면, 2024년 상반기(1~6월) 기준 5만 원권 발행액은 약 12조 원, 환수액은 5조 8,000억 원이었습니다. 발행액 대비 환수액 비율을 뜻하는 환수율은 49.1%에 그쳤죠.

한국은행이 지폐를 발행하면 시중에서 유통돼 예금이나 세금 납부 형태로 금융기관에 입금됩니다. 환수율이 줄어드는 건 시중에 유통 물량이 그만큼 줄어든다는 것을 의미하죠. 일반적으로 시중금리가 오르면 예·적금이 늘어 환수율이 높아집니다. 반면 금리가 내려가면 환수율이 떨어집니다.

5만 원권의 환수율이 저조한 이유는 불안정한 사회 상황, 초저금리 등으로, 사람들이 고액권을 중심으로 현금 축재 심리가 높아진 것을 보여줍니다. 또한 과세를 피하기 위해 자산가들이 현금을 별도로 보관하거나, 증여세를 피할 목적으로 자녀에게 줄 돈을 현금으로 인출해 넘기는 경우도 있는 것으로 알려졌습니다. 사회적 상황이나 세금 회피 등의 요인(악화)이 5만 원권(양화)을 내쫓고 있는 셈입니다.

그레셤의 법칙은 원래 경제 용어지만, 요즘에는 품질이 좋은 제품 대신 저질 제품이 판을 치는 사회 현상을 가리킬 때도 쓰입니다. 정품 소프트웨어보다 복사한 프로그램이 더 많이 유통되는 것, 기업 임원이 똑똑한 사람 대신 멍청하고 말 잘 듣는 사람을 키워 똑똑한 사람이 조직을 떠나게 만드는 것, 석유를 주무기로 삼는 막강한 석유 메이저회사(엑슨모빌, 로열더치셸, 브리티시페트롤리엄 등)들이 전 세계의 석유 장악력을 계속 유지하기 위해 친환경자동차의 출현을 달갑지 않게 여기는 것 등이 모두 여기에 포함됩니다.

018 소수의 부유층만 공략한다
파레토의 법칙

국내 기업이 주력하고 있는 것 중 하나가 VIP마케팅(혹은 귀족마케팅)입니다. 말 그대로 부유층을 겨냥한 마케팅 전략으로, 고객층을 다양화하는 것도 중요하지만 실제로 기업에 돈을 벌어다주는 계층은 부유층이라는 것에 주목한 마케팅 기법입니다.

이러한 VIP마케팅은 파레토의 법칙(Pareto's Law)을 기반으로 한 것입니다. 파레토의 법칙은 1897년 이탈리아 경제학자 빌프레도 파레토(Vilfredo Pareto)가 발견한 것으로, 그는 19세기 영

빌프레도 파레토

국의 부와 소득 유형을 연구하다 '전체 인구의 20%가 전체 부의 80%를 차지하고 있다'라는 사실을 발견했습니다. 흔히 '20:80 법칙'으로 통용되는 이 개념을 마케팅에 적용하면 20%의 VIP 고객이 80%의 매출을 올려준다는 말이 됩니다.

그리고 많은 사람이 제품의 종류가 많아지면 매출도 오를 것이라 생각하지만, 실제로는 기업의 전체 수익 중 70~80%가 전체 제품 중 20%에서 나옵니다. 이는 상품군을 무조건 늘리거나 모든 제품에 대해 영업활동을 하

는 것이 비용 대비 효과 면에서 경쟁력이 떨어진다는 사실을 잘 보여주는 대목입니다.

이에 따라 기업들은 여러 고객의 다양한 욕구를 충족시키기 위해 다양한 제품을 선보인 지금까지의 마케팅 전략에서 탈피해, 선택과 집중이라는 차원에서 소수의 스타 상품에 대한 영업활동을 더욱 강화하고 있습니다.

파레토의 법칙을 가장 잘 이용하는 업종으로는 항공, 백화점, 카드회사를 들 수 있습니다. 특히 카드회사들은 어마어마한 돈을 사용하는 상위 1% 고객을 대상으로 특별한 신용카드를 발급하고, 그들에게 최고의 서비스를 제공합니다. 일명 '블랙카드'라 불리는 아메리칸 익스프레스의 센추리온 카드가 그 예입니다.

아메리칸 익스프레스의 센추리온 카드

이 카드는 퍼스트 클래스 항공기 탑승 시 리무진 서비스, 세계 유명 상점 개인 쇼핑 서비스, 유명 호텔 객실 업그레이드 등의 서비스를 제공합니다. 카드 발급 기준은 무척 까다롭습니다. 누구나 인정하는 자산가여야 하고, 연간 지출금액이 최소 25만 달러(약 2억 9,000만 원) 이상이어야 합니다. 블랙카드를 가진 대표적인 인사로는 마이크로소프트의 창업자 빌 게이츠(Bill Gates), 미국 대통령 도널드 트럼프 등이 있습니다.

이러한 소수 고객을 위한 특별한 서비스는 대다수 사람에게 위화감을 줄 수 있지만, 회사에는 확실한 매출 수단이 되기 때문에 많은 회사가 VIP 마케팅을 적극적으로 활용하고 있습니다.

019 비쌀수록 잘 팔리는 베블런효과

일반적으로 제품의 가격이 오르면 수요가 줄어들기 마련입니다. 그런데 가격이 올라도 수요가 변하지 않는 경우도 있습니다. 이런 현상을 <mark>베블런효과</mark>(Veblen Effect)라고 합니다. 이는 가격이 오르는데도 일부 부유층의 과시욕이나 허영심 때문에 수요가 줄지 않는 현상을 가리킵니다.

이 용어는 미국 사회학자 소스타인 베블런(Thorstein Veblen)이 1899년에 출간한 《유한계급론》에서 '상층 계급의 두드러진 소비는 사회적 지위를 과시하기 위해 지각 없이 이루어진다'라고 언급한 데서 유래했습니다. 베블런은 이 책에서 물질만능주의를 비판하며 상류층의 각성을 촉구했습니다.

베블런효과의 대표적인 사례로는 최고급 수입차, 명품 가방, 최고급 가전제품, 고가의 귀금속류 등이 불티나게 팔리는 현상을 들 수 있습니다. 물론 이 중에는 제품이 꼭 필요해 구매하는 경우도 있지만, 자신의 부를 남에게 과시하거나 허영심을 채우기 위해 구매하는 경우가 더 많습니다. 그러다 보니 고가 명품은 값이 오를수록 수요가 더 늘고, 값이 떨어지

소스타인 베블런

면 오히려 구매를 기피하는 현상까지 나타납니다.

물론 자본주의 사회에서 타인의 소비 성향을 집단적으로 비난할 수는 없습니다. 소비 행태는 절대적으로 개인에게 국한된 것이기 때문입니다. 그러나 사치성 소비가 많아지는 것이 문제가 되는 이유는, 이러한 소비 행태가 급기야는 가짜 명품인 짝퉁(모조품)의 대량 생산을 부추기고, 자신의 경제 규모에 걸맞지 않은 과소비를 조장할 수 있기 때문입니다.

최근에는 가격이 저렴하고 양이 많은 제품을 찾는 이른바 '반베블런족'도 등장했습니다. 이들에게 가장 중요한 것은 가성비(가격 대비 성능)입니다. 유통업체 이마트는 이러한 반베블런족을 타깃으로 자체 브랜드 '노브랜드'를 선보여 거울, 의자 등 1,300가지에 달하는 상품을 판매하고 있습니다. 노브랜드의 눈부신 성장은 별다른 홍보 없이 입소문만으로 이루어졌습니다. 저성장 시대를 맞아 가격이 싸면서도 품질은 크게 차이가 나지 않는 제품을 선호하는 시대가 열리고 있는 것일까요?

이마트 노브랜드 상품들

020 친구 따라 강남 가는 밴드왜건효과

'친구 따라 강남 간다'라는 속담이 있습니다. 남에게 이끌려 덩달아 같이 하게 되는 것을 뜻하죠. 이처럼 군중심리에 영향을 받아 따라 하게 되는 현상을 <u>밴드왜건효과</u>(Bandwagon Effect)라고 합니다.

밴드왜건은 서커스나 정치집회 때 행렬의 맨 앞에서 밴드를 태우고 다니며 분위기를 유도하는 자동차입니다. 서커스단이나 곡마단이 들어오면 행렬의 맨 앞에 밴드왜건을 운행하면서 북을 치고 트럼펫을 연주합니다. 그러면 어린아이들뿐 아니라 어른들도 궁금해 모여들고, 이를 본 다른 사람들까지 몰려들죠.

우리나라에도 이미 수백 년 전부터 밴드왜건과 같은 것이 있었습니다. 명절이나 마을행사가 있을 때 농악대가 풍악을 울리며 길놀이를 해서 사람들을 모았죠.

사실 밴드왜건효과는 정치 용어로 시작했습니다. 1848년 미국 대통령 선거에 후보로 출마한 재커리 테일러(Zachary Taylor)의 선거운동을 위해 유명한 서커스 광대인 댄 라이스(Den Rice)가 밴드를 결성해 유권자들을 공략한 데서 비롯됐습니다.

현대 정치에서 밴드왜건효과는 '될 사람을 뽑자'라는 의미로 통용되기도 합니다. 선거를 앞두고 실시되는 여론조사에서 지지율이 높은 정치인에게 표가 몰리는 현상도 밴드왜건효과 중 하나입니다.

밴드왜건효과는 경제학에서도 자주 사용하는 개념입니다. 소비에는 대개 수요의 법칙이 작용하지만, 때로는 가격과 관계없이 수요가 폭발하는 예외 현상을 보입니다. 앞서 이야기한 것처럼 남들이 특정 제품을 사면 자극을 받아 덩달아 같이 사게 되는 것이죠.

한편 사람들이 모두 특정 제품을 사려고 치열한 경쟁을 벌이지만 나 혼자만 그 제품을 구매하지 않는 현상은 무엇이라고 할까요? 정답은 스놉효과(Snob Effect)입니다. 스놉은 '남들을 깔보며 혼자 잘난 척하는 사람'이라는 뜻입니다. 우리말로는 '속물효과'라고 하죠.

스놉효과가 작용하면 많은 사람이 서로 사려고 하는 인기 제품을 소비하지 않습니다. 즉 우월감에 빠져 남들이 구입하는 제품을 깔보고 사지 않는 것이죠. '나는 다른 사람들과 달라'라는 생각이 강하게 작용하는 겁니다. 다른 사람들과 구별 짓고 한 마리 우아한 백로처럼 자신만의 개성을 추구하는 소비 행태를 보이기 때문에 다른 말로는 '백로효과'라고도 합니다.

스놉효과의 대표적인 예로는 값비싼 고급 가구, 좀처럼 얻기 힘든 한정판, 희귀 예술품을 찾아 구매하는 것을 들 수 있습니다.

021 국가도 부도가 난다고? 모라토리엄

이런 기사를 본 적이 있을 것입니다.

'2010년 경기도 성남시가 무려 7,285억 원에 달하는 부채를 상환하지 못해 모라토리엄을 선언했다.'

'미국령 푸에르토리코가 720억 달러(약 83조 원)에 달하는 채무를 갚지 못해 지난 2016년 4월 결국 모라토리엄을 선언했다.'

모라토리엄(Moratorium)은 우리말로 하면 '채무지불유예'입니다. 지불해야 하는 채무를 유예한다는 건 국가나 기업이 부채를 갚아야 하는 시점이 됐지만 그 액수가 너무 커 일시적으로 부채 상환을 미루는 것을 말합니다.

기업이 부도를 선언하면 법정관리에 들어가는 것처럼, 한 국가가 모라토리엄을 선언하면 법정관리 격인 리스케줄링(Rescheduling) 작업에 들어갑니다. 리스케줄링이란, 채무를 재조정하는 것을 말합니다.

모라토리엄을 선언하면 채무를 해결하기 위해 채무국과 채권국 간에 협상이 시작됩니다. 보통 채무 삭감, 이자 감면, 상환 기간 유예 등을 협상하죠. 또한 이 기간 동안 해당 국가의 기업들은 예금지불에 제한을 받기 때문에 자금이 충분하지 않은 기업은 자금 조달이 어려워져 연쇄부도가 날 가능성이 높습니다.

한 국가가 모라토리엄을 선언하면 돈 문제에서 두 손이 꽁꽁 묶이는 신세가 됩니다. 또 국제사회에서 신뢰성과 장래성이 추락하기 때문에 자금을 얻어 쓰는 것이 사실상 불가능해지죠. 외상거래는 꿈도 꿀 수 없고, 거래를 할 때 현금결제를 해야만 합니다.

그럼 디폴트(Default)는 모라토리엄보다 조금 나은 것일까요? 아닙니다. 모라토리엄이 빚을 갚는 시점을 뒤로 미루는 것이라면, 디폴트는 '빚에 대한 원금이나 이자를 도저히 지불할 수 없는 상태'를 말합니다. 즉 '채무불이행' 상태입니다. 한마디로 배 째라는 것이죠. '디폴트=국가(기업)파산'인 셈입니다.

미국 자치령 중 하나인 푸에르토리코가 모라토리엄과 디폴트의 대표적인 예입니다. 푸에르토리코는 83조 원의 빚에 시달리다 2016년 4월 결국 모라토리엄을 선언했습니다. 2015년부터 720억 달러(약 83조 원)에 달하는 부채에 시달린 푸에르토리코는 미국에 수차례 부채를 조정해 달라고 요청

했으나 거부당해 모라토리엄을 선언할 수밖에 없었죠.

재정위기에 처한 푸에르토리코는 2017년 5월 디폴트를 신청했습니다. 푸에르토리코의 파산 규모는 720억 달러로, 미국 지방정부 중에 파산 규모가 가장 컸던 2013년 디트로이트의 180억 달러(약 20조 3,400억 원)를 크게 앞질렀습니다.

우리나라의 지자체도 모라토리엄을 맞는 수모를 당했습니다. 경기도 성남시는 이른바 '국내 제1호 모라토리엄'이라는 굴욕을 당했죠. 성남시는 방만한 예산 집행과 부동산경기 침체로 인한 세수 부족으로 2010년 7월 12일 모라토리엄을 선언했습니다. 성남시는 당시 7,285억 원에 달하는 부채를 안고 있었습니다. 성남시는 그 후 3년 6개월 만인 2014년 1월 모라토리엄을 졸업했지만, 국내 지자체도 방만하게 경영할 경우 모라토리엄과 같은 위기를 겪을 수 있음을 보여주는 대표적인 사례로 남았습니다.

022 돈은 흘러야 제맛
유동성

경제신문이나 기업 관련 자료에 단골로 등장하는 용어가 있습니다. 바로 유동성(流動性, Liquidity)입니다. 한자를 그대로 풀이하면 '흘러 움직이는 성질'인데, 경제에서 유동성은 '자산을 현금으로 바꿀 수 있는 정도'를 뜻합니다. 기업이나 개인이 투자를 할 때는 원하는 시점에 자산을 곧바로 현금으로 전환할 수 있는지가 중요합니다. 유동성은 결국 '자산을 필요한 시점에 손실 없이 현금으로 바꿀 수 있는 정도'를 나타내는 말입니다.

그럼 기업의 유동성에 관해 좀 더 자세히 짚어보겠습니다. 기업의 유동성은 기업이 현금 수요에 적절히 대응할 수 있는지를 나타내는 말로, 좁은 의미로는 채무 지불이나 변제 시기에 맞춰 자금을 동원할 수 있는 정도를 나타냅니다.

기업의 유동성이 부족하면 자칫 지급 불능이나 파산에 이르게 됩니다. 신용경색이나 자금경색이라는 말은 기업이나 개인이 그만큼 돈이 부족한 상태라는 뜻이죠.

또한 유동성은 금융거래에서 얼마나 신속하게 현금으로 바꿀 수 있는지도 나타냅니다. 같은 돈이라도 남에게 빌려준 돈은 수중에 있는 돈보다 유동성이 낮습니다. 이런 불편을 끼치기 때문에 돈을 빌린 사람은 빌린 돈에 대한 금리 외에 일정한 금액을 더 얹어 주어야 합니다. 이것을 '유동성 프리미엄'이라고 합니다. 유동성 프리미엄이 붙으면 대개 금리가 더 높아집니다. 은행의 1년 만기 적금보다 3년 만기 적금의 금리가 더 높은 것도 바로 이 때문입니다.

흔히 금리가 낮아지면 기업은 투자를 늘립니다. 낮은 금리를 활용해 돈을 더 많이 빌릴 수 있기 때문에 투자가 늘어나는 것이죠. 그런데 정부가 금리를 내리고 통화량을 늘려도 좀처럼 소비와 투자 심리가 살아나지 않아 경기회복이라는 목표를 달성할 수 없는 경우가 있습니다. 이는 소비자도, 기업도 미래의 경제 상황을 낙관하지 못해 현금을 금고에만 쌓아두고 어딘가에 투자하거나 소비하지 않기 때문입니다.

이와 같이 '금리 인하 → 투자 확대'로 이어지지 않아 경기부양효과가 나타나지 않는 것을 유동성 함정(Liquidity Trap)이라고 합니다. 한마디로 말해 유동성 함정은 시장에 현금이 흘러넘치는데도 기업의 생산과 투자, 가계의 소비가 늘지 않아 마치 함정에 빠진 것처럼 경기가 회복되지 않는 상태를 말합니다.

023 물가가 지속적으로 상승하는 인플레이션

금고에 숨겨둔 1억 원은 5년 후에도 1억 원의 가치를 유지할까요? 아쉽지만 그렇지 않습니다. 물가가 꾸준히 오르니까요. **인플레이션**(Inflation)은 물가가 상승해 화폐가치가 떨어지는 경제 현상을 말합니다. 급격한 물가 상승은 서민을 힘들게 하지만, 인플레이션은 경기 활성화의 증거라고 할 수도 있습니다.

기업의 실적이 좋아 근로자들의 월급이 늘어나면 선순환으로 가계에 돈이 많아져 소비가 늘어나는데, 그 수요만큼 제품 공급이 제대로 이뤄지지 않을 때 물가 상승이 발생합니다. 이를 '수요 인플레이션' 또는 '초과수요 인플레이션'이라고 합니다.

그러나 국제 유가 상승, 흉작으로 인한 농산물 가격 상승으로 제품을 만드는 비용이 상승해 일어나는 '비용 인플레이션' 또는 '비용 인상 인플레이션'은 경제에 악영향을 미칩니다.

하이퍼인플레이션(Hyperinflation)도 눈여겨볼 필요가 있습니다. '과도하거나 지나치다'라는 뜻을 담은 '하이퍼(Hyper-)'와 인플레이션의 합성어인 하이퍼인플레이션은 물가 상승이 정부 금융당국의 통제를 벗어난 상황을 말합니다.

일반적으로 경제학에서 연간 물가상승률이 3%를 넘으면 인플레이션 우려가 있다고 합니다. 그러나 연간 물가상승률이 200%를 넘으면 하이퍼인플레이션에 속합니다. 하이퍼인플레이션은 물가 시스템이 안정된 선진국에서는 거의 일어나지 않습니다. 주로 전쟁이나 혁명 등 사회가 대혼란에 빠진 상황에서 정부가 재정을 지나치게 방만하게 운용해 통화량을 대규모 공급할 때 나타나기 때문입니다.

인류 역사상 가장 놀라운 하이퍼인플레이션 사례 중 하나는 독일입니다. 독일은 제1차 세계대전에 패배한 뒤 1921년 6월부터 1924년 1월까지 물가가 무려 10억 배나 폭증했습니다. 1923년 당시 독일 정부는 하이퍼인플레이션을 막기 위해 렌텐은행을 설립하고, 독일 화폐 마르크에 기반해 '렌텐마르크(Rentenmark)'라는 임시 통화를 발행했습니다.

렌텐은행은 1924년 '1조 마르크=1렌텐마르크'로 바꾸는 이른바 '디노미네이션(Denomination, 화폐 단위 변경)'을 단행했습니다. 디노미네이션은 화폐가치를 그대로 유지하면서 화폐 액면 단위를 100분의 1 혹은 1,000분의 1로 내리는 것을 말하는데, 독일은 화폐 액면 단위를 1조 분의 1로 일치시켰습니다.

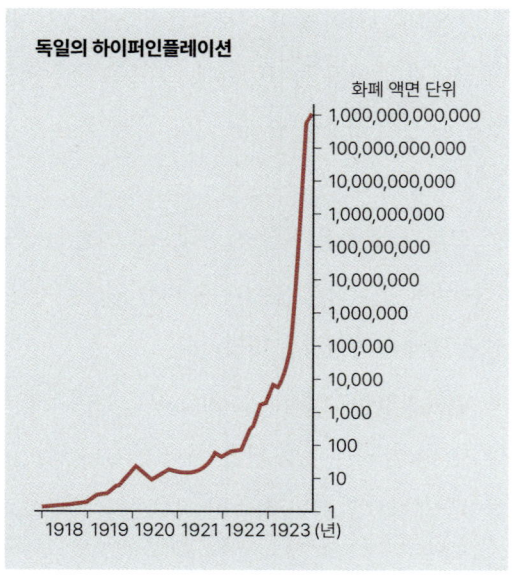

독일의 하이퍼인플레이션

렌텐마르크가 시중에 유통되면서 독일의 하이퍼인플레이션은 수습 단계에 들어갔습니다. 경제학에서는 이를 '렌텐마르크의 기적'이라고 부릅니다. 오늘날 독일은 통화를 유로(Euro)로 바꿔 마르크화는 역사 속으로 사라졌습니다. 하지만 '렌텐마르크의 기적'은 통화가치 안정과 건전 재정의 중요성을 일깨워주는 사례가 아닐 수 없습니다.

　인플레이션의 반대말은 디플레이션(Deflation)입니다. 이는 시중에 통화량이 크게 줄어들어 물가가 하락하고 경제활동이 침체되는 현상을 말합니다. 수요 부진으로 디플레이션이 발생하면 기업의 채산성이 악화되면서 고용과 소득이 줄어듭니다.

　정부는 물가가 지나치게 오르면 중앙은행인 한국은행과 논의해 금리를 올리거나 정부 재정지출을 줄여 통화량을 조절함으로써 물가 상승의 고삐를 늦추려고 합니다. 이와 반대로 경기가 좋지 않은 디플레이션 때는 금리를 내리거나 정부 재정지출을 늘리는 방법으로 현실 경제에 개입합니다.

　그런데 현실 경제는 이렇게 단순하지 않습니다. 스태그플레이션(Stagflation)은 경기침체를 뜻하는 '스태그네이션(Stagnation)'과 인플레이션을 합친 말입니다. 한마디로 '저성장·고물가 상태'를 뜻하죠. 스태그플레이션은 일반적인 경제 이론에서는 조금 벗어난 현상입니다. 경기가 좋으면 수요가 많아져 물가가 전반적으로 오릅니

다. 반대로 경기가 침체되면 제품 수요가 줄어 제품의 가격이 떨어지죠. 그런데 스태그플레이션 상태에서는 오히려 물가가 오릅니다. 즉 경기불황과 인플레이션이 공존하는 이상한 상황인 거죠.

국제 유가 등 원자재 가격이 오르면 제품을 만들어내는 생산비용이 올라 제품 가격도 함께 오르기 마련입니다. 물가가 오른 만큼 기업도 직원들의 월급을 올려주면 좋겠지만, 원자재 등과 같은 생산비용의 부담 때문에 월급을 동결하거나 거의 올려주지 못하게 되죠. 그러면 소비활동이 제대로 일어나지 않습니다.

제품을 만들고 이를 팔아 직원들에게 월급 등을 줘야 하는 기업 입장에서는 제품 판매가 부진하고 소비도 주춤하니 경영활동에 차질이 생깁니다. 그 결과 직원들을 해고하는 구조조정을 하게 되고, 버티지 못하면 결국 문을 닫습니다.

스태그플레이션 상태에서는 경제위기를 해소할 마땅한 방법이 없습니다. 경기침체를 되살리기 위해 금리를 내리거나 재정지출을 늘리면 물가만 더욱 오르기 때문입니다. 스태그플레이션을 해소하려면 기술혁신이나 산업 구조조정을 통해 경제의 펀더멘털(Fundamental, 기초적인 여건이나 체질)을 강화시키는 수밖에 없습니다.

024 고성장에도 물가가 오르지 않는
골디락스

골디락스(Goldilocks)는 '경제가 성장세를 보이고 있는데도 물가가 상승하지 않는 상태'를 말합니다. 일반적으로 경제가 고성장을 거듭해 국민소득이 늘어나면 물가가 오르고 국민소득이 줄어들면 물가가 내려가는데, 골디락스는 고성장 중인데도 물가가 오르지 않는 바람직한 상황인 것이죠.

골디락스는 '금(Gold)'과 '머리카락(Lock)'의 합성어로, '금발머리'라는 뜻입니다. 금발머리와 경제는 아무런 관계가 없는데 왜 이런 표현이 생겼을까요? 골디락스는 영국 낭만파 시인 로버트 사우디(Robert Southey)가 1837년에 쓴 동화 《골디락스와 곰 세 마리》에서 유래한 말입니다.

금발머리 소녀 골디락스는 숲속을 거닐다 우연히 집 하나를 발견했습니다. 그 집에는 아빠 곰, 엄마 곰, 아기 곰이 살고 있었는데, 마침 곰 가족은 모두 외출하고 없었습니다. 집 안에는 곰이 끓여놓은 수프 세 접시가 있었습니다. 수프는 각각 뜨겁고, 차갑고, 적당히 따뜻했죠.

허기에 지친 골디락스는 그중 적당히 따

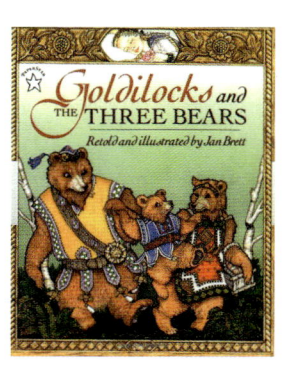

《골디락스와 곰 세 마리》

경제 기초 체력 쌓기 085

뜻한 수프를 먹고 그만 잠이 들었습니다. 외출에서 돌아온 곰 가족은 집을 어지럽혀 놓고 태평하게 잠들어 있는 골디락스를 발견하고 으르렁거렸고, 깜짝 놀란 골디락스는 잠에서 깨어 도망쳤다는 이야기입니다.

이 동화는 경제와 관련해 시사하는 바가 많습니다. 우선 골디락스가 좋아한 적당히 따뜻한 수프는 경제 상태로 비유하면 '뜨겁지도 차갑지도 않은 호황'을 뜻합니다. 그리고 골디락스를 위협한 곰 세 마리는 세계경제를 위협하는 고유가, 부동산 거품, 인플레이션(23장 참고)을 뜻합니다.

2015년 미국은 높은 성장세에도 낮은 물가가 유지되는 골디락스 경제를 누렸습니다. 미국에 골디락스 현상이 일어난 원인 중 하나는 '중국'입니다. '세계의 공장'이라 불리는 중국이 저렴한 공산품을 전 세계에 대량으로 공급하면서 세계 '근원물가지수'를 억제할 수 있었던 것입니다. 근원물가지수는 식량과 에너지 가격을 제외한 물건들의 물가 수준을 분석한 지표입니다. 중국이 일반적인 공산품을 싼값에 제공하다 보니 높은 경제 성장에 비해 물가는 낮은 골디락스 현상이 벌어졌던 것이죠.

한편 가격이 아주 비싼 상품, 싼 상품, 중간 가격의 상품을 함께 진열해 중간 가격의 상품을 선택하도록 유도하는 판촉 기법이 있는데, 이때 중간 가격을 '골디락스 가격'이라고 합니다. 사람은 극단적인 선택보다 평균값에 가까운 것을 선택하려는 본능을 가지고 있는데, 골디락스 가격은 이를 이용한 판매 기법이죠.

025 정부의 돈 잔치는 끝났다
출구전략

출구(出口, Exit)는 말 그대로 '밖으로 나가는 문'입니다. 출구전략은 기본적으로 좋지 않은 상황에서 벗어나려는 전략입니다. 원래 군사 용어로, 군대를 안전하게 전선 밖으로 퇴각시키는 시나리오를 뜻합니다. 이 용어는 베트남 전쟁 때 미국 국방부에서 처음 사용했는데, 승산 없는 베트남 전쟁에서 인명이나 물자의 손실을 최소화하면서 군대를 철수시키는 작전에서 비롯됐습니다.

출구전략은 경제 분야에서도 반드시 필요합니다. 경기침체라는 위기 상황에서 빠져나갈 때 쓸 수 있는 경제정책이죠. 좋지 않은 상황에서 철수한다는 의미처럼, 비상 상황에서 벗어나 경제정책의 기조를 원래 상태로 되돌리는 것을 말합니다.

지난 2008년 세계경제는 미국발 금융위기로 엄청난 타격을 입었습니다. 이에 세계 각국 정부는 경제위기를 극복하기 위해 금리를 인하하고, 재정지출을 늘리며 세금을 적게 걷는 등의 정책을 취했죠. 이러한 특단의 조치를 통해 기업과 개인이 돈을 쓰게 만들어 전체 경제를 되살리자는 것이었습니다.

출구전략은 이 같은 조치를 중단하고 다시 원래 상태로 돌아가는 것입니다. 금리를 인상하고, 정부 지출을 축소하고, 세금을 올리고, 기업의 사기 진작을 위해 풀어줬던 규제를 다시 강화하는 것이죠.

그럼 정부는 왜 기업이나 개인에게 베풀어온 아낌없는 사랑을 중단하는 것일까요? 그 이유는 정부의 사랑이 눈덩이처럼 불어나는 재정적자를 감수하면서 베푼 것이기 때문입니다. 출구전략을 계속 미루다가는 자칫 국가의 금고가 바닥나버릴 수도 있습니다.

정부의 출구전략 중에 약발이 가장 빠르고 확실한 건 기준금리를 인상하는 것입니다. 그동안 경기를 살리느라 금리를 내리는 바람에 개인이나 기업은 은행에서 낮은 이자로 돈을 빌려 쓰고, 정부는 재정지출을 늘리는 등 시중에 유동성(돈)이 과잉 공급됐죠. 그런데 시중에 유동성이 지나치게 많아지자 인플레이션 등 여러 부작용이 발생했습니다. 그러니 이 모든 것의 원인인 금리를 다시 올려 부작용을 없애려는 것이죠.

출구전략의 최대 고민거리는 '과연 언제 실시해야 하는가?'입니다. 서브프라임모기지(비우량주택담보대출)에서 시작된 2008년 글로벌 금융위기 이후 미국은 양적완화(134장 참고) 정책을 실시하며 경기를 부양해왔습니다. 미국이 과연 언제 출구전략을 실시할지 전 세계가 주시하고 있었죠.

2013년 말 미국의 경제 회복을 알리는 지표가 잇달아 발표되면서 미국 연방준비제도이사회(FRB)의 전 의장인 벤 버냉키(Ben Bernanke)가 '테이퍼링(Tapering, 135장 참고)'을 언급했습니다. 테이퍼링이란 '갈수록 끝이 좁아진다'라는 뜻으로, 점진적으로 조금씩 양적완화를 축소해나가겠다는 의지를 표현한 말입니다. 실제로 미국은 2014년 양적완화 규모를 줄여나가다 2014년 10월 드디어 양적완화 정책 종료를 선언했습니다.

출구전략은 기업의 경영전략에도 자주 등장합니다. 여기서의 출구전략은 적자가 지속되고 있는 상황이 개선될 여지가 보이지 않을 때, 더 큰 손해를 막기 위해 진행 중인 사업을 중단하거나 매입한 사업을 다시 파는 것을 의미합니다. 1998년 우리나라에 입점한 다국적 유통 기업 월마트가 2006년에 철수한 것, 2013년 서울에 문을 연 미국 의류 브랜드 아베크롬비 앤피치가 2016년에 철수한 것, 2017년 사드 사태로 중국에 상주하고 있던 국내 기업들이 철수한 것 등이 대표적인 사례입니다.

026 경제를 동물에 빗댄다?
매파와 비둘기파

"미국 트럼프 안보 라인을 매파가 잡고 있어 균형을 잡을 비둘기파가 없는…", "북한에도 매파와 비둘기파가 있는…"

동물원 이야기가 아니라 정치 뉴스에 등장하는 말입니다. 그렇다면 많은 새 중에 매와 비둘기가 등장하는 이유는 무엇일까요? 매 대신 독수리, 비둘기 대신 꿩이나 까치를 사용되면 안 될까요?

매(Hawk)는 주로 자기보다 몸집이 작은 새나 농가의 닭 등을 잡아먹으며 삽니다. 그러다 보니 성격이 난폭하죠. 그래서 매에서 파생된 매파(Hawkish)는 강경하고 엄격하며 보수적이라는 뜻이 담겨 있습니다.

매파는 대외적인 문제가 발생했을 때 무력 등 군사적인 방법을 통해 해결하는 것을 선호합니다. 따라서 무력침공 등을 주저하지 않고 사용하며 상대방을 강경하게 밀어붙이는 정당이나 집단을 흔히 '매파'라고 합니다. 한마디로 '강경파'인 셈입니다.

그렇다면 비둘기(Dove)는 어떤 새일까요? 비둘기는 흔히 '평화의 상징'이라 불리죠. 그래서 각종 행사나 평화를 기원할 때 비둘기를 하늘로 날려 보내기도 합니다. 비둘기는 상대방과 공생, 공존하는 스타일입니다.

여기에서 파생된 비둘기파(Dovish)는 대외정책 등을 비롯한 각종 정책에서 평화를 추구하고, 성향도 '부드러운 온건파'를 뜻합니다. 따라서 비둘기파는 대외정책에서 무력침공보다는 협상과 대화를 통해 사태를 해결하는 평화주의적인 정당이나 집단을 뜻합니다.

한편 금융시장에서 매파와 비둘기파는 통화정책을 담당하는 중앙은행 총재, 금융통화위원 등의 성향을 구분하는 말로 주로 사용됩니다.

정치·외교 무대에서 매파의 이미지는 매우 잔인하지만, 경제 분야에서는 조금 차이가 있습니다. 매파는 경기가 과열될 조짐을 보이면 기준금리를 올려 시중에 풀려 있는 통화를 거둬들여 물가를 안정시키자고 주장합니다. 한마디로 금리 인상에 찬성하는 '통화 긴축파'인 셈입니다. 반면 비둘기파는 경기를 부양하기 위해서는 금리를 인하해 시중에 돈을 풀어야 한다고 주장합니다. 금리 인하에 찬성하는 '통화 완화파'인 셈입니다.

한국은행을 예로 들어보겠습니다. 한국은행에는 총재를 포함한 7명의 금융통화위원이 금리와 관련된 통화정책을 결정합니다. 이때 이들의 의견이 모두 같지는 않습니다. 일부는 매파, 일부는 비둘기파일 수 있죠. 이들의 성향을 잘 파악해야 향후 금리정책의 방향을 가늠할 수 있습니다.

미국에도 한국의 금융통화위원회와 비슷한 역할을 하는 연방공개시장위원회(FOMC)가 있습니다. 이들 구성원 역시 매파와 비둘기파의 성향을 갖고 있기 때문에 이들의 성향에 따라 미국의 금리정책이 결정되고, 세계경제가 그 영향을 받습니다. 이들 중 누가 매파이고 비둘기파인지 살펴보면 미래의 경제를 예측할 수 있겠죠?

　우리나라 금융통화위원회에는 매파와 비둘기파 외에 조류 2마리가 더 있습니다. 바로 '올빼미파'와 '오리파'입니다.

　올빼미파를 쉬운 말로 표현하면 '중립파'입니다. 매파와 비둘기파처럼 금리정책에 확실한 입장을 표명하지 않고 경제 상황에 따라 때로는 금리 인상을, 때로는 금리 인하 혹은 금리 동결 등을 주장하는 이들을 말합니다.

　한편 오리파는 '임기가 곧 끝나는 금융통화위원'을 지칭합니다. 흔히 임기 만료를 앞둔 공직자를 '레임 덕(Lame Duck, 절름발이 오리)'이라고 하죠. 마치 뒤뚱거리며 걷는 오리처럼 남은 임기 동안 정책에 별다른 관심이 없고, 일관성도 없는 이들을 뜻합니다. 이처럼 금융시장에는 경제 상황에 따라 매, 비둘기, 올빼미, 오리 등 각종 조류가 등장합니다.

027 기업의 비재무적 성과를 평가하는
ESG 경영

기업이 많은 이윤을 내 주주들에게 배당을 잘하고 고용 창출에 앞장서는 것이 기업 운영을 잘하는 걸로 여겨지던 때가 있었습니다. 그러나 이윤 창출 못지않게 사회와 소비자들로부터 공감을 얻어내야 하는 시대가 왔습니다. 바로 ==지속 가능한 성장==(Sustainable Growth)입니다.

국제사회는 각국이 경제 발전을 지속하면서 환경파괴는 최소화하는 방안을 마련하는 데 부심하고 있습니다. 이에 따라 유엔총회 산하 '세계 환경 개발 위원회(WCED)'는 1987년 〈인류 공통의 미래〉라는 보고서를 통해 '지속 가능한 발전(Sustainable Development)'이라는 새로운 개념을 선보였습니다. 이 보고서는 현세대의 과도한 자원 개발이 후세대의 복지를 위협하지 않아야 하며, 이를 위해 지속성·형평성·효율성을 토대로 성장과 발전이 이어져야 한다고 강조했습니다.

이와 같은 시대적 변화에 발맞춰 재계가 눈을 돌린 분야가 '기업의 사회적 책임(CSR, Corporate Social Responsibility)'입니다. 이는 사회가 기업에 기대하는 사회적 의무를 충실하게 이행해야 한다는 점을 강조한 것입니다. 다소 광의(廣義)의 개념으로 출발한 CSR은 기업도 개인처럼 지역사회의 한 구성원으로서 권리 못지않게 책임을 갖는다는 기업윤리 선언인 셈입니다.

하지만 CSR이 너무 추상적이고 방대하다는 지적이 끊이지 않았고, 이에 따라 CSR을 좀 더 구체적으로 보완한 ESG 경영이 등장했습니다. ESG는 'Environmental(환경), Social(사회적 가치), Governance(지배구조)'의 머리글자로 만든 합성어입니다. ESG는 기업의 비재무적 성과를 측정하는 척도인 셈이죠.

CSR 못지않게 ESG 역시 기업은 물론 주주들의 최대 관심사가 됐습니다. 미국 최대 정유업체 엑슨모빌(ExxonMobile)이 대표적인 예입니다. 2017년 5월 엑슨모빌 주주총회에서 62%의 주주가 엑슨모빌이 펼치는 사업 중 지구온난화 등 기상 이변을 일으키는 부분에 대한 상세한 보고서를 제출할 것을 요청했습니다. 이는 주주들이 환경보호에 신경을 많이 쓰고 있다는 것을 보여주는 대목이죠.

이런 가운데 최근 자주 등장하는 구호가 있습니다. 바로 탄소중립(Carbon Neutrality)입니다. 탄소중립은 '넷 제로(Net-zero)'를 목표로 합니다. 넷 제로는 이산화탄소 배출량과 흡수량이 같아지도록 이산화탄소 순수(Net) 발생 총량을 0(Zero)으로 한다는 의미입니다. 기업은 이산화탄소 배출을 억제하는 기술을 개발해야 하고, 정부나 환경기구는 이미 배출된 이산화탄소를 흡수해 없애는 방법을 함께 고민해야 한다는 뜻이죠.

조 바이든 미국 전 대통령은 2021년 1월 20일 대통령 취임 후 이산화탄소 등 온실가스 배출을 억제하는 '파리기후협약'에 복귀해 탄소중립 정책을 본격화했습니다. 파리기후협약은 과거 도널드 트럼프 대통령이 미국 기업에 불리하다며 탈퇴했었죠.

이뿐만이 아닙니다. 유럽연합(EU)과 심지어 중국도 탄소 배출 기업이 만든 수입 제품에 세금을 추가 부과하는 '탄소국경세(Carbon Bordex Tax)' 도입을 추진하고 있습니다. 이제는 탄소 배출이 많은 제품은 수출도 하기 어려운 세상이 온 것입니다.

이처럼 전 세계가 친환경을 최우선으로 여기는 친환경 경제를 만들기 위해 노력하는 가운데 화석연료 고갈에 따른 대체 에너지로 수소가 각광을 받고 있습니다. 이른바 수소경제(Hydrogen Economy)의 등장입니다.

전기로 물을 분해해 얻는 수소에너지는 태양열이나 풍력처럼 기후에 따라 제한적이지 않고 자연친화적입니다. 이에 세계 각국은 수소를 생산하는 기술 개발에 발 빠른 모습을 보이고 있습니다. 우리나라도 '수소경제 활성화 로드맵'을 발표하고 오는 2040년까지 전체 도시 중 30%를 수소로 운영하는 청사진을 마련해 눈길을 끌고 있습니다. 이를 위해 정부는 2040년까지 수소 승용차 275만 대, 수소 버스 4만 대, 수소 트럭 3만 대를 보급해 한국을 수소 경제 선도국가로 만들겠다는 야심찬 계획도 마련했습니다.

028 빛 좋은 개살구
분식회계

글로벌 경쟁 시대를 맞아 기업의 경영투명성 확보가 시급한 과제로 등장했습니다. 그러나 경영실적을 속이는 <u>분식회계</u>(粉飾會計, Window Dressing Accounting)를 하는 기업이 아직도 남아 있습니다. 분식회계란, 기업이 실제 경영실적보다 좋게 보이기 위해 자산이나 이익을 부풀려 계산하는 회계 방식을 말하며, 다른 말로 '분식결산'이라고도 합니다.

분식회계를 좀 더 자세히 살펴봅시다. 분식(粉飾)은 '실제보다 좋게 보이려고 사실을 숨기고 거짓으로 꾸민다'라는 뜻입니다. 분식회계를 의미하는 영어(Window Dressing)도 '진열창에 장식한다'라는 뜻입니다. 백화점이나 명품점을 보면 진열창에 제품을 멋있게 전시해 고객의 구매욕구를 자극하죠.

기업들은 분식회계를 통해 경영이 악화됐지만 장사를 잘 한 것처럼 회계장부를 거짓으로 꾸밉니다. 또 경영 악화에 따른 주주들의 비난을 피하거나 심지어 탈세할 목적으로 분식회계를 저지르기도 합니다.

대표적인 분식회계 사례로는 팔지도 않은 물품의 매출전표를 끊어 매출채권(외상매출금+받을 어음)을 부풀리거나, 매출채권의 대손충당금(기한까지 미회수액으로 남아 있는 금액에서 회수가 불가능한 것으로 추정되는 금액을 비용 처리하기 위해 설정하는 계정)을 고의로 적게 잡아 이익을 부풀리거나, 아직 팔리지 않고 창고에 쌓여 있는 재고자산의 가치를 장부에 과대계상(지나치게 많이 계산해 올려놓는 것)하는 것 등을 들 수 있습니다.

분식회계로 꼼수를 부리고자 하는 기업들의 욕망은 끊이지 않습니다. 대우조선해양의 분식회계가 대표적인 사례입니다. 대우조선해양은 2012년부터 3년 동안 무려 5조 원대의 회계사기를 저질렀고, 검찰의 조사가 시작되자 2014년 영업 손실을 그제야 4,711억 원 흑자에서 7,429억 원 적자로 바꾸었죠. 대우조선해양의 수조 원대 분식회계 혐의를 알고도 묵인한 딜로이트안진 회계법인은 2017년 금융위원회로부터 1년 영업정지 제재를 받는 처지가 됐습니다.

한편 고액의 세금을 피하거나 직원들의 임금을 인상해주지 않기 위해 실제보다 이익을 줄여 계산하는 이른바 '역(逆)분식회계'도 있습니다.

분식회계는 대부분 부실한 회계감사와 장부 조작에서 출발합니다. 주주를 속이고 기업의 정확한 현황을 숨기는 것은 중범죄임에도 불구하고, 잊을 만하면 분식회계 사건이 주요 뉴스로 등장하는 현실이 씁쓸할 따름입니다.

029 기업이 흑자여도 망한다
흑자부도

기업이 장사를 잘해 흑자를 내고 있는데도 부도가 발생할 수 있을까요? 대부분은 그럴 가능성이 없습니다. 기업이 부도를 낸다는 것은 자금을 결제(지불)할 돈이 바닥났기 때문이니까요.

그런데 거래업체를 잘못 만나면 이런 황당한 일이 발생할 수도 있습니다. 예를 들어 X라는 기업이 있습니다. X는 수년간 지속되는 경기침체에도 불구하고 꼬박꼬박 흑자를 내는 알토란 같은 업체입니다.

하루는 X가 거래업체인 Y로부터 8월 20일이 만기인 5,000만 원짜리 어음을 받았습니다. 그리고 며칠 후 거래업체인 Z로부터 8월 30일이 만기인 1억 원짜리 어음을 받았습니다. X의 박 사장은 8월 20일 Y로부터 5,000만 원이 들어올 것을 예상하고 협력업체 A에게 8월 25일이 만기인 5,000만 원짜리 어음을 끊어줬습니다.

그런데 황당한 일이 발생했습니다. Y가 부도 처리돼 5,000만 원짜리 어음이 휴지조각이 되고 만 것입니다. 박 사장은 A에게 준 어음을 막기 위해 여기저기 돈을 구하러 돌아다녔습니다. 하지만 불과 4~5일 만에 5,000만 원을 구하기란 쉽지 않았습니다. 결국 X는 25일 돌아온 어음을 막지 못해 부도가 났습니다. 며칠 후면 Z로부터 1억 원을 받을 수 있는데도 말이죠.

이처럼 흑자를 내고 있는데도 부도를 내는 경우가 종종 있습니다. 이를 흑자부도라고 하는데, 거래처 부도로 덩달아 부도를 맞게 됐다고 해서 '연쇄부도'라고도 합니다.

어음이 편리한 결제 수단인 점은 분명하지만, 흑자부도를 유도할 수 있는 등의 문제점을 안고 있는 것이 사실입니다. 이에 따라 지난 1997년 9월부터는 어음거래에 따른 피해를 줄이기 위해 어음보험제도가 실시되고 있습니다. 결제대금으로 받은 어음에 보험을 들어놓으면 설령 어음을 발행한 업체가 부도 처리되더라도 일정액의 보험금을 받을 수 있도록 한 것이죠.

흑자부도는 기업에만 국한된 이야기가 아닙니다. 우리나라도 1997년 IMF 외환위기와 2008년 리먼브라더스 파산으로 시작된 글로벌 금융위기 때, 환율 급등이라는 검은 백조(30장 참고)를 만나 많은 알짜 중소기업이 흑자부도 또는 흑자도산의 위기에 빠졌습니다.

다가오는 미래를 정확하게 예측하기란 불가능합니다. 그러나 불확실한 미래 리스크에 어떻게 대비하고 관리할 것인지는 기업의 경영자와 국가의 경영자 모두가 꼭 알아야 할 필수 사항입니다.

030 세계를 두려움에 떨게 하는
검은 백조

검은 백조(Black Swan)를 본 적이 있나요? 백조(白鳥)는 단어 자체에 흰색이라고 명시돼 있으니 사실 검은 백조는 틀린 표현입니다. 맞는 표현으로 고치면 흑조(黑鳥)가 돼야 할 텐데, 경제학이나 경영학에서는 그냥 검은 백조로 쓰고 있습니다.

'백조=흰색'이라는 등식은 1697년에 깨졌습니다. 네덜란드의 여행가 윌리엄 드 블라밍(Willem de Vlamingh)이 호주 서부의 한 강에서 검은 백조를 목격한 것입니다. 이것으로 검은 백조가 실제로 존재한다는 것이 세상에 알려졌지만, 그래도 여전히 검은 백조는 '좀처럼 찾아보기 힘든 진귀한 존재'나 '불가능하다고 생각하는 상황이 발생하는 것'을 은유적으로 설명하는 표현으로 사용되고 있습니다.

검은 백조가 다시 세간의 관심을 끌기 시작한 것은 2007년입니다. 미국 뉴욕대학 폴리테크닉연구소 교수였던 나심 니콜

검은 백조

라스 탈레브(Nassim Nicholas Taleb)는 저서 《블랙 스완》에서 검은 백조를 '극히 예외적이고 알려지지 않아 일어날 가능성이 거의 없지만, 일단 발생하면 엄청난 충격과 파장을 주는 일이나 사건'이라고 설명하면서 세계가 검은 백조에 의해 좌지우지된다고 주장했습니다.

검은 백조의 대표적인 예로 2001년에 발생한 9·11테러를 꼽을 수 있습니다. 비행기가 대형 빌딩을 주저앉힌 이 사건은 만화나 영화에나 나올 법한 일이었습니다. 특히 미국 정부가 각종 테러를 방지하기 위해 천문학적인 돈을 투자하고, 과거 수십 년간 테러 방지 예측 모델까지 만든 가운데 벌어진 일이니 말입니다. 이와 함께 영국이 유럽연합(EU)이라는 가족을 버리고 혼자 살겠다며 뛰쳐나간 브렉시트도 검은 백조의 사례 중 하나로 꼽힙니다.

탈레브는 '0.1% 정도의 극단적인 가능성'이 실제로 발생하면 글로벌경제가 휘청거릴 수 있으므로 미리 이에 대비해야 한다고 경고했습니다. 검은 백조는 우리가 맞다고 믿는 경험적 사실과 컴퓨터를 이용한 정교한 예측도 결국 완전히 믿을 수는 없다는 사실을 보여줍니다. 또한 과거를 아무리 분석해도 미래를 예측하기란 불가능하다는 사실도 깨닫게 해줍니다.

언제 어떤 모습으로 나타날지 모르기 때문에 더욱 두려운 검은 백조가 등장하지 않도록 예방하고, 대책을 마련하기 위해 전 세계가 합심해야 할 때입니다.

031 하나를 얻으면 하나를 잃는
기회비용

　기회비용(機會費用, Opportunity Cost)은 '여러 선택지 중에서 하나를 선택했을 때 포기한 나머지 대안 중 가장 좋은 것의 가치'를 뜻합니다. 즉 어떤 재화의 여러 가지 용도 중에 하나를 취하고 나머지를 포기할 경우, 포기하지 않았더라면 얻었을 이익 중 가장 큰 것을 기회비용이라고 합니다.

　기회비용은 명시적 비용(明示的費用, Explicit Cost)과 암묵적 비용(暗默的費用, Implicit Cost)을 합한 것입니다. 이 2가지 비용에 대해 알아볼까요?

　여기 홍길동이라는 대학생이 있습니다. 홍길동이 대학에 입학하면서 쓴 학비, 기숙사비, 책값, 식비 등 직접 지출한 비용을 명시적 비용이라고 합니다.

　그런데 만약 홍길동이 대학에 입학하지 않고 고등학교를 졸업한 뒤 4년 동안 열심히 직장생활을 해 1억 원을 벌었다면 이것도 대학 진학에 따른 비용으로 봐야 합니다. 대학 입학에 따른 돈을 지불하지는 않았지만, 대학 진학을 선택함으로써 얻지 못하는 비용을 암묵적 비용이라고 합니다.

또 다른 예를 들어볼까요? 줄리엣은 남자친구와 함께 영화관에 가기로 했습니다. 줄리엣은 영화를 보는 2시간 동안 시간당 1만 원인 아르바이트를 하지 못해 아쉬웠지만, 그래도 즐거운 마음으로 오랜만에 남자친구와 시간을 보내기로 했죠. 영화를 보는 비용은 1만 2,000원입니다. 이 상황에서의 기회비용은 얼마일까요?

'기회비용=명시적 비용+암묵적 비용'이라는 공식에 따라 먼저 명시적 비용을 알아보겠습니다. 명시적 비용은 실제 지출한 영화 관람료 1만 2,000원입니다. 그리고 암묵적 비용은 아르바이트를 하지 못해 포기한 2만 원(영화 2시간 관람)입니다. 이에 따라 총 기회비용은 1만 2,000원에 2만 원을 더한 3만 2,000원입니다.

이번에는 미국 로스앤젤레스시가 나대지(裸垈地, 지상에 건축물이 없는 땅)를 보유하고 있다고 가정해봅시다. 로스앤젤레스시에서 이곳에 병원을 지을 경우 기회비용은 얼마일까요? 나대지에 병원 대신 스포츠센터를 짓거나, 주차난을 해소해줄 수 있는 주차장을 설치하거나, 로스앤젤레스시가 안고 있는 부채를 줄이기 위해 그 땅을 매각한다고 가정해봅시다. 이때의 기회비용은 스포츠센터를 짓거나, 주차장을 짓거나, 땅을 매각하는 것 중 가장 큰 가치를 갖고 있는 것이 됩니다.

032 본전 생각이 나서 포기 못 하겠네
매몰비용

'가다가 중지하면 아니 간만 못하다'라는 옛말이 있습니다. 일을 시작했으면 끝까지 놓지 않는 근성을 가져야 한다는 말이죠. 경제활동에서도 끝장을 보려는 심리가 작용하기 마련인데요. 시작한 일이 성공 가능성이 낮거나 잘못된 결정에 따른 것이라 하더라도 그동안 투자한 게 아까워 쉽게 포기하지 못하는 경우가 이에 해당합니다. 즉 본전을 뽑아야 직성이 풀리는 것이죠.

경제학에서는 이처럼 본전 생각이 나 쉽게 포기하지 못하고 집착하는 것을 '매몰비용의 오류(Sunk Cost Fallacy)'라고 합니다. Sunk는 '(물 따위에) 가라앉다'라는 뜻이고, 이를 번역한 우리말 매몰(埋沒)은 '보이지 않게 파묻거나 파묻힘'이라는 뜻입니다. 즉 매몰비용은 '이미 지출해 회수가 불가능한 비용'을 말합니다. 물건이 강이나 바다에 가라앉으면 다시 건질 수 없듯, 비용이 과거 속으로 가라앉아 현재 시점에서 다시 쓸 수 없다는 뜻입니다. 쉽게 말하면 '이미 엎질러진 물'인 셈이죠.

매몰비용은 일반적인 고정비용과 다릅니다. 공장, 토지 등으로 대표되는 고정비용은 팔아서 현금화할 수 있습니다. 그렇다면 매몰비용의 대표적인 예로는 무엇이 있을까요? 동물원 입장권이나 영화 관람료, 콘서트 티켓 등을 꼽을 수 있습니다.

예를 들어보겠습니다. 친구들과 영화를 보러 갔습니다. 내용이 너무 재미없고 지루해 '중간에 나가서 맥주라도 한잔할까?' 하는 생각도 들지만, 이미 낸 관람료가 아까워 끝까지 참고 봅니다.

콘서트 티켓 역시 이와 마찬가지입니다. 티켓을 10만 원에 구입했는데 콘서트 날 서둘러 나오다 그만 잃어버리고 말았습니다. 이럴 때는 어떻게 해야 할까요? 10만 원을 주고 티켓을 다시 사거나, 아무리 유명한 가수라도 20만 원(잃어버린 티켓값까지 생각해서)이나 지불할 수 없다고 생각한다면 그냥 집으로 돌아가야겠죠. 이때는 분실한 10만 원짜리 티켓이 매몰비용이 됩니다.

주식이나 부동산 시세도 이와 마찬가지입니다. 주식 가격이 크게 떨어지면 차라리 손절매(損切賣, 주가가 앞으로 더 떨어질 것을 예상해 보유 중인 주식을 손해를 감수하고 매입가 이하로 파는 것)를 해야 하는데, 원금 생각이 나서 하지 못합니다. 아파트 역시 가격이 떨어지면 조금 손해를 보더라도 파는 것이 차라리 나을 수 있는데, 본전 생각이 나서 팔지 못하고 전전긍긍하게 됩니다.

앞서 이야기한 것처럼 매몰비용은 어떤 선택을 하더라도 다시 돌려받을 수 없는 비용입니다. 그러니 과거 지출에 연연하지 말고 서둘러 새로운 대안을 찾는 것이 상책입니다. 하지만 인간은 과거에 투입한 매몰비용에 미련과 안타까움이 남아 불합리하게 집착합니다. 이것이 바로 '매몰비용의 오류'입니다.

매몰비용의 오류를 저지르는 대표적인 예로 카지노 등 도박판을 전전하는 사람을 들 수 있습니다. 한두 번 돈

경제 기초 체력 쌓기 105

을 잃으면 그만 손을 털고 일어나야 하는데, 기어코 본전을 되찾고 대박을 터뜨리겠다는 욕심으로 계속 도박을 하다 결국 남은 돈마저 잃게 되죠. 본전 생각이 간절할수록 더 큰 손실을 볼 수 있다는 진리를 깨닫지 못하는 것입니다.

또 하나 유명한 예는 <mark>콩코드의 오류</mark>입니다. 초음속 여객기 중 하나인 콩코드는 영국과 프랑스가 협력해 개발했습니다. 하지만 소음과 대기오염 등의 문제가 심각했습니다. 그리고 탑승객 수가 한 번에 100여 명 정도에 그쳐 돈을 많이 벌 수 있는 것도 아니었죠. 처음 콩코드 개발에 관심을 보였던 미국은 결국 개발을 포기했습니다.

하지만 영국과 프랑스는 기존에 퍼부은 막대한 투자비용이라는 본전 때문에 울며 겨자 먹기로 초음속 여객기 개발을 지속해 마침내 상업 운행을 시작했습니다. 그 결과 앞서 이야기한 기술적 문제점과 수익성 부족으로 막대한 손실을 입고 말았습니다. 여기서 미국은 매몰비용을 고려하지 않고 합리적인 결정을 내린 반면, 영국과 프랑스는 매몰비용에 얽매여 손해를 보는 결정을 한 셈입니다.

033 산업 가치사슬의 앞과 뒤
전방산업과 후방산업

전방산업과 후방산업은 전체 생산흐름에서 산업의 앞뒤에 위치한 업종을 말합니다. 쉽게 말해 제품의 소재를 주로 만드는 업종을 후방산업, 최종 소비자가 주로 접하는 업종을 전방산업이라고 보면 됩니다.

구체적인 예를 들어보겠습니다. '대한민국유업'이라는 회사가 있습니다. 대한민국유업에 우유를 납품하는 낙농산업은 대한민국유업의 후방산업입니다. 또한 대한민국유업은 일반 소비자에게 우유를 판매하기도 하지만 제과업체에 우유를 납품하기도 합니다. 이럴 때 제과업체는 대한민국유업에게는 전방산업이 됩니다. 제과업체 입장에서는 낙농산업과 대한민국유업이 모두 후방산업이 됩니다.

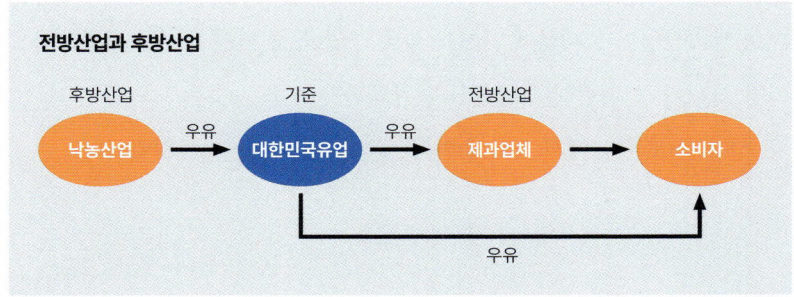

전자산업은 어떨까요? 전자산업 입장에서는 반도체업체가 후방산업입니다. 물론 반도체업체 입장에서는 전자산업이 전방산업이 됩니다. 구체적으로 예를 들어볼까요? 반도체의 경우 메모리 반도체, OLED(유기발광 다이오드) 디스플레이 등과 같은 부문이 전방산업입니다. 반면 반도체 장비·소재·부품 등은 후방산업입니다.

전체 생산흐름으로 보아 산업을 전방산업과 후방산업으로 나누지만, 한 산업의 경기에 따라 전방산업과 후방산업에 미치는 연관효과가 특별히 큰 산업 분야가 있습니다. 예를 들어 자동차산업이 불황에 빠졌다고 가정해봅시다. 이럴 경우 후방산업인 부품업체, 제철업체 등 소재를 만드는 산업에 미치는 영향이 클 것입니다. 전방산업인 타이어업체나 자동차 판매업체도 타격을 입기는 마찬가지입니다. 이처럼 전방산업과 후방산업에 모두 영향을 미치는 것을 **전후방산업 연관효과**라고 합니다.

우리나라 업종 중에 전후방산업 연관효과가 가장 큰 것은 바로 철강산업입니다. 전방효과는 특정 산업이 다른 산업에 얼마나 판매되는지, 후방효과는 특정 산업이 다른 산업 생산물을 얼마나 많이 구입하는지를 따집니다. 자동차, 선박, 가전제품, 건설에 이르기까지 철강제품이 쓰이지 않는 산업이 없기 때문에 철강산업의 전방효과는 높을 수밖에 없죠. 또한 철강산업은 대형 장치산업이기 때문에 기계나 설비 구입 규모 역시 엄청나 후방효과도 가장 큽니다. 이처럼 전후방산업 연관효과가 크다는 것은 그만큼 투자, 고용, 성장 등 모든 면에서 경제에 미치는 영향이 크다는 이야기입니다.

034 나라경제의 가계부
경상수지

국제수지는 일정 기간 동안 한 나라가 외국과 거래해온 모든 국제거래를 정리한 통계표를 말합니다. 한마디로 '나라경제의 가계부'입니다. 여기서 일정 기간은 보통 1년을 의미하지만, 분기별 집계처럼 1년 미만 또는 1년 이상으로 정할 수도 있습니다.

국제수지를 전체적으로 종합한 것을 '종합수지'라고 하며, 종합수지는 다시 '경상수지'와 '자본수지'로 나뉩니다.

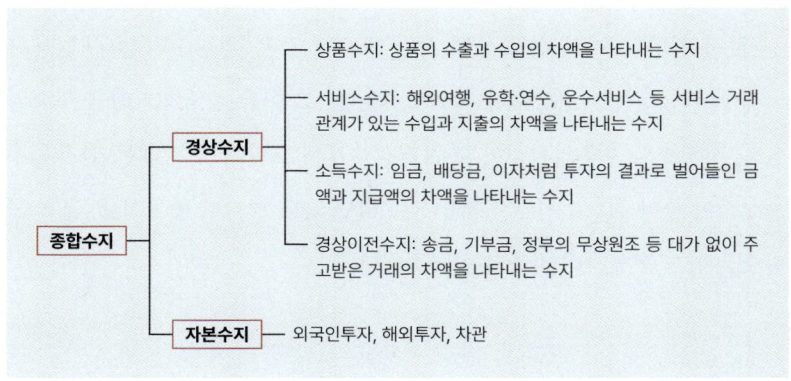

경제 기초 체력 쌓기

==경상수지==(Current Account)는 제품이나 해외에 서비스를 사고판 총액에서 받은 돈과 내준 돈의 차액을 말합니다. 즉 해외에서 벌어들인 돈에서 해외에 내준 돈을 뺀 금액입니다. 경상수지에는 상품수지, 서비스수지, 소득수지, 경상이전수지가 있습니다.

상품수지는 우리나라가 해외에 상품을 수출해 벌어들인 금액에서 상품을 수입하면서 외국에 내준 금액을 뺀 것입니다. 서비스수지는 외국과 서비스를 거래해 벌어들인 금액과 지불한 금액의 차액을 말합니다. 소득수지는 우리나라 기업이 해외에 투자해 얻은 이자와 외국에 진 빚에서 생긴 이자 간의 차액을 말합니다. 경상이전수지는 상거래를 목적으로 하지 않는 국제송금 등의 수지를 말합니다.

==자본수지==(Capital Account)는 제품이나 서비스 거래가 아니라 우리나라 기업, 금융기관과 외국기업, 금융기관이 서로 돈을 꾸거나 빌려주는 거래를 통해 생기는 수입과 지출의 차액을 말합니다. 외국인투자, 해외투자, 차관 등이 이에 해당합니다.

앞서 설명한 여러 수지 중에 가장 중요한 것은 '경상수지'입니다. 흔히 국제수지라고 하면 경상수지를 의미하는데, 그 이유는 국제거래에 포함된 상품, 서비스의 수출입실적이 모두 경상수지에 포함돼 있기 때문입니다. 수출실적이 좋아 경상수지가 흑자를 기록하면 국내 경기도 좋아지고, 결국 국민소득 향상과 일자리 창출로 이어집니다.

035 누르면 다른 곳이 부풀어오르는
풍선효과

　풍선의 한 곳을 누르면 어떻게 될까요? 다른 곳이 불룩해지겠죠. 이와 마찬가지로 특정 분야의 문제를 해결하면 또 다른 분야에 문제가 생기는 현상을 <u>풍선효과</u>라고 합니다.

　이 표현은 미국에서 생겼습니다. 외국에서 밀수입되는 마약 문제로 골머리를 앓던 미국 정부가 마약 수입 의심국으로 지목한 몇몇 중남미 국가를 상대로 통관 절차를 대폭 강화하는 등 강력한 단속 작업을 벌인 적이 있습니다. 미국 정부는 이 조치로 미국 내 마약거래가 사라질 것으로 기대했지만, 현실은 그렇지 않았습니다. 마약 밀매업자들이 남미의 다른 지역으로 옮겨 미국 내로 계속 마약을 반입했기 때문입니다.

　우리 주변에서 흔히 볼 수 있는 풍선효과의 대표적인 예로 부동산 정책을 들 수 있습니다. 정부가 특정 지역의 집값이 급등하는 것을 막기 위해 규제를 강화하면 부동산 수요가 다른 지역으로 몰리면서 다른 지역의 집값이 오르는 현상이 나타납니다. 투기세력을 퇴치하겠다는 취지는 이해하지만, 이는 정부가 부동산 가격 조정 기능을 보이지 않는 손(수요와 공급이 자연적으로 이뤄지는 것)에 맡기지 않고 직접 칼을 댄 결과로 나타나는 부작용인 셈입니다.

　2014년 신한금융투자는 단말기유통구조개선법(단통법)의 시행으로 무선

보조금이 감소하자, 유선 보조금이 상승하는 풍선효과가 나타났다고 지적했습니다. 단통법 시행에 따라 통신사들의 눈치 보기가 유선방송 보조금으로 옮겨간 풍선효과가 나타난 것이죠.

담배시장에서도 풍선효과가 나타나고 있습니다. 2015년 정부는 우리나라 흡연 인구를 줄이기 위해 담뱃값을 기존 가격에서 2배가량 인상했습니다. 하지만 담뱃값 인상 후 전체 담배 판매량은 줄었지만 면세점용 담배 판매량은 무려 43%나 늘어난 것으로 확인됐습니다.

흡연을 억제하기 위해 국산 담뱃값을 인상했지만, 골수 흡연 계층이 담배를 줄이거나 금연하기보다는 면세점 담배 판매 창구로 몰리는 풍선효과가 빚어진 것이죠.

이뿐만이 아닙니다. 부동산시장이 과열돼 금융당국이 5대 시중은행, 즉 KB국민·신한·하나·우리·NH농협은행에 주택담보대출을 억제하도록 요구하면서 소비자들이 대출 지원을 받기 위해 은행을 제외한 증권회사, 보험회사, 새마을금고, 신용협동조합 등 제2금융권으로 몰리는 현상도 대표적인 풍선효과입니다.

036 급한 성질 때문에 경제를 망치는
샤워실의 바보

추운 겨울 아침에 졸린 눈으로 샤워실에 들어갑니다. 샤워를 하려고 더운물 수도꼭지를 틀었는데 찬물이 나오네요. 조금만 기다리면 더운물이 나오겠지만, 이를 참지 못하고 더운물 쪽으로 수도꼭지를 끝까지 돌립니다. 그러자 갑자기 너무 뜨거운 물이 나와 손등이 데이고 맙니다. 깜짝 놀라 수도꼭지를 찬물 쪽으로 끝까지 돌리자, 이번에는 얼음장같이 차가운 물이 머리 위로 쏟아져 나옵니다. 결국 샤워를 하지 못하고 발만 동동거립니다.

이처럼 찬물과 더운물을 오가며 헤매는 상황을 경제학에서는 샤워실의 바보(Fool in The Shower)라고 부릅니다. 이 표현은 1976년 노벨경제학상을 수상한 시카고대학 교수 밀턴 프리드먼이 처음 사용했습니다.

프리드먼이 샤워실의 바보라는 표현을 통해 지적한 것은 '정부의 무능'입니다. 바보는 수도꼭지 조작과 그 결과의 시차를 무시한 채 순간의 수온에 따라 즉흥적으로 행동하는 큰 우

를 범합니다. 이처럼 정부가 정책을 추진할 때 원하는 결과가 나오도록 기다리면서 세밀한 조정 작업을 거치지 않고 즉흥적으로 조치하며 이리저리 왔다 갔다 하면, 뜨거운 물에 데이거나 아예 샤워를 하지 못하는 것과 같은 국면을 맞게 될 거라는 지적입니다.

프리드먼은 자유주의 경제학의 신봉자입니다. 조금만 기다리면 보이지 않는 손, 즉 시장이 알아서 더운물이 나오도록 해줄 텐데, 정부가 개입해 정책을 자꾸 바꿔 오히려 경제를 망치고 있다고 꼬집은 것이죠.

대표적인 예가 바로 정부의 부동산 정책입니다. 정부는 부동산시장이 뜨겁게 달아오르면 이를 억제하기 위해 부동산 대출 규제 강화 등과 같은 정책을 내놓습니다. 그 결과 부동산시장이 침체 국면으로 접어들면 이번에는 부동산시장을 살리기 위해 과도하게 규제를 푸는 정책을 내놓습니다. 그러면 또다시 부동산시장이 과열되는 등 혼란만 가중되죠.

경기침체 때 정부가 쓰는 금리 인하도 한 예입니다. 그러나 금리 인하가 시중 유동성 공급과 기업의 투자 확대로 이어져 경기 활성화라는 결과물이 나오기까지는 시간이 많이 걸립니다. 그런데 조급한 정부는 또 다른 경기부양책을 선보입니다. 이러한 조치는 결국 경기과열로 이어지고, 다시 과열을 막기 위한 또 다른 조치를 고민해야 하는 상황이 이어집니다.

이처럼 샤워실의 바보가 되는 상황을 막기 위한 프리드먼의 해법은 간단합니다. 시중에 돈을 풀었다 조였다 하기보다는 경제 규모 확대에 따라 꾸준하게 안정적으로 통화를 확대 공급하는 게 가장 좋은 경기조절 정책이라는 것입니다.

037 소득분배의 불평등도를 보여주는
지니계수

경제 양극화와 불평등을 묘사한 대표적인 용어로 '흙수저', '금수저' 등이 있습니다. 좀처럼 좁힐 수 없는 경제적 격차와 좌절감이 드러난 용어죠. 사실 빈부격차는 인류 역사와 함께 이어져온 사회적 현상입니다.

빈부격차와 소득분배의 불평등한 정도를 보여주는 <u>지니계수</u>는 이탈리아 통계학자이자 사회학자인 코르라도 지니(Corrado Gini)가 1912년 발표한 논문 〈변동성과 이변성〉에 처음 등장한 용어입니다.

지니계수는 0과 1 사이에서 값을 매기는데, 1에 가까울수록 소득분배가 불평등함을 의미하며, 흔히 0.4를 넘으면 소득이 상당히 불평등하게 분배됐다는 것을 의미합니다. 선진국 모임인 경제협력개발기구(OECD) 국가들의 지니계수는 대개 0.2~0.5 사이에 분포되어 있습니다. 덴마크, 일본, 스웨덴, 벨기에, 체코, 노르웨이 등 상대적으로 소득분배가 양호한 국가들의 지니계수는 0.3 미만이며, 심각한 양극화 지역으로 알려진 칠레, 멕시코 등의 지니계수는 0.4 후반대를 기록하고 있습니다.

그렇다면 통계청에서 발표하는 우리나라의 지니계수는 얼마나 될까요? 2023년 기준 우리나라의 지니계수는 0.323으로 나타났습니다. 한국의 지니계수는 최근 수년 동안 전반적인 감소세를 보여 소득 불평등이 해소되는 방향으로 가고 있습니다.

하지만 OECD 주요 회원국의 시장소득 지니계수와 처분가능소득 지니계수의 차이를 따져보면 한국의 양극화는 심각해 보입니다. 시장소득 지니계수는 세금과 정부 보조 등을 빼고 실제로 받는 소득인 월급으로만 따지는 것이고, 처분가능소득 지니계수는 시장소득에 조세, 재정, 사회보험 등을 통한 재분배를 반영한 소득으로 통계청이 발표하는, 다음의 표에 해당하는 지수입니다. 시장소득 지니계수에 처분가능소득 지니계수를 뺀 값이 클수록 재분배 효과가 높은 것으로 판단합니다.

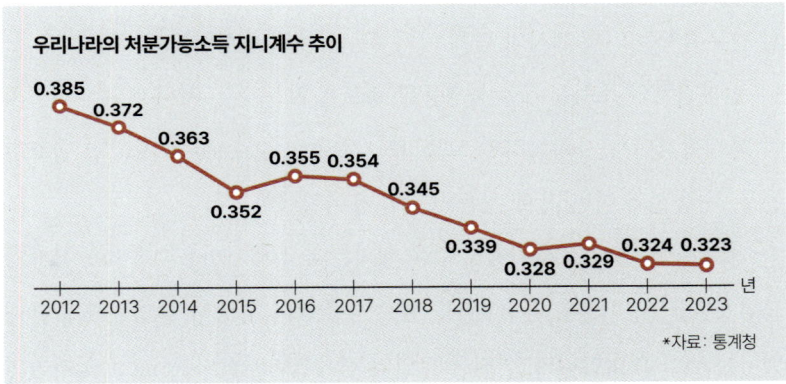

소득 불평등을 알아볼 수 있는 또 다른 지수로는 엥겔지수와 슈바베지수가 있습니다. 엥겔지수(Engel Confficient)는 한 가정의 지출총액에서 식료품비가 차지하는 비율을 말합니다. 가계소득이 높을수록 엥겔지수가 낮습니다.

슈바베지수(Schwabe Index)는 한 가정의 지출총액에서 주거비가 차지하는 비율을 의미합니다. 소득 수준이 높을수록 주거비의 규모는 높지만, 지출총액 대비 주거비의 비중은 낮아집니다.

038 장소로 보는 경제지표
GDP

경제 용어 중에 가장 자주 등장하면서도 헷갈리는 것이 바로 GDP, GNP, GNI입니다. 이들의 차이점은 무엇일까요?

GDP는 'Gross Domestic Product'의 약어로 '국내총생산'을 말하며, 국내에서 일정 기간 동안 발생한 재화와 용역을 모두 포함한 것입니다. GNP는 'Gross National Product'의 약어로 '국민총생산'을 말하며, 국민경제가 일정 기간(보통 1년)에 생산한 최종생산물(재화나 서비스)을 시장 가격으로 평가한 총액을 말합니다.

쉽게 풀이하면 GDP는 특정 국가 거주민의 국적과 관계없이 국내에서 생산된 최종생산물의 총계를, GNP는 한 국가의 국민이 국내는 물론 해외에서 만들어낸 생산물의 총계를 뜻합니다. 더 쉽게 말하면 GDP는 생산활동이 이루어지는 장소, GNP는 생산활동에 참여하는 사람들의 국적을 중시합니다.

그럼 외국인이 한국에서 돈을 번 것은 GDP에 포함될까요, GNP에 포함될까요? GDP에 포함됩니다. 반면 우리나라 사람이 해외에 나가 벌어들인 돈은 GNP에 포함됩니다.

요즘 우리나라는 경제 성장 지표로 GNP 대신 GDP를 사용하고 있습니다. 이는 전 세계 노동이나 자본의 국가 간 이동이 크게 늘고 있는 데서 기인

경제 기초 체력 쌓기

합니다. 결국 국적을 중시한 GNP 기준 성장률은 국가의 고용 현황이나 경기를 제대로 반영하지 못한다는 것이죠. 외국인이 우리나라에서 돈을 벌고 쓰는 것도 우리나라 경제의 한 단면이기 때문입니다.

이와 같은 특징 때문에 유럽 국가들은 1970년대 중반부터, 일본과 미국은 1990년대 초반부터 경제 성장 지표로 GDP를 쓰고 있습니다. 우리나라도 1995년부터 경제 성장 지표를 GNP에서 GDP로 바꿨습니다.

GNI는 'Gross National Income'의 약어로 '국민총소득' 지표입니다. 한 나라의 국민이 일정 기간 생산활동에 참여한 대가로 벌어들인 소득의 합계로, 실질적인 국민소득을 측정하기 위해 교역 조건의 변화를 반영한 지표입니다. 즉 소득을 중시한 것이죠. 현재 GNP는 거의 발표되지 않는데, GNP가 하던 역할을 이제는 GNI가 대신하게 됐다고 보면 됩니다.

우리나라는 2017년 1인당 국민소득이 처음으로 3만 달러(31,734)를 넘었고, 2025년에는 3만 6,624달러를 기록했습니다. 여기서 1인당 국민소득이란, 국민총소득(GNI)을 인구수로 나눈 것을 말합니다. 이 지표는 일반적으로 국민들의 평균적인 생활 수준을 알아보기 위해 사용됩니다.

039 혼자 다 해먹고 끼리끼리 다 해먹는
독점과 과점

신문에 자주 등장하는 경제 용어로 '독점(獨占, Monopoly)'과 '과점(寡占, Oligopoly)'이 있습니다. 이 둘이 어떻게 다른지 알아봅시다.

독점은 시장을 한 기업이 좌지우지하는 경우를 말합니다. 즉 시장에서 그 물건을 공급하는 기업이 하나밖에 없는 것입니다. 또한 그 물건과 경쟁할 만한 대체재도 없는 상태입니다. 특정 시장에서 한 기업이 시장 전체를 지배하면 그 기업이 공급량을 줄여 시장 가격을 결정할 수 있습니다. 즉 가격을 마음대로 인상할 수 있는 독점적 지위를 갖게 됩니다.

물론 부득이하게 독점시장이 형성될 수밖에 없는 경우도 있습니다. 대표적인 예가 전력, 도시가스, 상하수도 서비스입니다. 이들 사업에는 왜 독점시장이 형성될까요? 이들 독점 사업은 모두 초기투자비가 엄청나게 많이 들어가지만, 일단 사업이 자리 잡으면 추가 비용을 조금만 지불해도 되므로 어느 순간부터 큰 이윤을 남기는 짭짤한 사업이라는 공통점이 있습니다.

그런데 이들 시장에 새로 진출하는 기업은 엄청난 초기투자비와 함께 기존업체와 치열한 가격 경쟁을 벌여야 하는 부담을 안게 됩니다. 특히 기존업체가 새로 등장한 기업을 견제하기 위해 기존 시세보다 낮은 가격의 상품을 내놓을 경우, 신규업체는 생존 위협까지 받을 수 있습니다.

경제 기초 체력 쌓기

바로 이런 점들이 독점시장을 가능하게 합니다. 그렇다고 해도 이들 독점기업이 가격을 무한정 올릴 수는 없습니다. 독점기업이 가격을 터무니없이 올릴 경우, 소비자는 제품 구매를 연기하거나 포기할 수도 있기 때문입니다. 또한 정부도 이들 기업이 적정한 가격을 유지하도록 규제할 것입니다.

과점은 '적다'라는 단어의 뜻 그대로, 몇 안 되는 기업이 공급의 대부분을 장악하고 있는 것을 말합니다. 어떤 의미에서는 독점과 비슷한 구조라고 할 수 있는데, 독점은 한 기업이 시장을 지배하지만, 과점은 몇몇 기업이 시장을 장악한다는 차이가 있습니다.

그럼 과점시장에서 기업은 어떤 방식으로 이윤의 극대화를 모색할까요? 가장 손쉬운 해법은 '담합'입니다. 경쟁업체끼리 합의해 업체 간에 과열 경쟁을 하느라 손해를 보지 말자고 약속하는 것입니다. 과점시장의 대표적인 예는 석유수출국기구(OPEC)의 담합입니다. 전 세계 석유 공급량의 40%를 차지하고 있는 이들은 유가가 약세일 때마다 담합으로 가격을 끌어올렸습니다.

이와 같은 과점 체계가 유지되려면 경쟁업체 사이에 악어와 악어새 같은 상호의존적 관계가 지속돼야 합니다. 우리나라의 대표적인 과점시장의 예로는 이동통신, 가전제품, 자동차 등을 들 수 있습니다.

그런데 과점시장에서 업체 간 합의로 제품 가격을 올릴 수는 있지만, 경기침체로 판매가 부진한 상황이라면 이야기가 달라집니다. 과점시장이 형성된 구조에서 한 기업이 판매실적을 올리기 위해 제품 가격을 크게 내리면 나머지 업체도 서둘러 가격 인하에 돌입합니다.

이와 같이 소비자 구매가 크게 늘지 않는 가운데 과점시장의 업체들이 경쟁적으로 가격을 내릴 경우, 매출은 늘지 않고 제품 가격만 내리는 결과를 초래해 결국 기업 이윤이 크게 떨어지게 됩니다.

둘째 마당

재테크에 도움 되는 금융 상식

Common Sense Dictionary of Economy

040 극복해야 살아남는다! 캐즘

캐즘(Chasm)은 원래 지질학 용어입니다. 땅, 바위, 얼음 속 등에 생긴 아주 깊은 틈 혹은 구멍을 뜻합니다. 경제학에서의 캐즘은 새로운 제품이나 서비스가 일반인에게 받아들여지기 전까지 겪는 답답하고 힘든 침체기를 의미합니다. 이에 따라 기업이 캐즘을 이겨내면 성공하겠지만 만일 이겨내지 못하면 빛을 보지 못하고 사라지는 운명을 맞게 됩니다.

캐즘이라는 용어는 미국 캘리포니아주(州) 실리콘밸리에서 컨설턴트로 활동한 제프리 무어(Geoffrey Moore)가 처음 사용했습니다. 무어는 1991년 《캐즘 극복》이라는 제목의 저서를 발간해 벤처기업의 성장 과정을 설명했습니다. 무어는 출시 초기에 성공을 거둔 유망 벤처기업이 더 이상 성장하지 못하고 맞는 정체기를 캐즘이라고 정의하고, 기업이 이러한 어려움을 극복해야 한다고 강조했죠.

캐즘의 예로는 디지털카메라가 있습니다. 별도의 인화 필름이 필요없고, 화질도 뛰어난 디지털카메라가 등장하면서 기존 필름 카메라는 힘을 잃었습니다. 그러나 디지털카메라도 요즘 캐즘을 겪고 있습니다. 스마트폰에 탑재된 카메라 기능이 웬만한 디지털카메라 못지않기 때문이죠. 이에 따라 디지털카메라는 스마트폰에 밀려 점점 존재감을 잃고 있습니다.

그러나 너무 실망할 필요는 없습니다. 캐즘은 혁신기술이나 첨단제품이 나올 때 반드시 겪어야 하는 과정입니다. 결국 신기술이나 첨단기술이 일반화되기까지 반드시 넘어야 할 '큰 산'이죠.

그렇다면 소비자들이 캐즘의 높은 벽을 허물고 신제품이나 첨단기술을 수용하는 과정은 어떻게 될까요? 미국 뉴멕시코대학 교수이자 사회학자인 에버렛 M. 로저스(Everett M. Rogers)는 1962년 소비자들이 혁신을 수용하는 데는 단계가 있다는 내용을 담은 저서 《혁신의 보급》을 출간했습니다.

로저스는 새로운 기술에 대한 소비자 수용 과정을 크게 5단계로 나눴습니다.

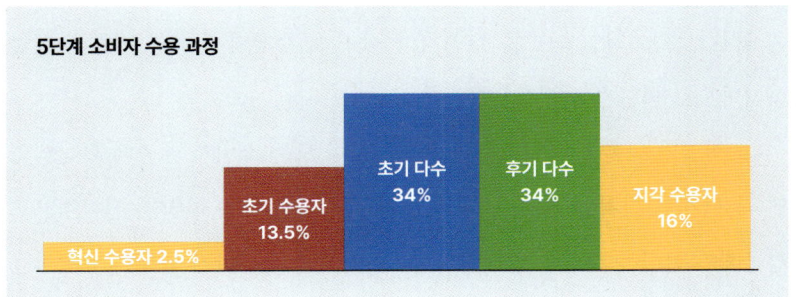

첫 번째 단계는 '혁신 수용자(Innovators)'입니다. 이들은 새로운 기술이나 사상을 처음 채택하는 극소수의 모험주의적 사람들이죠. 혁신 수용자들은 기술의 초기 문제를 해결해 그다음 소비자들에게 중요한 피드백을 제공합니다.

두 번째 단계는 '초기 수용자(Early Adopters)'입니다. 사회적 영향력이 비교적 큰 초기 수용자는 신기술이나 사상을 받아들여 다른 이들에게도 긍정적인 영향을 미칩니다. 이들은 다른 이들에게 혁신의 장점을 알려줘 이를 적극적으로 수용하도록 하는 역할을 하죠.

세 번째 단계는 '초기 다수(Early Majority)'입니다. 이들은 새로운 기술을 신중하게 검토한 뒤 받아들이는 성향을 보입니다. 초기 다수는 혁신제품의 안정성과 유용성을 점검한 뒤 소비자들이 새로운 기술을 받아들여도 된다는 점을 보여주는 계층입니다.

네 번째는 '후기 다수(Late Majority)'입니다. 이들은 신제품에 비교적 회의적인 입장을 보입니다. 이들은 다른 소비자들이 첨단기술이나 신제품을 받아들인 것을 확인한 후에야 비로소 이를 인정하는 성향이 있습니다. 후기 다수는 혁신제품이 보급화되는 데 결정적인 역할을 합니다.

다섯 번째는 '지각 수용자(Laggards)'입니다. 이들은 새로운 기술이나 제품에 극도로 회의적인 태도를 보입니다. 매우 보수적인 성향인 이들은 제일 마지막으로 첨단기술을 수용합니다.

로저스의 이론은 혁신제품이나 신기술이 모든 소비자 계층에 확산되려면 각 단계를 거쳐야 하며, 단계별 소비 계층의 성향을 파악해 전략적으로 접근해야 한다는 사실을 알려줍니다. 즉 캐즘을 극복하기 위해 목표시장을 세분화해 고객이 원하는 맞춤형 상품을 마련해야 합니다. 또한 가격전략도 세밀하게 세워야 합니다. 일반적으로 초기 다수는 가격에 민감한 성향을 보입니다. 이에 따라 할인 서비스나 가격을 다양화해 소비자들이 접근할 수 있도록 하는 유인책을 쓰는 것도 효율적이죠.

041 인류 역사에서 반복적으로 일어나는
버블

경제학에서 버블(Bubble)은 투자와 생산 등 실물경제에 뚜렷한 움직임이 없는데 물가가 오르고, 부동산 투기가 심각해 유동성(돈)이 과열되는 양상을 말합니다. 쉽게 말하면 버블은 경기가 과열되는 모습을 보이지만 돈이 생산활동을 하는 기업으로 흘러가지 않고 투기나 사치성 소비로 몰리는 것이죠. 그러나 버블은 말 그대로 거품처럼 사라질 수 있습니다.

상품 버블의 대표적인 예로 17세기 네덜란드에서 일어난 튤립 버블을 꼽을 수 있습니다. 튤립 버블은 튤립이 상품가치보다 가격이 폭등한 현상을 말합니다. 1593년 네덜란드에 처음 소개된 튀르키예산 튤립은 네덜란드 토양 그리고 기후와 잘 맞지 않아 소량 재배만 가능했습니다. 희소성이 높아 '부(富)'와 '지위'를 상징하게 되었죠.

튤립에 대한 사회적 선호도가 크고 가격이 크게 치솟으면서 네덜란드 국민들은 너도나도 튤립 구매에 나섰습니다. 튤립의 인기를 감안해 튤립 가격이 계속 오를 거라 생각한 것이죠.

튤립 공급량이 넉넉하지 않은 상황에서 수요가 폭증하면서 튤립 가격은 하늘 높은 줄 모르고 치솟았습니다. 이에 튤립은 1630년대 한때 한 송이 가격이 5,500플로린(Florin, 옛 네덜란드 화폐)까지 치솟았습니다. 심지어 튤립 한

뿌리는 2,500플로린에 거래됐습니다. 당시 네덜란드 근로자의 연평균 소득이 150플로린이었다는 점을 감안하면 한갓 꽃 뿌리 가격이 근로자 연봉보다 무려 17배가 비싼 '비이성적인' 상황이 전개된 것이죠.

그러나 튤립 열풍이 시작된 지 4년이 지난 1637년 2월 5일부터 이틀간 투기적 거래자들이 일제히 튤립시장에서 빠지면서 튤립 가격 급등세가 뚝 끊겼습니다. 튤립의 수요가 영원히 많지 않을 것이라는 불안감과 함께 일부 튤립 투자자들의 차익실현(가격이 오를 때 처분해 이익을 얻는 일)이 이어져 가격이 폭락했죠. 이에 따라 튤립에 투자한 많은 사람이 파산하는 지경에 이르렀습니다. 이처럼 버블은 실물경제에 큰 영향을 미치고, 그에 따른 사회적 부작용도 만만치 않습니다.

그렇다면 사람들이 버블에 열광하는 이유는 무엇일까요? 이는 더 큰 바보 이론(Greter Fool), 제한된 합리성, 군집행동으로 설명할 수 있습니다.

'더 큰 바보 이론'은 시장 가격이 고평가된 걸 알고 있지만 더 큰 바보가 그 자산을 사들일 거라는 생각에 바보(Fool)가 비싼 가격임에도 자산을 구입하는 것을 뜻합니다. '제한된 합리성'은 정보와 시간이 한정돼 최적이 아니지만 이미 내린 의사결정에 만족하는 것을 의미합니다. '군집행동'은 일종의 집단심리입니다. 즉 자신의 판단이 아닌 다른 사람의 행위에 대한 기대감을 갖고 의사결정을 하는 것이죠.

미국 경제학자 하이먼 필립 민스키(Hyman Philip Minsky)는 버블이 크게 5단계를 거쳐 만들어진다고 설명했습니다. 민스키가 제시한 버블의 5단계는 대체, 호황, 환희, 이익실현, 공황입니다.

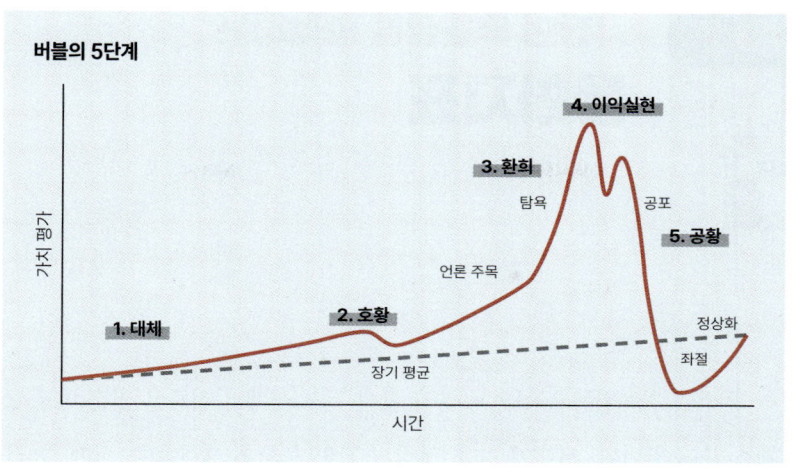

1단계인 대체는 투자자들이 혁신기술 등장에 매료되어 이에 투자하는 상황입니다. 2단계는 첨단기술의 상용화로 관련 자산 가격이 크게 오르고 그에 따라 시장에 더 많은 사람이 참여합니다. 시장 참여자가 급증해 자산 가격이 크게 오르면 그에 따른 행복감이 커질 수밖에 없죠. 이를 3단계인 환희라고 합니다. 가격이 크게 오르면서 투자자들은 이제 이익을 얻으려는 단계로 진입합니다. 4단계 이익실현이죠.

그러나 이익실현 과정에 많은 사람이 참여해 가격이 상승했을 때보다 더 빠른 속도로 폭락합니다. 그에 따라 가격이 더 떨어질 것을 우려해 보유 자산을 서둘러 팔아치우는 이들이 늘어나 공황 단계로 들어갑니다.

인류 역사를 되돌아보면 버블은 반복적으로 일어납니다. 버블에 따른 피해를 막으려면 과도한 낙관주의를 경계해야 합니다. 또한 자산의 기본 가치를 냉철하게 보는 안목을 길러야 하죠. 이와 함께 시장이 바뀌는 상황을 면밀하게 검토해 그에 따른 리스크를 관리해야 합니다.

042 시장의 유동성을 파악하는
통화지표

우리가 경제활동을 하면서 가장 많이 듣고 실제로 접하는 것은 바로 통화(Currency)입니다. 거래에 따른 지급 수단인 통화의 종류로는 지폐, 동전, 수표, 신용카드 등이 있죠. 하지만 이것들만 통화라고 볼 수는 없습니다. 은행 예금, 투자신탁회사 예수금(나중에 돌려받는 선금이나 보증금) 등도 필요하면 현금으로 바꿀 수 있어 통화에 속합니다.

통화가 시중에 돌아다니는 규모를 '통화량'이라 부르고, 이를 측정하는 지표를 통화지표라고 합니다. 통화는 일반적으로 본원통화(M0), 협의통화(M1), 광의통화(M2), 금융기관유동성(Lf), 광의유동성(L) 등으로 나뉩니다. 여기에서 M은 'Money(돈)'를 뜻합니다.

본원통화(M0)는 돈 흐름의 출발점 혹은 원점을 말하기 때문에 'M0'으로 표기합니다. 본원통화는 한국은행이 찍어 시중에 공급하는 현금성 예금을 말합니다. 즉 지금 당장 사용할 수 있는 통화량입니다.

M0(본원통화) = 민간 보유 현금 + 은행 시재금 + 지급준비금

이를 좀 더 구체적으로 설명하면 'M0=민간 보유 현금+은행 시재금+지급준비금'입니다.

지급준비금은 은행이 고객의 예금을 안전하게 보관하고 고객의 예금 인출 요청에 대비하기 위해 마련한 자금입니다. 이 지급준비금을 얼만큼 준비해둘 것인지를 정하는 비율을 '지급준비율'이라고 합니다. 예를 들어 지급준비율이 10%라면 은행이 예금 등으로 들어온 돈 중 10%를 지급준비금으로 보관하도록 하는 것이죠.

지급준비율은 중앙은행이 시중 통화량을 조절할 수 있도록 도와주는 기능을 합니다. 만약 중앙은행이 지급준비율을 올리면 은행들은 더 많은 자금을 지급준비금으로 예치해야 합니다. 이에 은행들은 대출할 수 있는 돈이 줄어들고, 그 결과 시중에 나오는 돈(시중 유동성)도 줄어들게 되죠.

한편 본원통화의 구성 요소인 은행 시재금은 은행이 보유하고 있는 현금을 말합니다. 앞서 설명했듯, 돈은 은행들이 지급준비금제도 방식에 따라 일부를 중앙은행에 예치하거나 은행 자체 금고에 시재금 형식으로 보유하고, 나머지는 민간에 대출합니다. 이처럼 민간이 보유한 화폐와 금융기관 시재금을 합친 것을 '화폐발행액'이라고 합니다. 즉 화폐발행액과 은행의 지급준비금을 합친 것이 본원통화입니다.

협의통화(M1)는 현금과 결제성 예금을 합친 것을 말합니다. 결제성 예금으로는 저축성 예금을 비롯해 보통예금, 당좌예금 등 요구불예금, 시장금리부 수시입출금식예금(MMDA, Money Market Deposit Account), 단기 금융 펀드 등이 있습니다.

> M1(협의통화) = M0 + 결제성 예금

요구불예금은 보통예금, 당좌예금처럼 예금주가 요구하면 언제든지 돈을 뺄 수 있는 예금입니다. 은행 단기 금융상품인 MMDA는 가입할 때 적용되는 금리가 시장금리 변동에 따라 결정되기 때문에 붙여진 이름이죠. '일복리저축예금'으로도 불리는 MMDA는 보통예금처럼 입출금이 자유롭고 각종 이체와 결제를 할 수 있습니다. 이에 따라 MMDA는 시장 상황을 지켜보며 단기로 운용할 대기성 자금에 적합합니다.

정리하면 협의통화는 현금 등 본원통화를 포함해 MMDA, 요구불예금 등 즉시 현금화할 수 있는 예금을 합친 통화량입니다.

그렇다면 **광의통화**(M2)는 무엇일까요? 협의통화(M1)에 정기예금, 정기적금, 거주자 외화예금, 양도성예금증서(CD), 환매조건부채권(RP), 금융채, 신탁형 증권저축 등을 포함한 것을 뜻합니다.

> M2(광의통화) = M1 + 준결제성 예금

쉽게 설명하면 광의통화는 협의통화에 만기 2년 미만 정기예금 등 준결제성 예금을 더한 것을 뜻합니다. 준결제성 예금은 돈을 벌 수 있는 계기가 생기면 이자 수입을 포기하고 언제든지 인출해 투자자금으로 활용될 수 있는 예금을 말합니다.

광의통화는 정부가 시중 통화량을 측정할 때 가장 많이 참고하는 지표입니다. 협의통화는 주로 현금과 요구불예금 등 유동자산을 다룹니다. 유동자산은 짧은 기간(1년 이내) 안에 현금으로 바꿀 수 있는 자산이죠. 이에 비해 광의통화는 협의통화에 저축예금, 정기예금 등 비교적 덜 유동적인 자산이 포함돼 경제 내 자금흐름을 파악하는 데 도움을 줍니다. 결국 광의통화는 인플레이션, 경제성장률 등을 예측하는 데 도움을 주는 척도인 셈이죠.

금융기관유동성(Lf, Liquidity of Financial institutions)은 협의통화, 광의통화에 한국증권금융의 예수금, 보험계약 준비금 등 금융기관이 창출한 모든 통화 유동성을 포함합니다. 즉 은행은 물론 보험회사, 증권회사의 통화량을 모두 포함한 통화가 금융기관유동성입니다.

> Lf(금융기관유동성) = 모든 금융기관의 통화량

마지막 광의유동성(L)은 한 나라의 경제가 보유하고 있는 전체 유동성을 뜻합니다. 즉 중앙은행, 시중은행 등 금융기관을 비롯해 정부, 기업이 발행한 여신전문기관의 채권, 예금보험공사채, 자산관리공사채, 자산유동화전문회사의 자산유동화증권, 국채, 지방채, 기업어음, 회사채 등 모든 것을 포함합니다. 결국 한 나라의 경제 유동성은 'M1 < M2 < Lf < L' 구조를 형성하고 있죠.

> L(광의유동성) = 한 나라의 경제가 보유하고 있는 전체 통화량

043 돈이 제대로 돌아야 나라가 산다
통화승수

통화승수(Money Multiplier)에서 '승수(乘數)'란 어떤 수에 곱하는 숫자를 말합니다. 예를 들어 500×20이라면 20이 승수죠. 통화승수는 통화지표에서 배운 광의통화(M2)를 한국은행이 공급하는 본원통화(M0)로 나눈 숫자를 말합니다. 결국 통화승수는 한국은행이 본원통화를 공급했을 때 시중에 이의 몇 배에 이르는 통화를 창출했는지를 보여주는 지표입니다. 다시 정리하면 통화승수는 한국은행이 화폐 1원을 공급했을 때 시중 통화량이 얼마나 늘었는지를 나타내는 지표입니다.

2025년 1분기 기준 한국의 통화승수는 14.79배입니다. 이는 한국은

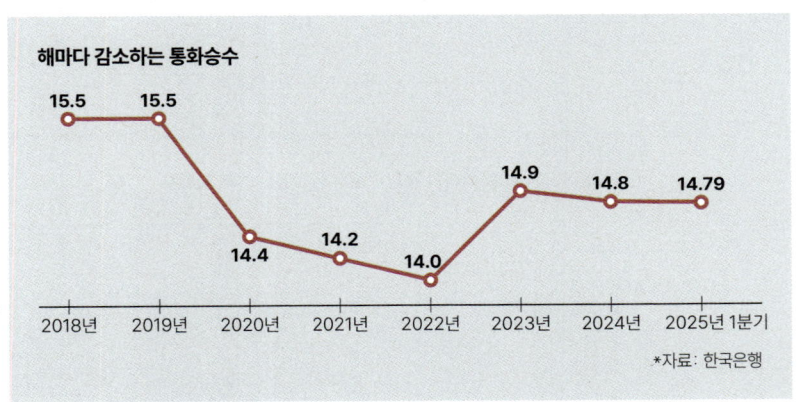

해마다 감소하는 통화승수

2018년	2019년	2020년	2021년	2022년	2023년	2024년	2025년 1분기
15.5	15.5	14.4	14.2	14.0	14.9	14.8	14.79

*자료: 한국은행

행이 1조 원을 발행했을 때 시중 통화량이 약 15조 원이 된다는 뜻입니다. 한국의 통화승수는 2022년 3분기에 14배를 기록한 뒤 2023년 4분기에 14.9배로 올라갔고, 2024년 1분기에는 14.8배로 조금 낮아졌습니다.

그렇다면 통화승수가 커지는 것과 작아지는 것은 어떤 의미일까요? 본원통화는 대출 등으로 시중에 공급되고, 나머지는 다시 은행에 예금됩니다. 시중에 뿌려진 돈이 대출과 예금자 예금 등을 거치면서 한국은행이 처음 공급한 돈보다 몇 배로 늘어납니다.

그런데 시중에 돈이 돌지 않고 개인이나 기업이 현금을 보유한다면 신용창조가 주춤해지겠죠. 신용창조는 중앙은행이 찍어낸 돈이 은행을 통해 시중에 유통되면서 또 다른 돈을 만들어내는 일련의 과정을 말합니다. 즉 통화승수가 감소하는 것입니다.

통화승수가 작아지면 그만큼 돈이 돌지 않아 이른바 '돈맥경화' 현상을 일으킵니다. 돈맥경화는 일종의 화폐 유통 속도입니다. 혈관에 콜레스테롤이나 지방이 쌓여 혈관이 딱딱하게 굳고 좁아져 피가 제대로 순환하지 않는 동맥경화에 빗댄 돈맥경화는 경제활동에 필요한 돈 흐름을 막습니다.

돈이 제대로 돌지 않으면 '투자 → 고용 → 소비 → 소득 증가 → 투자 확대'로 이어지는 경제 선순환이 무너져 경제에 타격을 줍니다.

044 조용히 숨어 효율적으로 사냥하는
스토킹호스

　최근 경제 뉴스를 보면 <u>스토킹호스</u>(Stalking Horse) 방식을 활용해 기업을 매각한다는 이야기가 자주 들립니다. 스토킹호스는 무슨 뜻일까요? 스토킹호스는 사냥 용어로, 야생 조류를 잡는 방식에서 유래했습니다. 새는 사냥꾼들이 접근하면 곧바로 날아가지만 말이나 소 같은 동물이 옆에 있으면 도망가지 않고 남습니다. 사냥꾼들은 이를 활용해 그들의 말 혹은 말 모양을 한 조형물 뒤에 숨어 새를 사냥하죠.

　이처럼 기업을 매각하기 전에 잠재 인수자를 정한 뒤 경쟁입찰 방식을 통해 다른 인수자를 찾는 형태를 스토킹호스라고 합니다. 기업 매각에 앞서 먼저 사들일 의향이 있는 인수자를 내정합니다. 그 후 이 업체는 경쟁입찰 방식을 통해 더 좋은 조건을 제시할 다른 인수자를 찾아 기업 인수합병(M&A)을 하죠. 즉 기업을 팔려는 측에서는 스토킹호스가 일종의 보험 역할을 하는 것이죠.

　구체적으로 설명해보겠습니다. A라는 기업이 계열사 B를 매각한다고 가정해봅시다. A는 그동안 B에 큰 관

심을 보인 또 다른 대기업 C와 매각에 필요한 가계약을 맺고 인수자로 정합니다. 그런데 A는 이후 회사 매각을 관리하는 매각 주관사를 정하고 주요 인수 후보자를 대상으로 경쟁입찰을 펼치죠. 입찰 결과, D가 내놓은 조건이 C가 내놓은 조건보다 더 좋습니다. 이에 따라 A는 D를 우선협상대상자로 선정하고 매각 및 기업 인수 절차를 밟습니다. 그런데 공개입찰 결과, A가 원하는 인수 조건을 내놓은 업체가 없습니다. 그러면 A는 이미 가계약을 맺은 C와 본계약을 맺어 매각 절차에 들어갑니다.

결국 스토킹호스는 비공개 입찰을 통해 한 곳의 우선매수권자를 선정한 뒤 공개입찰로 우선협상대상자도 선정해 2곳의 조건을 비교하는 방식입니다. 사냥꾼이 새가 도망가지 못하게 말 뒤에서 몰래 접근하는 것처럼 매각 추진 기업은 우선매수권자를 선정한 뒤 몰래 우선협상대상자까지 확보하는 셈입니다.

이런 방식은 보통 유동성 위기에 따른 과다한 부채로 재정 상태가 열악한 부실기업과 파산위기를 맞아 기업회생 절차를 밟고 있는 기업에 적용합니다. 기업회생 절차는 자금난으로 파산위기에 처한 기업이 법원 관리를 받아 회생하는 과정을 말합니다.

파산기업이나 부실기업이 파산 혹은 기업회생 절차를 밟으면 법원이 개입합니다. 이후 법원은 파산기업이나 부실기업을 인수하려는 업체 제안이 적절한지를 검토합니다. 이때 인수 제시 가격이 파산기업의 자산가치에 비해 너무 낮지는 않은지, 불합리한 조건이 담겨 있지는 않은지 등을 살피죠. 경우에 따라 법원은 제안을 수정하거나 거부할 수 있습니다. 인수 가격 등 현안이 해결되면 회생법원은 인수 과정을 승인하죠. 이에 따라 파산기업은 회생 절차를 통해 M&A를 진행한 뒤 사업을 유지하게 됩니다.

스토킹호스를 통해 얻는 효과와 장점은 첫 번째, 최저 입찰 가격을 설정할 수 있습니다. 기업 인수를 희망하는 업체 A가 초기 입찰 가격을 제시하면 B, C 등 이후 기업들은 A가 제시한 가격보다 낮게 입찰할 수 없죠.

두 번째, 경쟁을 부추깁니다. 앞서 설명했듯, 추가 입찰자가 나타나도록 해 경쟁을 촉진하고 자산 가격을 높일 수 있죠.

세 번째, 기업 매각에 따른 투명성과 신뢰성을 확보할 수 있습니다. 스토킹호스에 입찰한 기업은 인수하려는 기업을 면밀하게 검토해 자산가치를 확인하고 이를 바탕으로 응찰할 수 있죠.

네 번째, 시간을 절약할 수 있습니다. 자산 실사를 통한 자산 평가가 이뤄지면 자산을 신속하게 매각할 수 있죠.

그렇다고 스토킹호스가 기업 매각의 만병통치약은 아닙니다. 왜일까요? '우발채무'가 있기 때문입니다. 우발채무는 부실기업을 인수하려는 기업이 지금 당장은 지불하지 않지만 미래에 지불할 수 있는 잠재적인 채무를 말합니다. 대표적인 사례가 기업어음(CP, Commercial Paper)과 회사채입니다.

예를 들어보겠습니다. 기업 A가 스토킹호스를 통해 기업 B를 인수하기로 했습니다. 기업 A는 B 인수 과정에 필요한 각종 실사 조사를 진행한 뒤 인수 가격을 제안했습니다. 그런데 나중에 기업 B가 발행한 CP가 만기가 돼 돌아왔습니다. 이에 따라 기업 A는 B의 CP를 떠안아야 하는 상황에 처하게 됩니다. A가 B의 CP 비용을 직접 내거나 B 인수 가격을 내려야 하는 경우도 발생할 수 있습니다.

경제에 안정을 찾아주는 기준
테일러 준칙

　테일러 준칙(Taylor's Rule)은 미국 경제학자 존 테일러(John Taylor)가 1992년에 제시한 통화정책 운용 준칙의 하나입니다. 이 준칙은 적정 인플레이션율과 경제성장률을 토대로 균형 금리를 산출하는 방식입니다. 이 때문에 테일러 준칙은 미국 등 선진국 중앙은행과 한국은행이 통화정책을 평가하는 지표로 활용합니다.

　적정 인플레이션율은 경제가 안정적이면서 성장을 유지할 수 있도록 목표로 삼은 인플레이션율(물가상승률)을 뜻합니다. 미국 중앙은행 연방준비제도(Fed, 연준)를 비롯한 대다수 중앙은행은 적정 인플레이션율을 약 2%로 설정하고 있습니다. 한국은행도 마찬가지죠.

　인플레이션율이 올라가면 물가가 전반적으로 오르고, 반대로 인플레이션율이 낮아지면 물가가 낮아집니다. 만약 인플레이션율이 마이너스가 되면 디플레이션이 되죠. 즉 인플레이션율이 2%이면 소비자들은 물가 상승에 대한 부담을 덜 느끼고, 기업도 안정적으로 경영할 수 있습니다.

　한편 균형금리는 경제가 완전 고용(실업률 3~4%)을 유지하면서도 인플레이션이 안정적인 수준에 머무는 상태의 이자율(2%)을 뜻합니다. 즉 경제가 자원의 잠재력을 최대한 활용하면서 물가가 안정적으로 유지되는 금리 수준인 셈이죠.

균형금리는 경제활동에 영향을 미치지 않는 중립적인 금리로, 이러한 특성 때문에 중앙은행의 정책 결정에 중요한 기준이 됩니다. 중앙은행은 균형금리를 통해 경제가 과열되거나 침체되지 않도록 경제를 조종합니다.

예를 들어보겠습니다. 현재 기준금리가 균형금리보다 낮으면 중앙은행은 금리를 올려 인플레이션을 억제합니다. 반면 기준금리가 균형금리보다 높으면 금리를 내려 경제 성장을 촉진합니다. 정리하면 기준금리는 중앙은행이 정한 현재 금리로, 이를 통해 경제를 조절합니다. 이에 비해 균형금리는 경제가 완전 고용과 안정적인 인플레이션 상태를 유지할 수 있는 이론적인 중립 금리죠.

결국 테일러 준칙은 중앙은행이 금리를 어떻게 조절해야 경제가 잘 돌아가는지를 알려주는 일종의 가이드 라인입니다. 몇 년 전 신종 코로나바이러스 감염증(코로나19)이 전 세계를 뒤흔든 팬데믹(Pandemic, 대유행)이 되면서 세계경제가 큰 혼란에 빠졌습니다. 이때 대다수 중앙은행이 테일러 준칙을 활용해 금리정책을 펼쳤습니다. 결국 테일러 준칙은 중앙은행의 금리 조절 외에 경제 성장을 추가해 사람들이 더 나은 삶을 살 수 있도록 도와주는 중요한 경제 규칙인 셈입니다.

046 가진 주식에 콜옵션을 더하다
커버드콜

콜(Call)은 원래 '특별한 계약'을 뜻합니다. 이와 같은 계약을 흔히 '콜옵션'이라 부르죠. 우리 주변에서 흔히 듣는 옵션은 말 그대로 선택권, 즉 무언가를 선택할 수 있는 권리를 뜻합니다. 이에 따라 콜옵션은 '주식을 원하는 가격에 살 수 있는 권리'를 말합니다. 반대로 주식을 원하는 가격에 팔 수 있는 권리를 '풋(Put)옵션'이라고 합니다.

여기에서 중요한 점은 옵션은 특정한 주식을 본인이 정한 가격에 살 수 있는 권리이지만, 반드시 그 주식을 사야 하는 건 아니라는 것입니다. 예를 들어볼까요?

A는 과수원을 운영하는 친구 B에게 "한 달 안에 포도 한 송이를 3,000원에 살 수 있는 권리를 갖고 싶어"라고 제안합니다. 이에 B는 "좋아. 포도를 살 수 있는 권리를 줄게"라고 대답합니다. 그래서 두 사람은 계약을 맺습니다.

그런데 아무리 친구 사이지만 돈 문제는 확실하게 하는 게 좋습니다. 그래서 A는 포도를 살(콜) 수 있는 권리증서(옵션)를 얻기 위해 B에게 약간의 돈(프리미엄)을 줍니다. A가 B에게 준 돈은 1,000원으로, 많지 않은 금액입니다.

그런데 포도 수확을 앞두고 폭우가 쏟아져 포도가 흉작이 됐습니다. 그로 인해 포도 한 송이 가격이 6,000원으로 껑충 뛰었습니다. A는 B에게 "계약대로 포도를 3,000원에 살게"라고 말합니다. B는 포도 농사를 망쳤지만 약속한 대로 A에게 포도를 3,000원에 팝니다. 두 사람 중 A가 이익을 본 셈이죠.

그런데 이번에는 반대 상황이 벌어집니다. 포도가 온화한 날씨 덕에 풍작을 거둔 것입니다. 이에 포도 가격이 한 송이에 1,500원으로 반토막이 났습니다. 그로 인해 A는 시중 가격보다 2배나 많은 돈을 주고 포도를 사야 하는 처지가 됐습니다.

그렇다면 A는 울며 겨자 먹기로 B의 포도를 반드시 구입해야 할까요? 콜옵션은 권리이기 때문에 권리를 포기하면 됩니다. 이에 A는 B에게 포도를 사지 않겠다고 말합니다. B는 A의 결정이 조금 불쾌했습니다. 그러나 엄밀하게 따지면 B는 손해를 본 게 없죠. 오히려 A에게 포도를 살 수 있는 권리값(프리미엄)으로 1,000원을 챙겼기 때문입니다.

커버드콜은 이와 같은 콜옵션 방식을 활용한 투자 전략입니다. 콜에는 레귤러콜(Regular Call), 네이키드콜(Naked Call), 커버드콜(Covered Call) 등이 있습니다. 먼저 '레귤러콜'은 우리가 앞서 공부한 콜옵션을 말합니다. '네이키드콜'은 주식을 실제 가지고 있지 않은 상태에서 콜옵션을 하는 것을 말합니다. 이해를 돕기 위해 예를 들어보겠습니다.

김단팥은 빵집 가게 주인이고, 박슈거는 빵을 매우 좋아하는 친구입니다. 박슈거는 김단팥에게 '빵 한 봉지를 한 달 후에 1,000원에 살 수 있는 권리'를 사기로 했습니다. 이게 바로 콜옵션이죠. 이를 위해 박슈거는 김단팥에게 100원을 지급합니다. 100원은 프리미엄이죠. 문제는 김단팥이 지금 만들어놓은 빵이 없어요. 이게 바로 네이키드콜입니다.

그 후 예상치 못한 폭우로 설탕 원재료인 사탕수수가 제대로 수확되지 않아 설탕 가격이 폭등했습니다. 빵 가격도 한 봉지에 2,000원으로 치솟았습니다. 박슈거는 빵을 1,000원에 살 수 있는 권리, 즉 콜옵션을 행사합니다. 문제는 빵을 만들어놓지 않은 김단팥은 값이 크게 오른 설탕을 구입해 빵을 만든 뒤 박슈거에게 1,000원에 팔아야 한다는 것이죠. 결국 김단팥은 1,000원의 손해를 봅니다.

그런데 이번에는 상황이 바뀌었습니다. 사탕수수가 온화한 기후 덕에 사상 최대 수확을 거두었습니다. 이에 설탕 가격이 크게 내려갔고, 빵값도 500원으로 반토막이 났습니다. 박슈거는 굳이 돈을 더 내고 빵을 사고 싶은 생각이 없습니다. 결국 박슈거는 빵을 1,000원에 구입할 수 있는 콜옵션을 포기합니다. 이에 김단팥은 박슈거로부터 받은 프리미엄 100원을 그대로 가지게 되죠.

콜옵션과 네이키드콜은 주식 가격에 따라 사는 권리를 선택하거나 선택하지 않는다는 점이 같습니다. 그러나 네이키드콜은 자산을 소유하지 않고 콜옵션을 하는 것이라는 점에서 차이가 있죠.

마지막으로 '커버드콜'은 주식을 가지고 있는 사람이 그 주식을 보호하려는 것을 뜻합니다. 이에 따라 커버드콜은 A가 이미 주식을 가지고 있을 때 그 주식을 팔 수 있는 권리를 다른 사람인 B에게 팔아 프리미엄을 받는 전략입니다. 구체적으로 살펴봅시다.

A는 도레미 회사의 주식 100주를 가

지고 있습니다. A는 친구 B에게 "내가 너에게 이 주식 100주를 한 달 안에 10달러로 살 수 있는 권리를 줄게"라고 말합니다. 이는 '콜옵션 판매'인 셈입니다. B는 권리를 얻기 위해 A에게 프리미엄 1달러를 지급합니다.

두 사람이 약속한 지 한 달 안에 도레미 회사의 주가가 올라 15달러가 되었습니다. 이에 B는 A로부터 주식을 10달러에 살 수 있습니다. A는 본인이 가진 주식이 크게 올랐지만 B에게 원래 가격으로 팔 수밖에 없죠. 그러나 A는 B에게 받은 프리미엄 1달러로 그나마 이익을 보게 됩니다.

그런데 도레미 주가가 9달러 이하로 떨어지면 어떻게 될까요? 이에 친구 B는 A에게 산 권리를 행사하지 않고 포기합니다. 그로 인해 A는 주식도 지키고 프리미엄 1달러도 벌게 되었죠. 이처럼 커버드콜은 주식을 가지고 있는 사람이 그 주식을 보호하면서도 약간의 돈(프리미엄)을 미리 받는 방식입니다.

아직도 커버드콜을 이해하기 힘든가요? 그렇다면 네이키드콜과 커버드콜을 다시 한번 정리해봅시다. 네이키드콜과 커버드콜은 모두 특정 가격에 주식을 판매하는 권리를 다룹니다. 그리고 둘 다 이 권리를 상대방에게 제공하는 대가로 프리미엄을 받습니다. 그런데 네이키드콜은 주식을 가지고 있지 않은 상태에서 콜옵션을 합니다. 반면 커버드콜은 이미 주식을 가지고 있는 상태에서 콜옵션을 행사하죠.

047 시장의 투명성을 높이는
코픽스

은행이 돈을 빌려줄 때 적용하는 대출 기준금리에는 금융채 금리, CD(양도성예금증서)금리, **코픽스**(COFIX) 금리가 있습니다. 이 3가지 중에서 은행이 각자 자체 기준금리를 정하는 것이죠.

먼저 금융채란 은행, 신용카드회사, 금융투자회사 등 각종 금융기관이 필요한 자금을 안정적으로 마련하기 위해 발행하는 채권입니다. 국가가 필요한 자금을 마련하기 위해 발행하는 '국채', 은행이 발행하는 '은행채', 주식회사가 발행하는 '회사채', 지방자치단체가 발행하는 '지방채' 등이 있습니다. 이 중 은행채는 대출금리를 정하는 기준이 되죠.

이처럼 금융기관이 필요한 자금을 조달하기 위해 발행하는 채권의 이자율이 바로 금융채 금리입니다. 일반적으로 금융채 금리가 낮아지면 은행이 필요한 자금을 저렴한 비용으로 마련할 수 있다는 이야기입니다. 이는 그만큼 시중 금융시장에 유동성이 풍부하다는 뜻이죠.

시중은행이 제공하는 또 다른 대출금리는 CD금리입니다. CD는 은행이 발행하는 시장성 정기예금 상품입니다. 시장성 예금은 자금시장에서 사고팔 수 있는 예금을 말합니다. 시장성 예금은 일반 예금과 달리 예금 자체를 다른 사람에게 양도하거나 매매할 수 있어요. 은행 등 금융기관과 기업이

단기자금을 조달하기 위해 발행하죠. 때문에 만기가 짧고 쉽게 현금으로 바꿀 수 있습니다.

고객이 CD를 사겠다고 돈을 맡기면 은행은 고객에게 미리 만기와 이자율을 정한 CD를 넘겨줍니다. 이후 만기가 되면 고객은 은행 창구에 CD를 제시하고 미리 약정한 이자와 원금을 받습니다. 예금자로서는 CD라는 증서를 주고받을 뿐이지, 은행에 돈을 맡기고 예금할 때 정해놓은 확정 이자를 받는다는 점에서 일반 정기예금과 크게 다르지 않습니다. 통상적으로 CD금리가 높아지면 은행 등 금융기관이 자금이 더 필요하거나 금융시장에서 자금을 조달하는 데 들어가는 비용이 많아졌다는 의미입니다.

이처럼 대출금리시장에서 금융채 금리와 CD금리가 존재감을 과시하고 있는 가운데 등장한 금리가 바로 코픽스 금리입니다. 코픽스는 'Cost of Funds Index'의 줄임말로, 일종의 자금조달비용지수입니다. 자금조달비용지수는 말 그대로 은행대출시장에서 자금을 조달하는 데 들어가는 비용을 나타내는 지표죠.

우리는 돈을 대출할 때(빌릴 때) 시중은행에 가서 도움을 청합니다. 그런데 은행도 고객에게 돈을 빌려주기 위해 자금을 조달할 때 들어가는 비용이 있기 마련입니다. 이는 각 은행이 우리나라의 중앙은행인 한국은행에서 돈을 빌려 고객에게 대출하는 구조이기 때문입니다. 물론 경영을 잘하는 은행은 은행 신용도를 높여 한국은행에서 싼 가격으로 자금을 가져올 수도 있습니다. 이럴 경우 고객에게 요구하는 대출금리가 낮아지겠죠.

2010년 2월에 도입된 코픽스는 국내 8개 은행(국민·신한·하나·우리·농협·SC제일·기업·한국씨티)이 조달한 자금의 가중평균금리입니다. 가중평균금리는 은행에서 취급하는 여러 금융상품 금리를 각 금융상품 금액 비중에 따라 가중치를 둬 평균을 낸 금리를 말합니다.

각 금융상품의 금액 비중을 고려해 평균 금리를 계산하는 방식을 활용한 가중평균금리는 단순히 모든 금리를 더해 나누는 산술평균과 달리, 각 금융상품 중요도나 비중을 반영해 보다 현실적인 평균 금리를 산출할 수 있도록 해줍니다. 이에 따라 코픽스는 은행 예금·적금, 은행채 등 금융상품 금리가 올라가면 함께 상승하고, 금리가 내려가면 함께 하락하는 성향을 보입니다. 코픽스 금리는 6개월 기준이며, 6개월 이후 다시 공시된 코픽스 금리에 따라 재조정됩니다.

이미 금융채 금리와 CD금리가 있는데 코픽스가 도입된 근본적인 이유는 무엇일까요? 이는 기존 주택담보대출 기준금리 역할을 했던 CD금리가 실제 시장금리를 반영하지 못한다는 지적이 나왔기 때문입니다.

이와 함께 2012년에 불거진 금리 담합 의혹도 CD금리에 대한 신뢰도를 떨어뜨렸습니다. 시중은행들이 2012년 CD금리를 담합해 주택담보대출 이자에서 폭리를 취했다는 의혹이 제기됐기 때문이죠. 이 사건은 CD금리에 대한 신뢰도를 떨어뜨리는 결정적인 역할을 했습니다.

이에 따라 8개 주요 시중은행의 자본 조달 상품 관련 비용을 매월 취합해 산출한 것이 바로 코픽스 금리입니다. 은행이 코픽스 금리를 도입해 주택담보대출시장의 투명성을 높이고 소비자와의 신뢰를 두텁게 할 수 있는 계기가 마련된 셈입니다.

048 외환시장에서 환율을 안정시키는
외국환평형기금

줄여서 '외평기금'이라고도 부르는 <u>외국환평형기금</u>은 정부가 외환시장에서 환율을 안정시키기 위해 만든 특별 기금을 말합니다.

정부가 환율을 안정시켜야 하는 이유는 무엇일까요? 먼저 물가를 꼽을 수 있습니다. 우리가 해외에서 물건을 구매할 때 환율이 높으면 그만큼 더 많은 돈을 내야 합니다. 반대로 환율이 낮으면 적은 돈으로 구매할 수 있죠. 이에 따라 환율이 너무 높으면 물건값을 안정시키는 데 어려움을 겪습니다.

환율은 경제적 안정과도 연결됩니다. 환율이 너무 오르거나 내리면 경제가 불안정해지기 때문입니다. 이는 기업의 사업 계획에도 영향을 미칩니다. 국내 기업이 해외에 수출하거나 수입할 때 환율이 안정되면 돈을 얼마나 벌 수 있는지, 얼마를 지불해야 하는지 미리 계산할 수 있습니다.

외환보유고(115장 참고)도 중요한 이슈입니다. 외환보유고는 한 나라가 보유하고 있는 외화와 금 등 외화 자산 총계를 뜻하죠. 여기에서 외화는 대부분 미국 달러이며 유로, 엔 등도 포함됩니다. 환율이 너무 높아지면 정부는 외환보유고를 사용해 외환시장에 달러 등 외국 돈을 팔아 환율을 낮춥니다.

환율은 금리와도 관련이 있습니다. 정부가 금리를 조정해 환율에 영향을 미칠 수 있기 때문입니다. 정부가 금리를 올리면 외국인 투자자들이 우리나라에 돈을 투자해 환율이 낮아지게 되죠. 이처럼 환율은 물건 가격뿐 아니라 금리, 외환보유고 등과도 밀접한 관계가 있습니다.

외평기금은 그동안 국제경제에서 두드러진 역할을 했습니다. 예를 들어 1994년 12월에 발생한 멕시코 페소 위기 당시 미국 정부는 미국판 외평기금인 '환율안정기금(ESF, Exchange Stabilization Fund)'을 통해 멕시코에 자금을 대출해주어 금융위기를 가라앉혔습니다. 또한 1997년 아시아 금융위기 때 ESF가 여러 아시아 국가를 돕는 데 사용됐습니다. 결국 외평기금은 1934년 당시 미국 대통령이었던 프랭클린 루스벨트(Franklin Roosevelt)에 의해 처음 모습을 드러낸 이후 미국 달러의 안정성은 물론, 외국 외환시장을 지탱하는 데 큰 역할을 하고 있습니다.

우리나라도 예외는 아닙니다. 한국의 외평기금은 1967년에 도입된 이후 여러 차례에 걸친 경제위기에서 중요한 역할을 해왔습니다. 특히 1997년 아시아 금융위기 당시 외평기금을 통한 환율 안정화 정책은 국내 경제 회복에 기여했습니다.

한국 외에 앞서 설명한 미국 ESF, 영국 외환평형계정(EEF, Exchange Equalization Fund), 일본 외국환특별회계 등도 외환시장에서 긴급 상황이 발생할 때마다 든든한 해결사 노릇을 하고 있죠.

그렇다면 우리나라의 외평기금 운용 규모는 얼마나 될까요? 외평기금 자산 규모는 2024년 205조 원을 넘어선 것으로 알려졌습니다. 또한 국내 외평기금에는 달러 등 외화는 물론이고, 원화도 포함되어 있습니다. 예를 들어 원달러 환율이 계속 오른다면 외평기금은 갖고 있던 달러를 팔아 그만큼 원화를 삽니다. 그러면 시중에 달러가 대량 공급돼 치솟던 원달러 환율이 다소 진정되죠.

반면 원달러 환율이 계속 내려가면 외평기금이 갖고 있던 원화를 팔아 달러를 사는 방식으로 환율 급락을 막습니다. 이에 따라 시중에 원화가 많이 풀리고 정부가 달러를 사들여 외평기금의 외화 자산(외환보유고)이 늘어나게 되죠.

여기에서 질문 하나! 우리나라의 외평기금은 누가 관리할까요? 기획재정부가 관리합니다. 외환보유고는 한국은행이, 외평기금은 기획재정부가 직접 관리하고 있죠.

049 주주의 이익을 극대화하자!
주주자본주의

<u>주주자본주의</u>는 기업 핵심 목표를 주주 이익을 극대화하는 데 중점을 두는 경제 이념입니다. 주식회사는 주식을 발행해 설립한 회사라는 점을 감안하면 주식을 가진 주주의 중요성은 두말할 나위가 없습니다.

주주는 회사에 투자한 자본의 소유자입니다. 즉 회사(법인) 소유주가 주주인 셈입니다. 대표이사 등 임원은 주주를 대신해 회사를 운영하는 경영진입니다. 물론 대표이사가 주주를 겸할 수도 있습니다. 이에 따라 주주는 자신이 투자한 회사의 주가가 오르고 배당금을 많이 받는 데 중점을 두죠. 주식배당금은 회사가 주식 소유자(주주)에게 나눠주는 이익 분배금입니다.

주주자본주의의 출발은 1970년대로 거슬러 올라갑니다. 1970년 신자유주의 대부이자 노벨경제학상 수상자 밀턴 프리드먼은 미국 유력 일간지 〈뉴욕타임스〉가 발간하는 잡지에 '기업의 사회적 책임은 이윤을 극대화하는 것'이라는 제목의 기고문을 냈습니다.

프리드먼은 기고문에서 기업의 주요 책임은 주주에게 이윤을 극대화하는 것이라며, 이는 기업이 사회적으로 가장 책임 있는 행동을 하는 방법이라고 주장했습니다. 프리드먼의 이 주장은 주주자본주의 이념을 정립하는 계기가 됐습니다.

또한 기업 경영에도 변화를 줬습니다. 기업 경영진이 1980년대 주주 이익을 최우선으로 하는 경영 방식을 도입하기 시작했죠. 이를 계기로 기업은 주가 상승과 단기적인 이익 증대를 경영 성과의 핵심 지표로 여기게 됐습니다.

이런 주주자본주의의 장점과 단점은 무엇일까요? 먼저 장점을 살펴보면 주주자본주의는 기업효율성을 높이고 불필요한 비용을 줄이는 데 도움을 줍니다. 이는 결국 기업 경쟁력을 강화하는 결과를 가져옵니다.

또한 주주자본주의는 주식시장의 발전을 돕습니다. 더 많은 사람이 투자에 참여하기 때문이죠. 이는 자본을 효율적으로 배분해 경제 발전을 일으키는 효과가 있습니다.

그렇다고 주주자본주의가 문제점이 없는 것은 아닙니다. 주주자본주의는 단기 이익을 중시해 장기투자를 소홀히 하는 경향이 있습니다. 이는 회사 장기 발전에 필요한 연구개발(R&D) 투자를 줄이거나 인력 개발을 등한시하는 문제를 낳습니다.

또한 주주자본주의는 CSR, 즉 기업의 사회적 책임에 큰 비중을 두지 않는 분위기입니다. CSR은 기업이 경영 성과를 높이는 것 못지않게 사회에 대한 폭넓은 윤리의식을 가져야 한다는 이론입니다. 즉 기업 경영에 윤리를 해치는 사례가 있거나 제품 생산 과정에서 환경파괴와 인권유린 등이 있어서는 안 된다는 이야기입니다. 수익 극대화에 급급한 나머지 환경을 훼손하고 노동력을 착취하는 행태가 빚어지면 기업은 장기적으로 지속할 수 있는 틀을 깨는 결과를 가져오죠.

이와 함께 헤지펀드의 부작용을 가져오기도 합니다. 헤지펀드들이 밀어붙이는 주주자본주의를 흔히 '주주행동주의'라고 부릅니다. 헤지펀드는 수익 극대화를 위해 기업에 배당금을 늘리라고 압박하고, 때로는 기업 지배구조를 흔들어 경영권을 위협하는 행태도 일삼고 있습니다.

그렇다면 주주자본주의의 부작용을 해결하려면 어떻게 해야 할까요? 일각에서는 워크자본주의(Woke Capitalism)가 본격화돼야 한다고 강조합니다. 워크자본주의는 기업이 사회적·정치적 이슈에 대해 적극적으로 의견을 내 관련 조치를 내리는 기업 경영 방식을 뜻합니다. 쉽게 설명하면 'Woke(깨어 있는) 자본주의'입니다.

워크자본주의의 예를 들어보겠습니다. 미국 스포츠용품 제조업체 나이키는 2018년 미국 미식축구 선수 콜린 랜드 캐퍼닉(Colin Rand Kaepernick)을 주인공으로 한 광고 캠페인을 선보였습니다.

콜린 랜드 캐퍼닉(우)

흑인인 캐퍼닉은 인종차별에 항의하기 위해 경기가 진행되기 전에 미국 국가가 연주될 때 무릎을 꿇는 시위를 펼쳤습니다. 이 광고는 나이키가 인종차별 문제를 심각하게 여기고 있다는 사실을 알려 많은 사람의 지지를 받았죠. 자본주의가 발전하고 사회가 성숙해지면서 이제는 기업이 주주는 물론이고, 직원, 고객, 공급자 등 모든 이해관계자의 이익에 눈을 돌려야 한다는 이야기입니다. 기업이 주변을 둘러보지 않고 수익 극대화에만 주력하는 시대는 끝났습니다.

050 주식과 펀드의 장점만 담은
ETF

ETF는 'Exchange Traded Fund'의 줄임말입니다. '증권거래소에서 거래되는 펀드'라는 뜻이죠. 정식 명칭은 '상장지수펀드'입니다.

ETF는 펀드의 일종이지만 주식처럼 증권거래소에서 자유롭게 거래할 수 있는 점이 특징입니다. 이에 ETF는 매매 가격이 주식시장에서 실시간으로 결정되고, 고객이 원하는 시간에 바로 사고팔 수 있습니다.

그렇다면 펀드와 주식은 어떤 차이가 있을까요? 펀드는 불특정 다수 투자자로부터 자금을 모아 자산운용회사가 분산투자를 한 뒤 얻은 수익을 투자 지분에 따라 배분합니다. 펀드는 채권, 인프라, 실물자산 등 다양한 자산에 투자할 수 있습니다.

반면 주식은 주식회사가 구성하는 자본의 기본 단위입니다. 즉 주주들에게 자본금 명목으로 돈을 받은 뒤 발행하는 출자증권입니다. 이에 주식 소유자는 주주로서 경영권을 행사할 수 있죠.

펀드는 투자자 자금을 모아 전문가가 운용하는 구조이기 때문에 투자자가 굳이 주식시장을 활용할 필요가 없어요. 이는 펀드가 주식과 같은 거래의 유연성(거래가 쉽게 될 수 있는 특성)보다는 장기적으로 수익을 추구하고 이를 통해 투자를 안정적으로 유지하려는 성향이 두드러지기 때문입니다. 이처럼 펀드와 주식의 차이점은 때로는 새로운 금융상품을 만드는 기회가 되기도 합니다.

미국 대형 증권거래소 중 하나인 아멕스(AMEX, 아메리카증권거래소)의 직원 네이선 모스트(Nathan Most)는 ETF를 최초로 고안한 인물입니다.

기존의 전통적인 펀드는 하루 한 번 기준 가격으로 거래되기 때문에 실시간 거래가 불가능했습니다. 이에 모스트는 주식처럼 실시간으로 거래할 수 있는 펀드를 만들어 개인 투자자들이 보다 유연하게 자산을 관리할 수 있도록 했습니다.

네이선 모스트

그리고 펀드 운용 방식을 액티브(Active) 방식이 아닌 패시브(Passive) 방식으로 바꾸었습니다. 패시브 운용은 흔히 '지수 추종'이라 부릅니다. 지수 추종은 시장 전체 성과를 반영할 수 있다는 장점이 있습니다. 그리고 액티브 운용에 비해 관리 수수료와 거래 비용이 낮습니다. 지수를 그대로 추종하기 때문에 발생하는 비용을 절감할 수 있기 때문이죠.

이와 함께 패시브 운용은 시장의 단기 변동성에 영향을 받지 않고 시장 전체 성장에 따른 수익을 추구하기 때문에 장기투자 전략을 세울 수 있습니다.

분산투자와 유동성도 ETF 특징 중 하나입니다. 이러한 방식은 결국 ETF가 기존 펀드의 문제점을 보완해 펀드시장 효율성을 개선할 수 있다는 가능성을 높입니다.

이에 모스트는 1993년에 ETF 'SPDR S&P500 ETF'를 선보였습니다.

이 ETF는 미국 증시의 벤치마크 '스탠더드앤드푸어스(S&P)500지수'를 추종하며, 현재 세계에서 가장 큰 ETF 중 하나로 자리 잡았습니다.

결론적으로 ETF는 저비용, 투명성, 유동성, 다양한 선택지 덕분에 많은 투자자의 관심을 받고 있습니다. 상품의 용이성과 투명성에 초보 투자자부터 전문가까지 쉽게 접근할 수 있다는 점이 가장 큰 매력입니다.

이처럼 펀드와 주식의 장점을 모두 담은 ETF는 최근 가파른 성장세를 보이고 있습니다. 한국거래소에 따르면, 2024년 초 121조 원대였던 국내 ETF 시장 규모는 2025년 6월 4일 기준 201조 2,845억 원에 달합니다. 한 해 만에 80조 원 이상 커진 셈이죠.

전 세계 시장도 같은 추세입니다. 2024년 10조 달러(약 1경 7,528조 원)였던 전 세계 ETF 시장 규모는 2025년 12조 달러(약 1경 7,528조 원)에 이를 것으로 예상됩니다.

051 대주주의 보고 의무
5%룰

최근 국내 재계를 강타한 여러 이슈 중에 5%룰이 있습니다. 5%룰은 흔히 '지분대량보유보고제도'라고 합니다. 즉 투자자가 상장사 주식을 5% 이상 보유하거나 5% 이상 가진 자의 지분 변동이 1% 이상 있을 때 혹은 지분 보유 목적이나 주요 계약 사항에 변화가 있을 때 관련 내용을 5일 이내에 보고하거나 공시하도록 하는 것을 말합니다.

일반적으로 지분을 5% 이상 보유하는 것은 쉽지 않습니다. 지분을 5% 이상 갖는 이들은 대부분 대주주 혹은 주요 주주이기 때문입니다. 여기에서 잠시 대주주, 최대 주주, 주요 주주를 간단히 정리해보도록 하겠습니다.

대주주는 기업 주식을 많이 소유한 사람을 말합니다. 대주주 중에 지분이 가장 많은 사람이 앞서 언급한 최대 주주입니다. 대부분의 기업 총수가 최대 주주에 속합니다.

대주주 지분율은 확정된 것이 아닙니다. 회사 지분을 50% 이상 보유할 수도 있고, 30% 혹은 20% 보유할 수도 있습니다. 회사 보유 지분 분포도가 어떻게 이뤄져도 최대 주주는 주식보유비율이 가장 많습니다. 결국 최대 주주나 대주주는 갖고 있는 지분이 많아 회사 경영권을 쥐고 있는 경우가 대부분이죠.

주요 주주는 기업 의결권이 있는 주식을 10% 이상 가진 주주 또는 회사 주요 의사결정에 영향을 미치는 주주를 말합니다. 최대 주주의 친인척이나 계열사 임원 등이 이에 해당하는 경우가 많습니다.

결국 5%룰은 대주주나 주요 주주 등 주식시장 판도에 큰 영향을 미치는 이들의 움직임을 알려줘 그에 따른 시장 파장을 극소화하기 위해 도입된 제도입니다. 대주주나 주요 주주들의 거래 정보를 시장에 공개해 공정성과 투명성을 확보하기 위한 취지를 담고 있습니다.

5%룰은 취지는 좋지만 시장 반응은 그렇게 뜨겁지 않습니다. 대표적인 예가 블랙록입니다. 세계 최대 자산운영사 블랙록이 운영하는 '블랙록 펀드 어드바이저스'는 2021년 5월 31일에 현대해상 주식 93만 9,711주를 장내 매도했습니다. 이에 따라 블랙록 지분율은 6.0%에서 4.95%로 1.05%포인트 줄었고, 주식 처분 사유를 '투자자금 회수 목적'으로 밝혔죠. 이를 계기로 블랙록은 지분 보유 변경과 관련해 앞으로 외부에 세세한 정보를 공개할 필요가 없어졌습니다.

지분율이 5% 미만으로 떨어졌지만 블랙록은 여전히 현대해상 3대 주주 자리를 지키고 있습니다. 참고로 2025년 6월 기준 현대해상 최대 주주는 정몽윤 회장으로, 총 22.85% 지분을 갖고 있으며 국민연금(7.40%), 블랙록(4.95%) 등이 뒤를 잇고 있습니다.

블랙록처럼 세계적인 기업마저 5%룰에 부담을 느끼거나 지분율을 낮추는 이유는 무엇일까요? 투자 세부 정보까지 일일이 외부에 공개되는 것을 원하지 않기 때문입니다. 지분 변화에 대한 정보는 때로는 양날의 칼이 될 수 있습니다. 투명성을 높인다는 취지에는 부합할 수 있지만, 자칫 경영 기밀이 외부에 유출될 가능성도 있기 때문입니다.

그렇다고 5%룰을 완화하는 것에 대한 문제점이 전혀 없는 건 아닙니다. 5%룰을 완화해 지분 보유에 대한 공시 의무를 소홀히 하면 자칫 투기자본이 한국 기업을 쉽게 공격할 수 있기 때문이죠. 심지어 정부와 정치권이 국민연금을 통해 기업 경영에 개입할 수 있는 소지도 있습니다.

국민연금은 국내 최대 기관 투자자이지만 국민연금을 관리하는 국민연금공단은 보건복지부 산하 준정부기관입니다. 즉 보건복지부 장관은 국민연금기금운용위원회 위원장이기도 합니다. 결국 정부 입김이 국민연금에 작용할 수밖에 없습니다.

상황이 이렇다 보니 민간기업의 경영 자율성이 훼손되고 있다는 지적도 나오고 있습니다. 준정부기관 국민연금이 민간기업에 사사건건 이러쿵저러쿵 개입하는 데 따른 이른바 연금사회주의(Pension Fund Socialism)라는 말도 이러한 이유에서 나온 것입니다.

연금사회주의라는 말은 현대 경영학의 아버지 피터 드러커(Peter Drucker)가 1976년 미국 연금들이 기업 최대 주주가 된 뒤 기업 경영에 일일이 간섭한 것을 비판하며 처음 내놓은 개념입니다.

052

해도 고민, 안 해도 고민
기업공개(IPO)

2012년 5월 18일 뉴욕 타임스 스퀘어의 나스닥증권거래소 대형 전광판에 페이스북(현 메타)의 상장을 축하하는 문구가 내걸렸습니다. 세계 최대 소셜네트워크업체인 페이스북에 자금을 조달하기 위해 **기업공개**(IPO)를 결정하면서 큰 화제를 모은 것이죠. 당시 공모가는 38달러, 전체 공모 규모는 184억 달러, 시가총액은 1,040억 달러로 인터넷기업으로는 사상 최대 규모

페이스북(현 메타)의 상장을 축하하는 나스닥 전광판

였습니다. 마크 저커버그(Mark Zuckerberg)는 하버드대학 기숙사에서 회사를 창업한 지 8년 만에 불과 28세의 나이로 세계적인 억만장자 대열에 합류하게 됐습니다.

주식시장에서 기업이 주식을 새로 발행하는 것을 '발행시장(Primary Market)'이라 하고, 한 번 발행된 주식이 여러 투자자의 손을 거치면 '유통시장(Secondary Market)'이라 부릅니다. 결국 돈은 발행시장에서 투자자로부터 주식이나 채권을 발행한 기업으로 흘러가기 마련입니다.

이처럼 특정 기업 주식이 일반 투자자를 상대로 발행시장에 최초로 나오는 것을 기업공개라고 합니다. 기업공개는 회사 주식을 불특정다수 투자자에게 공개해 분산 소유하도록 하는 것입니다. 참고로, 증권회사를 통해 정해진 절차를 밟아 공개된 주식회사를 '공개법인'이라고 합니다.

그럼 기업공개를 하는 이유는 무엇일까요? 우선 기업은 상장(53장 참고) 심사를 받기 전에 기업공개를 하도록 정해져 있습니다. 기업공개를 한 기업은 회사 경영을 원활하게 하는 자금을 조달(확보)할 수 있습니다. 불특정다수 투자자를 상대로 기업공개를 하기 때문에 상대적으로 큰 자금을 모을 수 있습니다.

또한 상장기업이라는 간판을 얻게 되어 공신력을 확보할 수 있습니다. 이는 기업 신뢰도와 브랜드 인지도를 높여 더 많은 투자자와 고객을 유치할 수 있도록 해줍니다. 또한 상장으로 기업가치가 커지면 기업은 우수 인재를 확보할 수 있고, 해외 시장에 진출해 사업 영토를 넓힐 수 있습니다.

물론 얻는 것이 있으면 잃는 것도 있기 마련입니다. 창업주 입장에서는 자신이 갖고 있던 많은 주식(지분율)이 줄어듦에 따라 자칫 경영권 간섭 혹은 위협까지 받을 수 있습니다. 또한 거래소를 통한 감독당국의 감시와 견제도 만만치 않습니다. 심지어 대주주도 회삿돈을 함부로 쓸 수 없게 되며, 회사 역시 경영실적을 공시해야 하는 등 신경 써야 하는 일들이 늘어날 수 있습니다.

053 증권거래소 시세표에 이름 올리는
상장

우리나라에는 수많은 주식회사가 있지만 이 기업들의 주식이 모두 증권거래소에서 거래되는 것은 아닙니다. 증권거래소에서 기업의 주식이 정상인지 점검한 뒤 거래를 허가하기 때문입니다. 이처럼 증권거래소가 특정 주식에 거래소시장에서 매매할 수 있는 자격을 주는 것을 상장(上場, Listing)이라고 합니다. 일반적으로 기업의 주식이 상장되면 발행회사의 사회적 평가가 높아지고, 증자(81장 참고) 등을 하는 것도 쉬워집니다.

그런데 아무 기업이나 상장기업이 되는 것은 아닙니다. 증권거래소는 주식시장에 참여하는 투자자를 보호하고, 주식시장과 경제 전체를 건전하게 유지하기 위해 상장 요건을 엄격히 제한하고 있습니다.

상장한 지 얼마 안 된 기업이 갑자기 부실 경영으로 부도가 나거나 파산한다면 그 회사의 주식을 산 투자자는 한순간에 투자금을 잃게 됩니다. 그러면 부실기업을 상장시킨 증권거래소에 대한 불신과 원망의 골이 깊어지게 되겠죠. 그래서 증권거래소는 기업의 자산 규모, 주주

수, 경영실적 등 일정한 상장 심사 기준을 만들어 엄격하게 선별 작업을 합니다.

증권을 상장하려는 회사는 필요한 자료와 함께 수수료 납부 등 각종 의무를 다하겠다는 상장계약서를 제출해야 하는데, 상장 후에도 일정한 요건에 미달하거나 계약을 위반하면 상장 폐지(Delisting, 상폐)를 당할 수도 있습니다.

그렇다면 상장심사위원회는 어떤 상황에서 상폐 결정을 내릴까요? 상장기업이 영업을 정지하거나 부도가 발생했을 때, 자본이 잠식되거나 사업보고서를 제출하지 않았을 때, 감사의견이 거절될 때 상폐 신세가 될 수 있습니다.

일반적으로 회사가 상장폐지되더라도 주주가 행사할 수 있는 이익배당청구권과 잔여재산분배청구권은 남아 있습니다. 문제는 주주가 채권자보다 변제 우선순위가 낮기 때문에 상폐기업 주주들은 상폐 절차가 끝나면 손에 거머쥐는 돈이 거의 없다는 것입니다. 이 때문에 투자자, 특히 소액주주인 개미들이 큰 손해를 볼 수도 있습니다.

조금 암울한 이야기를 했지만 국내 상장기업이 경영활동을 잘하면 해외 증권거래소에 상장해 해외에서 자금을 조달할 수도 있습니다. 이를 2차 상장(Secondary Listing)이라고 합니다.

2차 상장은 이미 한 거래소에 상장된 업체가 다른 시장, 주로 해외 증권거래소에 다시 상장하는 경우를 일컫습니다. 2차 상장을 하는 이유는 새로운 시장에서 자금을 조달하기 위해서입니다. 처음 상장한 자본시장에서 더 이상 자본을 조달할 방법이 없으면 해외 증권거래소로 눈을 돌려 해외자금을 모으는 경우가 많습니다.

054 시간 외에 이뤄지는 대규모 주식매매
블록딜

증권과 관련해 온라인이나 신문, 방송에 자주 등장하는 용어 중에 블록딜(Block Deal)이라는 것이 있습니다. '블록 세일(Block Sale)'이라고도 불리는 블록딜은 주식을 대량(Block)으로 거래(Deal)한다는 뜻입니다.

블록딜은 개인 투자자처럼 주식을 소량으로 사고파는 방식이 아니라 한 번에 대량으로 주식을 거래하는 것을 말합니다. 블록딜에서 이뤄지는 거래 물량은 정해진 것은 없지만 일반적으로 최소 수십억 원, 많게는 수조 원 규모에 달하는 대량의 주식을 사고팝니다. 이처럼 블록딜은 거래 물량이 많아 외국인 대형 투자자와 기관 투자자 등 이른바 '큰손'이 주로 활용하는 매매 방식입니다.

또한 블록딜은 특정인 혹은 특정 기업에 주식을 대량으로 일괄 매각하는 방식을 사용합니다. 즉 지분을 묶음으로 매각해 '일괄매각'이라고도 부릅니다.

블록딜은 주식을 매도하려는 이와 주식을 매수하려는 기업 대주주, 국민연금과 같은 대형 기관 투자자, 외국인 대형 투자자 외에 중개인(주관사)이 있어야 합니다. 주관사는 보통 증권회사입니다. 매도자가 증권사를 중개인으로 정하면 증권사는 주식을 사들일 매수자를 찾습니다. 결국 블록딜은 증권사를 매개로 삼아 주식을 팔려는 사람과 사려는 사람을 미리 정한 뒤 거래가 이뤄진다는 특징을 가지고 있습니다.

거래 방식은 2가지가 있습니다. 매수자가 주가를 제시하는 경쟁입찰 방식과 매도자가 가격과 수량을 정하는 방식이 바로 그것이죠. 경쟁입찰 방식은 주식 매수자들이 가격을 제시하면 높은 가격을 써낸 곳에 지분을 넘깁니다. 또 다른 방법은 매도자가 매도 가격과 수량을 정한 뒤 매수 신청 경쟁률에 따라 매수자에게 분배하는 방식입니다. 이처럼 거래 당사자가 이미 정해진 블록딜은 주식매매 방향과 거래를 미리 알 수 없는 일반 주식시장과는 큰 차이가 있습니다.

우리나라 주식시장은 월요일부터 금요일까지 오전 9시에 시작해 오후 3시 30분에 끝납니다. 그런데 블록딜은 시간외매매 방식을 씁니다. 시간외매매라는 말은 정규 시간(9:00~15:30) 외에 거래가 성사된다는 의미죠. 또한 거래가 대량으로 이뤄져 '시간외대량매매(Off-hours Block Trading)'라고도 부릅니다.

블록딜이 주식시장이 끝난 후에 이뤄지는 가장 근본적인 이유는 주식시장을 안정시키기 위해서입니다. 주가는 수요(매수자)와 공급(매도자)에 따라 결정되기 때문에 공급이 갑자기 늘어나면 주가는 하락합니다.

예를 들어 국내 주요 기업 ABC의 주식 300만 주가 장중에 나왔다고 가정해봅시다. 국내 주요 기업인 ABC 주식이 시장에 대량으로 쏟아지면 여러 가지 나쁜 소문이 돌 수밖에 없습니다. 설상가상으로 ABC 대주주가 지분을 내놓았다는 소식마저 들려오면 ABC 주식을 가지고 있는 일반 소액주주는 물론 기관 투자자도 회사에 나쁜 일이 생겼을 거라 판단해 주식을 팔아 주가는 폭락할 것입니다.

주가가 급락하면 ABC 대주주도 손해입니다. ABC 대주주는 자신의 지분을 팔아 현금을 어느 정도 확보할 계획을 세웠는데, 주가가 폭락하면 결국 팔고자 했던 가격에 지분을 팔 수 없게 되죠. 그렇다면 ABC 대주주도 지분 매각을 포기할 수밖에 없습니다. 또한 ABC 주가 폭락은 자칫 전체 주식시장에도 나쁜 영향을 미칠 수 있습니다.

따라서 블록딜은 주식시장에 악영향을 미치지 않기 위해 주식시장이 끝난 뒤에 이뤄집니다. 블록딜을 통해 시장에 충격을 주지 않고도 원하는 값에 지분을 넘길 수 있기 때문입니다.

특히 엄청난 규모의 주식 물량을 파는 사람 입장에서는 주가 폭락에 따른 손해를 볼 일이 없죠. 사는 사람도 손해 보지 않는 장사입니다. 블록딜은 시장이 마감한 당일 기업 종가보다 평균 5~8% 할인된 가격으로 주식을 사들일 수 있기 때문입니다.

그렇다면 블록딜을 하는 이유는 무엇일까요? 가장 일반적인 이유는 기업 총수 등 최대 주주나 대주주가 블록딜을 통해 유동성(돈)을 확보해 기업인수합병(M&A)이나 투자에 활용할 총알로 쓰기 위해서입니다. 또한 블록딜은 지분 매각으로 마련한 자금을 회사 경영 상태(재무구조)를 개선하는 데 쓸 수도 있습니다. 이럴 경우 회사의 재무구조와 기업가치가 더욱 좋아질 수 있습니다.

만질 수 없는 돈
디지털화폐

최근 우리나라 경제를 뒤흔든 화두 중 하나는 디지털화폐(Digital Currency)입니다. 디지털화폐는 디지털 방식으로 사용할 수 있는 형태의 화폐, 즉 손으로 만질 수 없는 돈입니다.

그렇다면 디지털화폐는 전자화폐(Electronic Cash)와 어떻게 다를까요? 전자화폐는 은행에 예금한 내 돈을 전자 기능을 활용해 핸드폰이나 다른 단말기에 저장한 뒤 사용하는 화폐입니다. 가장 쉬운 예는 상점에서 물건을 구입한 뒤 삼성페이나 카카오페이 같은 모바일 애플리케이션(앱)을 이용해 마치 현금처럼 결제하는 방식입니다.

이에 비해 디지털화폐는 크게 가상화폐(Virtual Currency)와 암호화폐(Cryptocurrency)로 나뉩니다. 가상화폐는 중앙은행 등 정부가 통제하지 않는 디지털화폐의 한 종류입니다. 가상화폐는 화폐 개발자가 발행하고 관리하며 특정 가상 커뮤니티에서 사용되는 화폐를 뜻합니다. 가상화폐의 가장 쉬운 예로 인터넷 쿠폰, 모바일 쿠폰, 게임 머니 등을 꼽을 수 있습니다.

암호화폐는 중앙은행이 발행하지 않고 블록체인(Block Chain) 기술을 사용해 디지털화폐를 암호화하고 특정 네트워크에서 화폐로 사용하는 것을 말합니다.

가상화폐와 암호화폐의 대표적인 공통점은 중앙은행이 발행하거나 관리하지 않는다는 것입니다. 그러나 암호화폐는 블록체인 기술을 활용해 디지털화폐를 암호화한다는 점이 가상화폐와 다릅니다.

블록체인 기술이 쓰인 가장 대표적인 암호화폐는 비트코인(Bitcoin)입니다. 2009년부터 발행된 비트코인은 성능 좋은 컴퓨터를 이용해 수학 문제를 풀면 대가로 얻을 수 있습니다. 그래서 비트코인을 얻는 과정을 광산업에 빗대어 '캔다'라고 하고, 비트코인을 만드는 사람을 '마이너(Miner, 광부)'라 부릅니다. 이렇게 만들어진 비트코인은 개인과 개인, 개인과 상점이 거래할 때 사용할 수 있습니다. 비트코인이 일상생활에서 엄청난 인기를 모으면서 이더리움, 리플 등 다양한 암호화폐가 국내에 등장해 암호화폐 열풍을 일으켰습니다.

가상화폐와 암호화폐에 대한 투자자들의 관심이 막대하지만 이들 화폐가 법정화폐의 지위를 얻기는 결코 쉽지 않습니다. 법정화폐는 나라의 법으로 강제통용력을 가진 화폐를 말합니다. 강제통용력은 '법에 따라 지불 수단으로 사용되는 힘'을 말합니다. 더 쉽게 설명하면 우리나라에서는 한국은행에서 발행하는 화폐가 강제통용력을 갖고 있어 국내 어디에서도 이 화폐를 거부할 수 없습니다.

도지코인

또한 화폐가 장난으로 제조되고, 어느 한 사람의 말에 가격이 급등하거나 급락하는 황당함도 없어야 합니다. 대표적인 예가 도지코인(Dogecoin)입니다. 미국 정보기술(IT)업체 IBM 소속 소프트웨어 엔지니어 빌리 마커스(Billy Markus)와 잭슨 팔머(Jackson Palmer)가 2013년에 장난으로 만든 도지코인은 일본의 대표적인 개인 시바견(犬)에 착안해 만든 코인입니다.

도지코인은 처음 등장했을 때 특별한 기능 없이 개인 간 거래가 가능한 화폐였습니다. 그런데 테슬라의 최고경영자(CEO) 일론 머스크(Elon Musk)가 "달에 가지고 가겠다"라고 황당한 발언을 해 가격이 하루 만에 800% 이상 급등하는 해프닝이 벌어졌습니다.

머스크의 '입방정'으로 2021년 5월 시가총액이 무려 853억 달러(약 96조 5,600억 원)로 치솟은 도지코인은 2021년 5월 8일 미국 유명 코미디쇼 〈새터데이 나이트 라이브(SNL)〉에 출연한 머스크의 "도지코인은 사기다"라는 말로 가격이 급락했습니다. 머스크의 말 한마디에 천당과 지옥을 오가는 것이 암호화폐의 현주소인 셈입니다.

문제는 가상화폐와 암호화폐의 불안정성이 드러나고 있지만 여기에 투자한 개미들을 지켜줄 곳이 없다는 것입니다. 이들 화폐를 발행하고 감독하는 곳이 중앙은행이 아니기 때문이죠. 각국 정부와 중앙은행은 국가 고유의 영역인 화폐 발행 문제를 두고 민간기업이 가상화폐와 암호화폐 등 디지털화폐를 만들어 돈을 번다는 사실을 쉽게 용납하지 못하고 있습니다.

이에 각국 중앙은행도 중앙은행 디지털화폐(CBDC, Central Bank Digital Currency)를 발행하기 위해 발 빠르게 움직이고 있습니다. 즉 기존 화폐 기능을 보완하거나 대체하기 위해 각국 중앙은행이 디지털화폐를 발행하겠다는 이야기입니다.

디지털화폐의 종류별 특징

종류	CBDC	전자화폐	i머니	암호화폐	b머니
특징	• 중앙은행이 발행 • 법정화폐	• 민간이 발행·지급보증 • 기존 통화에 계산 단위 고정·연동	• 민간이 발행·지급보증 없음 • 금·유가증권 등 자산에 연동	• 비은행권이 발행, 지급보증 없음 • 독자적인 계산 단위 확보	• 상업은행 발행, 정부 지급보증 • 이미 은행권에서 도입
사례	디지털 위안화(DCEP)	알리페이, M페사	노벰, 리브라	비트코인, 이더리움	직불카드, 수표

중국과 미국 등이 CBDC 도입 준비를 서두르고 있습니다. 특히 중국은 2020년 10월 광둥성 선전에서 중국판 CBDC인 'DCEP(Digital Currency Electronic Payment, 디지털 전자결제 화폐)'를 발행해 중국 28개 도시에서 수백만 명을 대상으로 실험을 진행했습니다. 중국은 이 실험 결과를 토대로 2021년 6월 1일부터 디지털 위안화 사용 지역을 중국 전역으로 확대했습니다.

한국은행도 디지털화폐시장이 점점 커지고 있는 현실을 감안해 CBDC 발행에 따른 문제를 점검하는 모의시험에 돌입했습니다.

여러 문제점을 드러내고 있는 민간 디지털화폐에 맞서 각국 정부가 CBDC를 발행하면 민간 디지털화폐업체가 존립을 위협당하는 상황이 올 수도 있습니다.

056 주인이 아닌 자신을 위해 일하는
주인-대리인 문제

경제학에서 자주 등장하는 개념 중에 주인-대리인 문제(Principal-agent Problem)라는 것이 있습니다. 일반적으로 계약을 통해 권한을 주는 사람은 주인이고, 주인 대신 권한을 위임받는 이를 '대리인'이라고 합니다. 주인은 대리인에게 권한을 넘겨주며 주인을 위해 노력할 것을 요구하고, 그에 따른 보상을 주는 계약을 맺습니다.

대리인이 주인이 원하는 대로 일을 하면 좋겠지만 그렇지 않은 경우도 많습니다. 대리인이 주인에게 도움을 주기는커녕 오히려 대리인 자신의 이익을 추구하는 사례를 쉽게 찾아볼 수 있습니다.

대리인이 주인이 아닌 자신의 이익을 추구하면 일종의 '도덕적 해이(Moral Hazard)'가 발생합니다. 도덕적 해이는 한쪽 당사자가 가진 정보나 유리한 상황을 악용해 다른 사람에게 피해를 주는 것을 말합니다.

주인-대리인 문제의 가장 쉬운 예는 국회의원 등 선출직 공직자와 유권자의 관계입니다. 주인인 국민, 즉 유권자는 국회의원을 선출해 그들이 국민을 대신해 국정을 잘 운영해주기를 기대합니다. 그런데 정치인이 국민 이익보다는 자신을 지지한 정치세력이나 특정 지역을 위해 나랏돈을 선심 쓰듯 쓴다면 국민의 기대는 실망으로 되돌아오겠죠.

정치인들의 이러한 행태를 ==포크 배럴==(Pork Barrel)이라고 부릅니다. 포크 배럴은 소금에 절인 돼지고기를 담은 통을 말합니다. 농장주가 노예들에게 소금에 절인 돼지고기를 한 조각 던져주면 노예들이 이를 먹기 위해 앞다퉈 모이는 것처럼, 포크 배럴은 국회의원들이 선심성 사업에 필요한 정부재정을 얻기 위해 치열한 경쟁을 벌이는 모습을 비꼬는 표현입니다.

포크 배럴 못지않게 주인인 유권자의 이익을 대리인인 정치인들이 저버리는 행위를 ==로그 롤링==(Log Rolling)이라고 합니다. '통나무(Log) 굴리기(Rolling)'라는 뜻인 로그 롤링은 벌채한 통나무를 마을까지 옮기기 위해 두 사람이 보조를 맞추는 데서 유래한 것입니다. 즉 여야가 각자 원하는 법안을 통과시키기 위해 상대방 법안을 통과시켜주는 이른바 '정치적인 짬짜미(담합)'를 뜻합니다.

이처럼 포크 배럴과 로그 롤링은 대리인인 국회의원이 주인인 유권자의 이익보다 자신들의 이익을 추구하는 전형적인 '주인과 대리인 관계'입니다. 이런 주인-대리인 문제는 주로 정보의 비대칭성 때문에 나타납니다. 정보의 비대칭성은 중요한 정보가 한쪽에만 존재하고 다른 한쪽에는 없는 상황을 말하죠.

정보의 비대칭성이 횡행하는 현실에서 대리인이 주인이 원하는 선택을 하도록 유도하는 방법이 필요합니다. 이를 경제학에서는 '유인 설계(Incentive Design)'라고 부르는데, 다른 이에게 "이것을 하면 이런 보상을 줄게"라고 제안하는 것이죠. 쉬운 예로 전기자동차 등 친환경 차량에 제공하는 정부의 보조금이 일종의 유인 설계입니다. 소비자가 전기차를 구입하면 돈을 돌려줘 결국 환경도 보호하고 전기차 판매도 늘릴 수 있는 일석이조 효과를 거둘 수 있습니다.

다른 예로는 성과급과 스톱옥션(Stock Option)이 있습니다. 스톡옵션은 기업이 임직원에게 일정량의 회사 주식을 일정한 가격으로 살 수 있는 권리를 주는 것을 말합니다. 이는 회사가 잘되면 임직원이 보유한 주식 가격도 올라가기 때문에 더욱 열심히 일하도록 만드는 당근이 되죠.

궁극적으로는 정보의 비대칭성을 없애는 노력도 펼쳐야 합니다. 예를 들어 기업 정보를 투명하게 공개하도록 공시 의무를 강화하면 경영진이 주주와 투자자 이익에 손해를 끼치는 결정을 할 가능성이 줄어들 것입니다.

057 기업의 시장가치를 알 수 있는 5가지 척도

증권 관련 뉴스를 보면 PBR, PER, EV/EBITDA, ROE, EPS 등의 용어가 자주 등장합니다. 이 용어들은 알짜 주식을 고르는 요령을 이야기할 때도 빠지지 않고 등장하죠. 하나씩 알아볼까요?

<u>PBR</u>: 'Price Book-value Ratio'의 약어로, '주가순자산비율'입니다. 기업의 청산가치(장부상의 가치)와 시장가치를 비교하는 방법으로 쓰이는데, 주가를 1주당 자산가치로 나눠 구합니다. 따라서 PBR이 높다는 것은 재무 상태에 비해 주가가 상대적으로 높다는 뜻이고, PBR이 낮다는 것은 재무 상태에 비해 주가가 상대적으로 낮다는 뜻입니다.

<u>PER</u>: 'Price Earning Ratio'의 약어로, '주가수익비율'입니다. PER은 주가 수준을 가늠해볼 수 있는 가장 대표적인 지표로, 주가를 1주당 예상순이익으로 나눠 구합니다. PER 수치가 낮을수록 회사가 벌어들이는 이익금에 비해 주가가 저평가돼 있고, PER 수치가 높을수록 주가가 고평가돼 있다고 할 수 있습니다.

<u>EV/EBITDA</u>: EV는 'Enterprise Value'의 약어로, '시장가치'라는 뜻입니다. EBITDA는 'Earnings Before Interest, Taxes, Depreciation and

Amortization'의 약어로, '세전영업이익'이라는 뜻입니다. 즉 EV/EBITDA는 기업의 시장가치를 세전영업이익으로 나눈 값으로, '현금흐름배수'입니다. 이는 기업의 가치라 할 수 있는 현금을 창출해낼 수 있는 능력이 시가총액에 비해 어떻게 평가되고 있는지를 나타내는 지표입니다. PER과 마찬가지로 수치가 낮을수록 저평가돼 있다고 보면 됩니다.

ROE: ROE는 'Return On Equity'의 약어로, '자기자본이익률'입니다. ROE는 당기순이익을 자기자본으로 나눈 것으로, 자기 돈을 얼마나 잘 굴렸는지를 나타내는 지표입니다. 결국 ROE는 숫자가 높을수록 자기자본에 비해 그만큼 당기순이익을 많이 내 남는 장사를 했다는 이야기입니다. 주식투자자들이 투자 종목을 찾을 때 주로 확인하는 지표 중 하나입니다.

EPS: EPS는 'Earning Per Share'의 약어로, 흔히 '주당순이익'이라 부릅니다. EPS는 기업이 벌어들인 순이익(당기순이익)을 그 기업이 발행한 총주식 수로 나눈 값입니다. 더 쉽게 설명하면 기업이 1년간 올린 수익에서 주주들이 가져가는 '몫'이 얼마인지를 나타내죠. EPS가 높을수록 회사의 경영실적이 좋고 주식의 투자가치가 높다는 뜻입니다.

정리하면 PBR, PER, EV/EBITDA는 수치가 낮을수록, ROE, EPS는 수치가 높을수록 좋습니다. 대박까지는 아니더라도 주식투자로 쪽박 차는 일을 피하려면 이 5가지 척도 정도는 잘 알아둬야겠죠?

058 저금리국에서 돈 빌려 고금리국에 투자하는 캐리 트레이드

캐리 트레이드(Carry Trade)의 원래 뜻은 갖고 있는 주식을 담보로 자금을 빌려 우량기업 주식처럼 수익성이 더 높은 주식에 투자하는 것입니다. 쉽게 말하면, 빌린 돈으로 유가증권 등 금융자산을 산 뒤 보유하다가 이를 팔아 차액으로 수익을 얻는 방식을 뜻합니다.

최근에는 금리가 낮은 국가에서 자금을 빌려 상대적으로 금리가 높은 국가나 자산에 투자한 뒤 투자수익을 올리는 기법을 가리킬 때 주로 사용합니다. 즉 국가 간 금리 차이를 노려 수익을 올리는 것이죠. 차입한(빌린) 돈이 미국 달러인 경우에는 '달러 캐리 트레이드', 일본 엔화인 경우에는 '엔 캐리 트레이드'라고 합니다.

캐리 트레이드라고 하면 대부분 엔 캐리 트레이드를 생각합니다. 과거 금융위기가 발발하기 전인 2006~2007년 즈음에는 엔화 금리가 상대적으로 매우 싸다 보니, 흔히 헤지펀드로 알려진 국제 투기자본이 일본 시중은행에서 금리가 싼 엔화를 빌려 미국, 영국, 한국 등 일본보다 금리가 높은 나라의 주식이나 채권, 부동산 등에 투자했습니다.

싼 엔화를 빌려 해외자산에 투자하는 행동은 거대한 국제 투기자본에만 국한된 것이 아닙니다. 이른바 '와타나베 부인'이라 불리는 일본의 부유층

가정주부들도 해외투자에 나섰죠. 와타나베는 일본에서 가장 흔한 성이라 이런 표현이 생겨났습니다. 이들은 30년 가까이 지속된 일본의 장기 경기침체와 제로금리 체제 속에서 저금리의 엔화를 빌려 뉴질랜드 등 고금리 국가의 금융상품에 투자해 고수익을 올렸습니다.

2008년 미국발 금융위기 당시 미국 금리가 0~0.25%대로 내려가자, 달러를 빌려 금리가 높은 국가에 투자하는 달러 캐리 트레이드가 등장했고, 2010년 상반기에는 유럽발 금융위기가 심각해지면서 유로 캐리 트레이드도 모습을 나타냈습니다.

여기서 퀴즈 하나! 싼 엔화를 빌려 해외자산에 투자하는 일본의 부유층 가정주부를 '와타나베 부인'이라고 부른다면, 달러화를 캐리 트레이드하는 미국 부유층 여성이나 유로화를 활용하는 유럽 여성은 무엇이라고 부를까요? 정답은 달러 캐리 트레이드를 상징하는 여성은 '스미스 부인', 유로 캐리 트레이드를 상징하는 여성은 '소피아 부인'입니다. 여기에 더해 위안화 캐리 트레이드로 한국 주식시장의 큰손으로 떠오른 중국의 '왕씨 부인'도 있습니다. 전 세계에서 여성 투자자들의 활약이 눈부십니다.

059 은행의 안정성을 보여주는 BIS비율

BIS는 국제결제은행(Bank for International Settlements)의 약칭이며, 스위스 북서부 도시 바젤에 자리 잡고 있습니다. BIS는 제1차 세계대전에서 패한 독일의 배상 문제를 처리하기 위해 1930년에 발족했습니다. 하지만 지금은 각국 중앙은행 간 혹은 일반은행과 중앙은행 간의 통화결제나 예금 업무를 비롯해 각종 금융정책을 조정하는 국제기구 역할을 하고 있습니다. 이 때문에 BIS를 흔히 '중앙은행의 은행'이라고 칭하죠.

BIS가 관심을 모으는 이유는 바로 BIS비율 때문입니다. 정확히 표현하면, 'BIS 자기자본비율(BIS Capital Adequacy Ratio)'입니다. BIS비율은 BIS 산하의 바젤위원회가 정합니다. 바젤위원회는 은행감독 업무에 대한 국제적 기준을 마련하기 위해 구성된 조직이죠. BIS비율은 BIS가 정한 은행의 위험자산 대비 자기자본의 비율을 뜻합니다. 여기서 위험자산이란, 부실채권, 대출금 등을 말합니다.

BIS는 각국 은행에 위험자산에 비

국제결제은행

해 안전한 자산인 자기자본을 일정 수준 이상 유지하도록 요구하고 있습니다. 결국 BIS비율은 은행이 만약의 위험에 얼마나 잘 대비하고 있는지를 보여주는 지표인 셈이죠. 그래서 BIS비율이 높을수록 안정적인 은행이라고 할 수 있습니다.

우리나라는 지난 1993년에 BIS비율을 도입했으며, 그에 따라 국제 업무를 하는 은행은 위험자산에 대해 최소 8% 이상 자기자본을 유지하도록 돼 있습니다. 거래업체 도산으로 부실채권이 급증해 은행이 타격을 입을 경우, 최소 8% 정도 자기자본을 갖고 있어야 위기 상황에 대처할 수 있다는 논리에 따른 것입니다. 금융당국은 BIS비율이 5% 미만이면 경영 개선 권고, 1% 미만이면 경영 개선 명령 등의 조치를 내릴 수 있습니다.

BIS비율이 높다고 해서 모든 문제가 사라지는 것은 아닙니다. 은행 입장에서 BIS비율을 높이려면 신용도가 낮은 기업에 대한 대출을 줄여야 합니다. 그러면 중소기업처럼 자금 사정이 여의치 않은 기업들은 자금난을 겪을 수밖에 없죠. 그리고 BIS비율이 10%만 넘기면 우량은행으로 분류되므로 BIS비율을 너무 많이 높이기 위해 경쟁하는 것은 바람직하지 않습니다.

고객 입장에서는 BIS비율을 맹신해서는 안 됩니다. 2011년 2월 17일 부산1저축은행을 시작으로 하루이틀 사이에 부산저축은행그룹의 나머지 계열사와 보해, 도민 등 저축은행 6곳이 영업정지를 당했습니다. 그로 인해 대규모 뱅크런(Bank Run, 60장 참고) 사태가 발생했고, 사전에 영업정지 정보가 유출돼 고위층과 VIP 고객들이 예금을 불법 인출한 사실이 밝혀지면서 사회적으로 큰 논란이 일었습니다.

금융감독원의 조사 결과, 7개 은행의 진짜 BIS비율이 드러났습니다. 보해저축은행은 2월 영업정지 당시만 해도 BIS비율을 -1.09%로 공시했지만,

실제로는 -91.35%였습니다. 결국 이러한 거짓 BIS비율의 피해자는 예금자가 될 수밖에 없습니다. 선량한 피해자가 발생하지 않도록 각 금융회사에 대한 당국의 철저한 감시와 관리가 필요합니다.

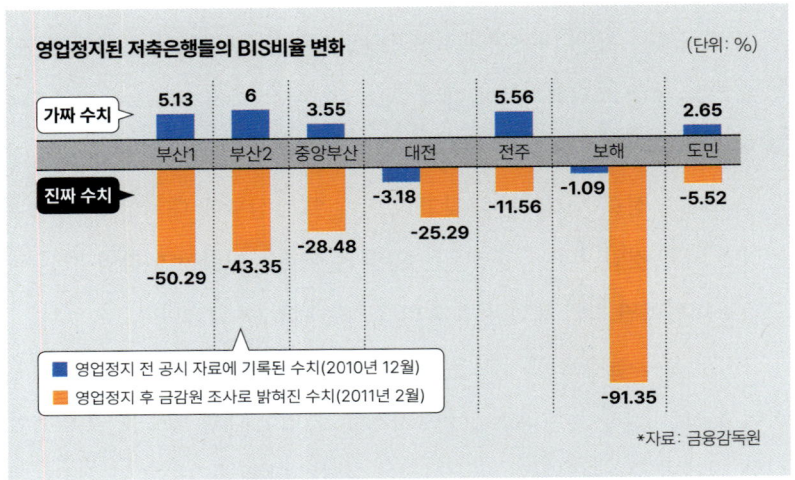

060

내 돈이 위험하다
뱅크런

    2014년 3월 중국 장쑤성 서양농촌상업은행 옌청지점에서 좀처럼 보기 힘든 광경이 벌어졌습니다. 은행이 파산할 거라는 소문이 퍼지자 은행에 돈을 인출하려는 사람이 1,000여 명이나 몰려 이틀간 아수라장이 된 것입니다. 또 2016년 7월에는 독일 최대 은행 도이치뱅크의 부실 문제가 발생하자 10개의 헤지펀드사가 도이치뱅크로부터 수십억 달러를 인출한 일도 있었습니다.

사람들이 돈을 되찾기 위해 우왕좌왕하는 모습은 국내에서도 벌어졌습니다. 2023년 3월 새마을금고중앙회 전 회장이 부동산 프로젝트파이낸싱(PF) 대출 과정에서 불법 수수료를 받았다는 의혹이 불거졌죠. 검찰 수사가 시작되자 불안감을 느낀 고객들이 새마을금고로 달려가 앞다퉈 예금을 인출하는 사태가 빚어졌습니다. 그로 인해 새마을금고에서는 2023년 7월 한 달 동안 17조 6,000억 원의 예금이 빠져나갔습니다.

앞의 사례들은 은행이나 채권회사에서 뭉칫돈이 한꺼번에 빠져나가는 '뱅크런', '펀드런'의 사례입니다. 뱅크런(Bank Run)은 말 그대로 사람들이 돈을 되찾기 위해 은행으로 달려가는 것을 뜻합니다. 다시 말해 뱅크런은 '대규모 예금 인출 사태'를 뜻합니다. 펀드런(Fund Run) 역시 투자자들이 손해를 보기 전에 채권회사로 달려가 환매하는 것을 말합니다. 이 둘은 명칭은 다르지만 결국 은행이나 펀드업체의 파산, 부실 위험을 느낀 고객들이 자신의 재산을 지키기 위해 취하는 행동입니다.

사실 고객 입장에서 이와 같은 행동은 어떻게 보면 당연합니다. 은행이나 펀드업체에 맡긴 내 돈을 되찾지 못할 것이라는 두려움을 느끼면서 수수방관하는 사람이 과연 있을까요?

그렇다면 정부 입장에서 대규모 예금 인출인 뱅크런 사태를 막을 방법은 없을까요? 또 은행이 파산하는 경우 예금 피해를 보는 소비자를 보호할 수 있는 대비책은 없을까요?

있습니다. '예금자보호제도'가 바로 그 주인공입니다. 예금자보호제도는 은행 등 금융기관이 제공하는 수신성 금융상품(금융기관에 맡겨진 1년 미만의 자금) 상환을 정부 혹은 정부를 대신하는 공공기관이 보장하는 제도입니다. 예금자보호제도는 보험과 비슷합니다. 예금자보호기구는 은행 등 금융기관들로부터 보험료를 징수하며, 이를 바탕으로 기금을 만들어둡니다. 만약 보험료를 징수한 금융기관이 지급 불능 상태가 되면 예금자보호기구가 예금자에게 대신 예금을 지급해주죠.

2024년 12월 27일 예금자보호제도의 보장 범위가 5,000만 원에서 1억 원으로 상향되었습니다. 이에 공포 후 1년 이내 시행될 예정입니다. 은행 예금은 물론 보험, 증권, 상호저축은행 등이 제공하는 금융상품도 보장받을 수 있습니다.

여기서 한 가지 알아둘 것이 있습니다. 펀드런은 뱅크런만큼 큰 의미가 없다는 말이 있습니다. 뱅크런 사태가 빚어지면 은행은 더 이상 돈을 내줄 수 없는 지급 불능 상태가 됩니다. 반면 펀드런은 지급 불능 상태로 직결되지 않습니다. 펀드에 들어 있는 주식과 채권을 즉각 증시에 내다 팔면 그만이기 때문입니다.

061 은행의 이자 장사는 이대로 끝?
예대마진

예대마진이란, 예금금리와 대출금리 간의 차이를 말합니다. 예를 들어 한 은행이 예금금리로 4%를 지급하고 대출금리로 10%를 받는다면, 둘 사이의 차액인 6%포인트가 예대마진입니다.

우리나라 은행에서 예대마진은 전체 수입에서 중요한 위치를 차지합니다. 하지만 예대마진에 대해서는 긍정적인 시각보다 비판적인 시각이 더 많습니다. 적극적으로 투자상품을 개발해 수익을 내고 성장해야 할 은행이 고객들로부터 받는 이자수익에만 몰두한다는 것이죠.

예대마진보다 넓은 범위의 수익성 지표라 할 수 있는 순이자마진(NIM)을 보면 이와 같은 사실을 확인할 수 있습니다. NIM은 금융기관이 자산을 운용해 얻은 수익에서 조달비용을 뺀 뒤 운용자산 총액으로 나눈 수치로, 금융기관이 얼마나 수익을 잘 내고 있는지를 나타냅니다. 2025년 1분기 기준 은행들의 NIM은 KB국민은행 1.76%, 신한은행 1.55%, 하나은행 1.48%, 우리은행 1.44%입니다. 이들 4대 은행의 평균 NIM은 1.56%로, 이는 2024년 1분기 평균(1.64%)보다 0.08%포인트 감소했습니다.

이러한 상황에서 대출금리 상승은 가계부채에 직격탄을 날리고 있습니다. 한국은행에 따르면, 2025년 6월 기준 우리나라의 가계부채는 약

1,929조 원을 기록했습니다. 또한 우리나라 국내총생산(GDP) 대비 가계부채 비율은 91.7%로 캐나다에 이어 세계 2위인 것으로 나타났습니다. 이는 세계 평균 60.3%와 비교해도 크게 웃도는 셈이지요.

가계부채는 개인 또는 가계 전체가 은행과 카드회사 등 금융회사로부터 빌린 돈을 말합니다. 금융회사가 가계에 빌려준 돈과 신용카드, 할부판매 이용액(판매신용)의 합계로 이뤄지죠. 과도한 가계부채가 사회적 문제가 되는 지금 예대마진차로 벌어진 은행들의 성과금 잔치 소식은 쓴웃음을 짓게 합니다.

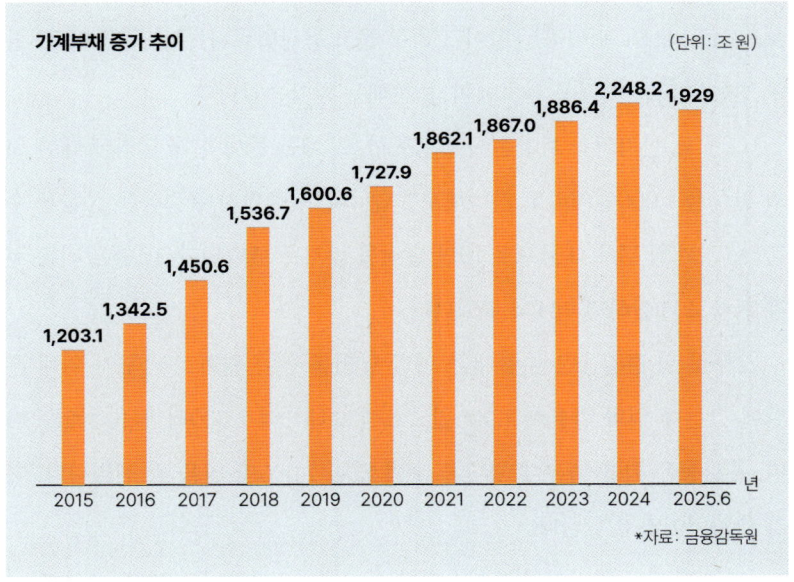

세간의 비난 때문인지, 국내 은행들은 예대마진을 단계적으로 낮추겠다고 했지만, 아직까지 큰 변화를 보이지 않고 있습니다. 앞으로 소비자들은 은행의 수수료 추이를 매의 눈으로 지켜볼 필요가 있습니다.

062 환율에 웃고 우는
환차익과 환차손

언론에서 환율 이야기가 나오면 늘 환차익(換差益, Exchange Gain)과 환차손(換差損, Exchange Loss)이라는 말이 꼬리를 물고 등장합니다. 무슨 뜻일까요? 환율 변동에 따른 이익은 환차익이고, 손해는 환차손입니다.

그럼 왜 환차익과 환차손이 발생할까요? 예를 들어 현재 달러에 대한 원화 환율을 1,000원이라고 가정해보겠습니다. 수출업자 홍길동은 상품을 수출하고 2개월 뒤에 대금으로 10만 달러를 받기로 했습니다. 10만 달러는 현재 환율로 계산하면 약 1억 원입니다.

2개월 뒤 홍길동은 수출대금 10만 달러를 받아 원화로 바꾸기 위해 은행에 갔는데 원화 환율이 1,200원으로 상승해 1억 2,000만 원을 받았습니다. 홍길동은 환율 덕분에 별다른 노력 없이 2,000만 원을 번 셈입니다. 이를 환차익이라고 합니다.

이와 반대로 원달러 환율이 2개월 사이에 1,000원에서 800원으로 떨어지면 어떻게 될까요? 당초 수출대금으로 1억 원을 받으리라 예상한 것과 달리 환율 때문에 8,000만 원밖에 받지 못합니다. 2,000만 원을 손해본 것입니다. 이를 환차손이라고 합니다. 환차손은 다른 말로 '환리스크'라고도 합니다.

이러한 환율 변동에 따른 위험을 제거하는 거래로 헤징(Hedging)이 있습니다. 헤징은 환율 변동에 따른 위험을 없애기 위해 미래의 환율을 현재 시점에 미리 사는 것을 말합니다. 쉽게 말해 현재 환율이 1,000원이라면 미래 일정 시점의 환율이 어떻게 달라지든 현재 환율인 1,000원에 거래할 수 있는 권리를 사는 것입니다. 환율이 큰 폭으로 떨어질 위험에 대비하는 것이죠. 헤징은 다른 말로 '선물환거래'라고도 합니다.

063 돈의 흐름을 좌지우지하는
금리

돈을 빌린 뒤 갚을 때 돈을 쓴 대가로 원금에 얹어주는 것을 '이자'라고 합니다. 금리는 바로 이 이자가 원금에 비해 얼마나 되는지를 비율로 나타낸 것입니다. 일반 상품처럼 금리도 시장의 수요와 공급에 따라 결정됩니다. 수요가 자금 공급을 앞지르면 금리가 올라가고, 반대로 공급이 수요를 앞지르면 금리가 떨어집니다.

재미있는 점은 금리가 높고 낮음에 따라 돈 흐름의 방향이 크게 달라진다는 것입니다. 금리가 높으면 돈이 어디로 몰릴까요? 당연히 은행 등 금융기관이겠죠. 이자를 많이 주니까요. 그럼 금리가 떨어지면 돈은 어디로 갈까요? 부동산이나 주식시장으로 몰립니다. 이자가 적은 은행 예금에 돈을 묵혀두기보다는 땅이나 건물을 사두는 것이 더 짭짤하기 때문입니다.

신문이나 방송 등에 자주 등장하는 각종 금리를 정리해보겠습니다.

==공정금리==(Official Rate): 한국은행이 다른 금융기관에 돈을 빌려줄 때 적용하는 금리로, 여러 가지 금리 수준을 결정하는 기준이 됩니다.

==대출금리==(Lending Rate): 은행이 기업에 돈을 빌려줄 때 적용하는 금리로, 기업의 투자나 영업활동에 큰 영향을 미칩니다.

==우대금리==(Prime Rate): 은행이 신용도가 높은 기업에 가장 낮은 금리로 장기대출(원금 상환 기간이 보통 1년 이상)을 해줄 때 적용하는 금리로, 기업에만 해당합니다. 중앙은행의 공정금리와 함께 한 나라의 금리 수준을 보여주는 기준금리 역할을 합니다.

==명목금리==(Nominal Interest Rate): 물가상승률을 감안하지 않은 금리로, 은행에서 제시하는 금리를 말합니다. 은행에 돈을 맡기면 이자가 붙는데, 돈을 맡겨두는 기간 동안 물가도 오르기 마련이므로 은행에서 제시한 연이자율보다 물가 상승 폭이 큰 경우에는 마이너스 금리가 되기도 합니다.

==실질금리==(Real Interest Rate): 명목금리에서 물가상승률을 뺀 금리입니다. 명목금리와 대비되는 개념으로, 금리의 실제 가치를 나타냅니다. 그리고 체감금리의 지표가 됩니다.

==공금리==: 금융당국이 금리 급등을 막기 위해 정해놓은 금리를 말합니다. 다른 말로 명목금리, 표면금리, 규제금리라고도 합니다. 한국은행의 공정금리가 대표적인 예입니다.

==실세금리==: 중앙은행이나 정부 금융기관이 아닌 민간 금융기관이 적용하는 금리입니다. 흔히 일반 가정이나 기업이 시중은행에 예금하거나 대출을 받을 때 적용받는 이자율을 뜻합니다.

==콜금리==: 은행도 예금을 받고 대출을 하다 보면 일시적으로 돈이 부족한 경우가 생깁니다. 자금이 부족한 은행은 자금 여유가 있는 은행으로부터 돈

을 빌릴 수밖에 없는데, 이때 단자회사(단기 금융시장에서 자금의 이동을 중개하는 회사)가 금융기관 사이에서 자금 융통을 중개하고 수수료를 받습니다. 이때 거래되는 자금에 붙는 금리를 콜금리(65장 참고)라고 합니다.

리보금리(LIBOR): 리보는 '런던 은행 간 금리'입니다. 한마디로 국제 금융시장에서 거래되는 자금에 부가하는 금리(66장 참고)입니다.

기존에 우리가 알고 있던 좁은 의미의 금리 외에도 이렇게 9가지 종류의 금리가 있습니다. 금리는 적용 대상에 따라 성격이 조금씩 달라질 수 있습니다. 금융시장의 현황을 파악하고 싶다면 금리에 대해 잘 알아두어야 합니다. 앞서 소개한 9가지 종류의 금리만 이해해도 경제 기사를 읽는 데 큰 도움이 될 것입니다.

064 각종 금리의 기준이 되는 대표 금리
기준금리

　기준금리(Key Interest Rate)는 한 국가를 대표하는 금리로, 각종 금리의 기준이 됩니다. 시중은행 금리는 돈의 수요와 공급에 따라 결정되지만, 기준금리는 한국은행이 은행·금융회사 등과 거래할 때 기준이 되는 금리로, 매달 둘째 주 목요일 아침에 열리는 한국은행 금융통화위원회에서 결정됩니다. 위원회는 국내 물가, 국내외 경제, 금융시장 상황을 종합적으로 고려해 기준금리를 결정합니다.

　기준금리는 나라경제에 큰 영향을 미칩니다. 일반적으로 경제를 안정시키는 방법에는 크게 정부의 재정정책과 한국은행의 통화정책이 있습니다. 2가지 모두 침체된 경제를 살리거나 과열된 경제를 억제하는 방법입니다. 우선 '재정정책'은 정부의 지출(특정 목적을 위해 돈을 지급하는 일)을 조절하는 방법입니다. 경기가 나쁘면 정부는 공공투자를 늘려 지출을 늘리고, 이와 반대로 경기가 과열돼 물가가 치솟으면 지출을 줄입니다.

　또 다른 방법인 '통화정책'은 금리를 통해 통화량을 조절하는 방법입니다. 통화량이란, 시중에 돌고 있는 돈의 총량입니다. 통화량이 많아지면 물가가 상승하고, 부족해지면 경제활동이 침체될 우려가 있죠. 그래서 한국은행은 경기 상황에 따라 금리를 조절해 통화량을 낮춥니다. 이때 금리가 바로 기준금리입니다.

　기준금리가 중요한 이유는 기준금리에 따라 채권매매나 금융기관의 지급준비율(고객이 맡긴 예금 일부를 은행이 의무적으로 한국은행에 예치하는 지급준비금의 비율) 또는 재할인율(중앙은행이 시중은행에 대출할 때 적용하는 금리)이 결정돼 시중의 통화량에 영향을 미치기 때문입니다. 한국은행이 기준금리를 발표하면 금융기관들은 이를 기준으로 다시 금리를 정합니다. 결국 한국은행이 기준금리를 올리면 시중은행의 금리도 올라가고, 기준금리를 내리면 금리도 내려가게 되는 것이죠. 이는 한국은행의 최대 과제인 물가 안정과 관련이 있습니다.

　그렇다면 한국은행은 어떤 상황에서 기준금리를 올릴까요? 물가를 비롯해 부동산 시세, 주식 등이 과열됐을 때입니다. 한국은행이 기준금리를 올려 시중의 통화량을 줄이면 물가 인상이 억제되고 부동산이나 주식시장의 과열을 완화시키는 효과가 있죠. 또 금리를 인상해 대출금리가 오르면 소비와 투자가 위축됩니다. 소비가 위축된다는 것은 결국 수요 감소로 이어져 물가를 내리는 효과가 있습니다. 이처럼 기준금리 인상은 경제활동을 억제하는 긴축정책으로 이어집니다.

　이와 반대로 한국은행이 기준금리를 내리면 어떻게 될까요? 은행으로부터 돈을 빌리는 데 따른 이자 부담이 적어지면 기업과 가계는 대출을 늘리고, 은행 대출이 늘어나면 시중의 통화량이 늘어나 결과적으로 경기부양에 영향을 미칩니다.

065 부르면 달려오는 초단기자금
콜금리

<u>콜금리</u>는 '콜(초단기자금)에 대한 금리'입니다. 영어로는 'Call Rate'로 표기하지만, 이 표현은 미국에서는 사용하지 않는 콩글리시입니다.

그럼 '콜'은 무엇일까요? 은행도 일시적으로 돈이 부족할 때는 자금 여유가 있는 다른 은행에서 돈을 빌려 씁니다. 돈을 빌리는 기간은 대개 하루나 이틀 정도로 초단기입니다. 이와 같은 은행 간 자금거래는 대개 중개 역할을 하는 단자회사가 중개수수료를 받고 도와줍니다. 이렇게 초단기자금을 요청하는 것 또는 이러한 초단기자금을 콜이라고 하며, 여기에 붙는 금리가 바로 콜금리입니다.

금융시장에 대한 이야기를 조금만 더 하겠습니다. 금융시장은 대부 기간(돈을 빌리는 기간)에 따라 단기 금융시장과 장기 금융시장으로 나뉩니다. 흔히 기업이 운영자금을 조달할 때는 단기 금융시장에 의존하는데, 단기 금융시장은 다시 '콜시장'과 '할인시장'으로 양분됩니다. 콜시장은 말 그대로 '부르면 달려오는' 초단기에 거래되는 시장으로, 은행 등 금융기관이 하루나 이틀 동안 초단기자금을 빌리고 빌려주는 거래가 이뤄지는 시장입니다.

이처럼 콜시장에서 자금거래가 이루어질 때 자금을 공급하는 측에서는 이를 '콜론(Call Loan)'이라 부르고, 자금을 빌려가는 측에서는 '콜머니(Call

Money)'라 부릅니다. 그리고 이러한 콜자금에 붙는 금리가 콜금리입니다.

    콜금리는 중앙은행인 한국은행의 정책에 따라 올라가거나 내려갑니다. 만일 한국은행이 지급준비율이나 공정금리(한국은행의 대출금리)를 올리면 시중은행에 자금이 부족해지므로 콜금리가 올라가고, 낮추면 콜금리도 같이 떨어집니다.

066 외국 돈을 빌릴 때는
리보금리

신문이나 방송에서 세계경제의 동향을 전할 때 리보금리라는 말이 자주 등장합니다. 리보(LIBOR)는 '런던 은행 간 금리(London Inter-Bank Offered Rates)'의 머리글자를 딴 것으로, 국제 금융시장의 중심지인 영국 런던에서 우량은행끼리 단기자금을 거래할 때 적용하는 금리를 말합니다. 리보라는 단어 안에 이미 금리의 뜻이 포함돼 있지만 흔히 리보금리라고 부릅니다.

리보금리는 국제 금융시장의 기준금리로 활용됩니다. 국내 은행이 해외에서 외화자금을 빌릴 때도 리보금리를 기준으로 삼아 금리 조건을 결정하죠. 또 국제 금융시장의 단기금리 추이를 파악하는 지표로도 사용됩니다.

리보금리가 국제 기준금리로 자리 잡은 것은 런던 금융시장이 세계 금융시장의 중심지로서 오랜 역사를 지녔고 규모도 크기 때문입니다. 런던에는 잉글랜드은행(BOE)을 중심으로 한 5대 은행과 어음교환소, 다수 은행의 본점과 지점이 자리 잡고 있으며, 제2차 세계대전 전까지는 국제 금융의 심장부 역할을 했습니다. 물론 지금은 국제 금융의 핵심 기능이 미국 뉴욕의 월스트리트로 옮겨갔지만 말입니다.

리보금리는 정부·은행·기업 등 외화를 빌리려는 기관의 신용도에 따라 금리가 달라집니다. 신용도가 낮을수록 더 높은 금리(리보+α)가 붙습니다. 해외에서 자금을 빌려올 때도 흔히 리보에 금리를 몇 퍼센트 더 얹어주는 식으로 금리를 정하는데, 이렇게 리보에 추가하는 금리를 '가산금리'라고 합니다. 예를 들어 리보가 연 8.5%인데 실제 지급해야 하는 금리는 연 9.5%라면 그 차이인 1%가 가산금리로, 이것이 금융기관의 수수료 수입이 됩니다. 가산금리는 돈을 빌리는 나라의 은행 신용도가 좋으면 낮게 매겨지고, 나쁘면 높게 매겨지는 것이 특징입니다.

그런데 지난 2012년 리보금리의 신뢰도에 금이 가는 사건이 벌어졌습니다. 바로 영국 바클레이즈은행의 리보금리 조작 스캔들입니다. 이 사건은 글로벌 금융시장의 대표적 지표인 리

바클레이즈은행

보금리가 조작됐다는 점에서 큰 파문을 일으켰죠. 추가 조사 결과, 바클레이즈은행 외 글로벌 은행 13곳도 리보금리 조작 혐의로 피소됐습니다. 이들이 지금까지 낸 벌금만 60억 달러(6조 9,300억 원)에 이를 것으로 추정됩니다.

앞서 말했듯, 리보금리는 런던 은행들끼리 단기자금을 빌려줄 때 적용하는 기준입니다. 리보금리는 대출금리, 신용카드 금리, 학자금 융자 등 금리 전반에 영향을 미치는 중요한 지표입니다. 그런데 리보금리의 엄청난 영향력에 비해 이를 다루는 이들은 극소수입니다. 해당 은행의 트레이더들은 이 점을 악용해, 리보금리가 낮을 때 이득을 보는 금융상품을 계약하고 금리 담당자에게 리보금리를 낮게 공시해달라고 요구했습니다. 이렇게 해서 은행은 부당이익을 챙겼죠.

리보금리에 따라 움직이는 전 세계 자금은 무려 350조 달러(약 40경 원)에 이릅니다. 이처럼 세계적으로 영향력이 큰 리보금리가 조작돼 파문이 일자, 리보금리가 아닌 다른 금리를 사용하자는 목소리가 여기저기에서 들려왔습니다.

이에 미국 중앙은행 연방준비제도(Fed, 연준)와 영국 금융감독청은 2022년부터 리보금리를 사용하지 않고 리보금리 대안으로 '담보부 초단기 금리(SOFR, Secured Overnight Financing Rate)'를 도입하기로 합의했습니다. 그로 인해 리보금리는 60년 만에 역사 속으로 사라지게 됐습니다.

SOFR의 산출 방식은 실제 거래금액을 감안한 중간 금리라는 점에서 리보금리와 비슷합니다. 그러나 리보금리는 무담보인 반면 SOFR은 담보부 금리이고 익일물 확정 금리라는 점이 다릅니다. 또한 SOFR은 하루 평균 거래액이 리보금리와 비교할 수 없을 정도로 많아 사실상 조작이 불가능합니다.

SOFR의 등장으로 국제 금융시장에서 영국의 위상도 변화가 생겼습니다. 리보금리는 '런던 은행 간 금리'이며 리보금리가 처음 등장했을 때만 해도 국제 금융 중심지는 영국 런던이었습니다. 그런데 SOFR이 리보금리의 대안이 된다는 것은 국제 금융 중심지도 런던(영국)에서 미국 월가가 있는 뉴욕으로 옮겨진다는 뜻입니다.

067 경제 살리려고 공짜로 돈 빌려주는
제로금리

2020년 신종 코로나바이러스 감염증(코로나19)의 충격으로 전 세계가 제로금리 시대를 맞았습니다. 낮은 금리를 이용해 기업과 가계의 소비를 유도한 것이죠. 그러다 최근 많은 나라가 제로금리에서 벗어나고 있는 추세입니다.

2025년 6월 18일 기준 미국 중앙은행 연방준비제도(Fed, 연준)는 금리를 인상해 4.50%를 유지하고 있으며, 유럽중앙은행(ECB)은 2.15%를 유지하고 있습니다. 한국은행도 코로나19 직격탄을 맞은 경제를 되살리기 위해 2020년 3월 임시 금융통화위원회를 열어 기준금리를 0.75%로 낮추는 과감한 결정을 내리면서 우리나라 역사상 최초로 제로금리 시대를 맞이했죠. 그러나 2021년 11월부터 금리를 인상해 2025년 6월 2.50%를 유지하고 있습니다.

반면 일본의 중앙은행인 일본은행(BOJ)은 2010년 금리를 0.00~0.10%로 내린 뒤 2016년 1월 −0.10%까지 낮춰 마이너스 금리(68장 참고)를 도입했습니다. BOJ는 2024년 7월 금리를 0.25%로 올린 뒤 2025년 6월 기준 0.50%를 유지하고 있습니다.

그렇다면 왜 경제가 어려워질 때마다 전 세계가 금리 인하 경쟁을 벌이는 것일까요? 금리란 말 그대로 '돈에 대한 이자'입니다. 금리는 소비와 투자 등 각종 경제활동에 곧바로 영향을 미치기 때문에 금융시장에서는 자금 사정은 물론 소비와 투자 동향을 알려주는 바로미터 역할을 합니다.

금리가 올라가면 돈을 빌리기가 어려워져 가계 소비와 기업 투자가 위축됩니다. 사업가는 금리가 높으니 돈을 빌려 투자하는 것을 망설이고, 그로 인해 월급이 제자리인 가계는 소비를 줄이죠. 반대로 금리가 낮으면 너도나도 소비와 투자를 늘립니다. 금리가 낮으니 소비자는 저축보다 소비를 할 것이고, 기업가는 낮은 금리를 활용해 투자를 늘리겠죠.

제로금리가 과연 효과가 있을까요? 단기적으로는 금리를 내려 가계와 기업의 소비를 유도하는 효과가 있겠지만, '잃어버린 30년'을 경험한 일본만 보더라도 제로금리가 제대로 효과를 발휘하지 못한 역사가 있습니다.

일본은 1990년대 초 부동산 거품이 꺼지자 경기를 살리기 위해 1990년부터 1995년 7월까지 금리를 무려 9차례나 인하해 6%대였던 금리를 0.3%까지 내려 누구보다 먼저 제로금리 시대를 열었습니다. 그러나 낮은 대출금리는 경쟁력 없는 기업의 생존 기간만 늘리고 은행 구조조정을 늦추는 등 부작용을 낳았습니다. 그리고 싼 이자 때문에 사람들이 단기대출을 장기로 전환하면서 가계의 부채비율이 높아지는 문제도 생겼습니다. 결국 저금리가 경기 활성화가 아닌 경기침체만 연장시킨 셈이었죠.

또한 전 세계 금융위기는 고금리나 유동성(돈) 부족 때문이라기보다는 시장의 신뢰 상실로 자금흐름이 원활하지 못해 촉발된 측면이 강합니다. 이에 따라 일각에서는 초저금리이면서 경기 진작이 되지 않는 상태가 지속돼 다시 기준금리를 높일 수도 없는 이른바 '유동성 함정(금리를 제로 수준까지 낮춰도 투자심리가 회복되지 않아 기대하는 경기진작효과가 나타나지 않는 상황)'에 빠질 수 있다고 경고했습니다.

이와 같은 저금리 기조는 전 세계적인 경기 악화의 심각성을 시인하는 의미도 있습니다. 제로금리에 가까워질수록 정부가 경제를 살리기 위해 금융정책을 펼칠 여지도 줄어들기 때문입니다. 이 때문에 오히려 장기불황에 빠질 위험도 있습니다.

또한 초저금리나 제로금리로 유동성 함정에서 탈출한다 해도 그 후에는 통화량 증가로 인해 또 다른 거품이 생길 수도 있습니다. 위기를 극복하기 위해 푼 돈이 다시 전 세계 부동산과 주식시장에서 2차 거품을 만들어 세계가 경기침체의 악순환에 빠질 수 있다는 뜻이죠.

경제 성장과 금리의 관계에 대해 좀 더 알아볼까요? 경기가 호황이면 시중에 많은 돈이 풀립니다. 돈 공급량(통화량)이 늘어나면 돈의 가치는 떨어집니다. 돈의 가치가 떨어지면 물건(상품)의 가치는 높아지므로 결국 물가가 오르게 되죠. 경기가 호황일수록 물가 상승 압박이 커집니다. 이를 인플레이션(23장 참고)이라고 합니다.

그렇다면 인플레이션을 막기 위해 정부가 취할 수 있는 수단은 무엇일까요? 돈 공급량을 줄이면 됩니다. 이를 위한 방법이 바로 '금리 인상'입니다. 금리가 오르면 시중에 돌던 돈이 다시 은행으로 몰리죠. 은행으로 들어온 돈의 일부는 의무적으로 중앙은행인 한국은행 금고로 들어갑니다.

이러한 정책을 '지급준비제도(Reserve Requirement System)'라고 부르고, 이때 들어간 돈을 '지급준비금'이라고 합니다. 지급준비금은 통화량을 조절하는 기능을 맡고 있죠. 이처럼 통화량을 조절해 돈 공급량이 줄어들면 물가는 안정세를 유지하게 됩니다.

068 은행에 돈 맡기면 오히려 손해
마이너스 금리

은행에 돈을 맡기면 단돈 10원의 이자라도 생긴다는 게 지금까지 우리가 알고 있던 상식이었습니다. 하지만 이제는 이런 상식이 통하지 않는 시대가 도래했습니다. 바로 마이너스 금리가 등장했기 때문입니다. 금리가 마이너스(-)라니, 무슨 소리일까요?

마이너스 금리는 말 그대로 0% 이하의 금리를 말합니다. 우리나라에서는 마이너스 금리라 부르지만, 해외에서는 네거티브 금리(NIR, Negative Interest Rate)로 통용됩니다.

마이너스 금리인 상황에서 은행에 돈을 맡기면 이자를 받기는커녕 보관료를 내야 합니다. 기존의 은행 패러다임을 송두리째 바꾸는 개념인 셈이죠.

예를 들어 예금자 홍길동이 A은행에 돈을 맡기면 A은행은 이 돈의 일정 비율을 중앙은행인 한국은행에 맡깁니다. 이를 '지급준비금'이라

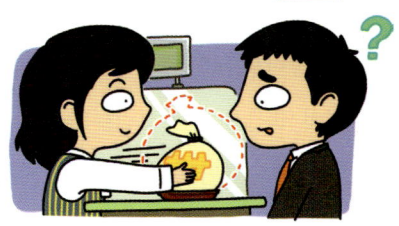

고 합니다. 이에 따라 홍길동은 A은행으로부터, A은행은 한국은행으로부터 예치한 금액에 대한 이자를 받습니다.

하지만 마이너스 금리에서는 시중은행이 중앙은행에 의무적으로 맡겨야 하는 지급준비금비율을 초과하는 금액에 대해 마이너스 금리를 적용해, 돈을 맡겨도 이자를 받는 것이 아니라 오히려 보관료를 내야 합니다. 그러면 A은행은 돈을 예치한 사람에게도 보관료를 받습니다.

이런 상황에서는 굳이 은행에 돈을 맡겨 보관료를 내기보다 직접 갖고 있는 게 이득입니다. 은행 역시 한국은행에 예치해 보관료를 내기보다 일반 고객들에게 낮은 이자를 받더라도 대출해주는 게 훨씬 낫겠죠. 이처럼 마이너스 금리는 은행에 있는 돈을 시중에 풀게 만들어 시장의 유동성을 공급하는 방법입니다.

마이너스 금리는 2014년 6월 유럽중앙은행(ECB)의 유로존과 스위스, 스웨덴이 차례로 도입했고, 아시아 국가에서는 2016년 1월 일본이 최초로 도입했습니다.

이들 국가들은 경기가 침체될 우려가 커지자 중앙은행이 시장에 돈을 풀어 경기를 부양하기 위해 마이너스 금리를 택했습니다. 이는 2008년 글로벌 금융위기를 맞아 미국이 달러를 풀어 경기를 살려낸 양적완화(134장 참고)와 비슷한 이치입니다. 하지만 미국은 달러를 더 많이 찍어내는 방법이었다면, 마이너스 금리는 은행에 쌓여 있는 돈을 푼다는 점에서 차이가 있죠.

그렇다면 마이너스 금리 도입은 과연 핑크빛 미래를 보장할까요? 우선 은행이 크게 반발할 것입니다. 마이너스 금리정책이 은행 등 금융산업의 희생만을 강요한다는 입장이죠. 은행의 수익은 크게 예대마진(대출금리와 예금금리의 차이, 61장 참고)에서 나옵니다. 하지만 마이너스 금리정책이 실행되면 대출과 예금금리의 폭이 줄어들면서 은행의 수익이 큰 폭으로 감소합니다.

그 결과 과거 마이너스 금리를 받아들인 유럽계 은행들의 2016년 손실 규모가 최대 40억 유로(약 5조 4,497억 원)에 이르렀고, 미쓰비시UFJ, 미쓰이스미토모 등 일본의 대표 은행들은 2016년 2분기에 사상 최악의 경영적자를 기록했습니다. 낮은 금리에도 불구하고 한 푼이라도 더 받기 위해 은행을 찾던 예금자들의 발길이 뚝 끊겼기 때문이죠.

일본의 고령자들 사이에서 '장롱예금'이 유행한 이유도 마이너스 금리 정책 때문입니다. 은행에 돈을 맡기면 오히려 보관료를 내야 하니 차라리 집에 보관하는 게 낫다고 생각한 것이죠. 한국금융투자협회 자료에 따르면, 2025년 1월 기준으로 일본인들이 집 안에 보관하고 있는 돈은 약 100조 엔(약 941조 9,500억 원)으로 추정된다고 합니다. 이는 일본 국내총생산(GDP)의 약 4조 1,860억 달러(약 5,749조 원)의 16%에 해당하는 어마어마한 수준입니다.

그렇다면 우리나라도 언젠가는 마이너스 금리를 도입할까요? 결론부터 말하면, 거의 불가능합니다. 우리나라와 같은 신흥국은 신용도가 낮고 화폐가 기축통화(150장 참고)가 아니어서 마이너스 금리 도입 시 자본 유출 우려가 있기 때문입니다. 따라서 마이너스 금리를 적용할 가능성은 '제로'에 가깝다는 게 금융권 관계자들의 입장입니다.

069 기업 인수를 목적으로 설립하는 회사
SPAC

혹시 SPAC(스팩)이란 말을 들어본 적이 있나요? 제품에 대한 사양이나 설명서를 뜻하는 스펙(Specification)이 아닙니다. 여기서 말하는 SPAC은 '기업 인수목적회사(Special Purpose Acquisition Company)'의 약어입니다. 기업 인수를 특별한 목적으로 삼는 회사라는 뜻이죠.

SPAC은 다른 기업을 인수하는 동시에 그 기업과 합병하도록 설계된 특수 목적을 띠고 있습니다. 그렇다고 인수한 기업이 곧바로 SPAC이 되는 것은 아닙니다. 합병이 완료될 때까지는 경영진과 자본금으로만 구성된 페이퍼컴퍼니(서류로만 존재하는 회사)일 뿐입니다. SPAC은 우리나라는 물론 미국, 유럽 등 선진국에도 존재합니다.

사실 대다수 일반 투자자에게 기업을 인수하거나 합병하는 일은 꿈같은 이야기죠. 최소한 수십억 원에 달하는 기업 인수자금이 필요한 데다 이를 마련하는 것이 말처럼 쉽지 않으니까요. 뿐만 아니라 기업 인수합병(M&A)에 필수적인 법률·회계 지식을 일반 투자자들이 제대로 알 리가 없습니다. 이처럼 특정 기업을 인수하거나 합병하고 싶은데 자금이나 전문 지식이 없는 투자자들에게 해법을 제시하는 것이 바로 SPAC입니다.

그렇다면 M&A와 SPAC은 무슨 차이가 있을까요? 흔히 기업의 인수합병은 2개 이상의 기업이 합쳐져 법률적으로나 실질적으로 하나의 기업으로 재탄생하는 것을 말합니다. M&A를 하는 근본적인 이유는 기업을 합쳐(기업결합) 시장점유율을 늘리거나 사업다각화, 경영효율화 등을 통해 기업의 가치를 높이는 데 있습니다.

이에 비해 SPAC은 조금 다릅니다. SPAC은 기업 인수에 필요한 자금을 다수의 개인 투자자로부터 공개적으로 모집합니다. 또한 SPAC은 일반 주식회사 설립과 마찬가지로 우선 발기인이 비상장기업을 설립하는 것부터 시작합니다. 다만 아무나 설립할 수 있는 것은 아닙니다. 자본금이 1,000억 원 이상인 증권회사가 반드시 발기인으로 참여해야 하죠. 이처럼 비상장기업을 설립한 뒤 주식시장에서 기업공개(IPO, 52장 참고)를 통해 일반 투자자들로부터 자금을 모집합니다.

자금을 모은 뒤에는 기업을 인수하기 위한 본격적인 작업에 들어갑니다. SPAC은 성장 가능성이 높아 수익을 창출할 수 있는 우량 비상장기업을 인수 대상으로 삼습니다. 이에 따라 적절한 인수 대상 기업을 찾으면 주주들이 주주총회에서 인수 여부를 결정합니다. 그리고 다른 기업과 합병이 성사된 뒤 SPAC의 주가가 오르면 투자자들은 주식을 팔아 이익을 얻죠. 결국 SPAC은 자금을 모아 증시에 상장한 뒤 우량한 회사를 발굴하여 합병을

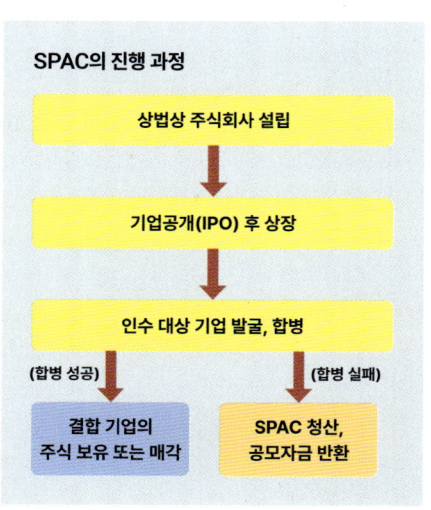

통해 수익을 창출하고 그 수익을 투자자들에게 분배합니다. 다만 우리나라는 SPAC이 상장된 뒤 기업 인수에 이르기까지의 기한을 3년으로 제한하고 있으며, 이 기간 내에 다른 기업을 인수하지 못하면 자동으로 청산 절차를 밟게 됩니다.

SPAC이 청산 절차를 밟을 때는 공모자금 중 신탁계정에 맡겨놓은 돈을 일반 투자자들에게 반환합니다. 사실 SPAC이 투자자들로부터 관심을 받는 이유는 최악의 경우라도 원금이 어느 정도 보장되기 때문입니다. SPAC은 각종 운용경비를 제외한 공모자금의 90% 이상을 외부 신탁기관(한국증권금융)에 맡겨 별도로 관리합니다. 또한 2.5% 수준의 금리로 운용되기 때문에 3년 뒤에 원금이 대부분 보장됩니다.

SPAC의 수익률은 M&A 성공 여부에 달려 있습니다. 우량기업과의 합병에 성공하면 SPAC의 주가가 큰 폭으로 오르겠지만, 부실기업을 합병할 경우 투자자들에게 손실이 갈 수 있기 때문입니다.

대표적인 SPAC 성공 사례는 2014년 애니팡을 만든 모바일게임 개발사 '선데이토즈'와 '하나그린스팩'의 합병입니다. 두 기업의 합병 성공은 공모가와 비교했을 때 무려 481.3%의 수익률을 가져왔습니다.

070 1,000원이 100원 되는 리디노미네이션

리디노미네이션(Redenomination)은 화폐의 단위를 동일한 비율의 낮은 단위로 변경하는 것을 말합니다. 그러니까 1,000원을 100원으로, 100원을 10원으로 바꾸는 것이죠. 이렇게 화폐 단위를 바꾸면 화폐 호칭도 바뀌는 경우가 많습니다. 예를 들어 '원'이 '환'으로 바뀌는 것인데, 우리나라는 1953년에 100원을 1환으로, 1961년에 10환을 1원으로 바꾼 적이 있습니다.

우리나라가 1953년에 리디노미네이션을 한 배경은 1950년 6·25전쟁에 따른 경제적 파장 때문입니다. 전쟁으로 파괴된 경제를 다시 살리기 위해 화폐를 많이 발행해 물가가 크게 올랐습니다. 이에 물가를 잡기 위해 1953년 2월 대통령 긴급명령을 통해 화폐 액면금액을 100 대 1로 절하하고 화폐 단위를 '원'에서 '환'으로 바꿨습니다.

그러나 리디노미네이션 직후 화폐교환비율(1환=100원)이 현실 경제 상황과 맞지 않았습니다. 리디노미네이션으로 화폐가 바뀌었지만 경제구조나 생산성을 개선하지 못했기 때문이죠. 이에 우리 정부는 1962년 6월 화폐 액면을 10분의 1로 조정해 다시 '원'으로 표기를 바꿨습니다. 결국 현재 우리가 쓰고 있는 원은 이때부터 시작된 것입니다.

보통 화폐 단위를 바꾸는 이유는 커진 경제 규모에 맞게 돈의 단위도 바꿀 필요가 있기 때문입니다. 우리나라의 한 해 예산은 200조 원이 넘습니다. 이렇게 나라 살림 규모가 커지면 거래되는 돈의 단위도 점점 커져 거래나 계산을 할 때 불편한 상황이 발생합니다.

그러나 반대의 목소리도 만만치 않습니다. 우선 물가 상승을 부추길 수 있다는 우려의 목소리가 있습니다. 예를 들어 지금의 1,000원을 1환으로 바꾸면 현재 3,800원인 물건의 가격이 3.8환이 돼야 하는데, 그러면 은근슬쩍 끝자리가 올라 4환이 될 수 있다는 겁니다. 또 새 화폐로 교환하는 비용(최소 3조 원)이 많이 든다는 것도 반대 이유 중 하나입니다.

리디노미네이션의 성공 사례로 터키를 들 수 있습니다. 지난 2005년 터키 정부는 자국 화폐인 '리라'의 단위에서 0을 6개나 떼어내며 화폐 단위를 100만 분의 1로 축소했습니다. 당시 터키의 150만 리라는 그 가치가 1달러에 불과했었죠. 터키의 경우 리디노미네이션 시행 후 물가 불안도 없었고, 경제가 괄목할 만한 성장세를 보였습니다.

반면 2009년 100원을 1원으로 바꾼 북한의 리디노미네이션은 실패로 끝났습니다. 물가가 올라 14,500%나 인플레이션이 발생한 것이죠. 그로 인해 북한 당국은 악화된 민심을 잠재우기 위해 총책임자를 총살하기도 했습니다. 섣부른 리디노미네이션이 사회에 어떤 혼란을 가져올 수 있는지를 잘 보여준 사례라고 할 수 있습니다.

재미있는 점은 리디노미네이션의 목적이 인플레이션에 대처하기 위한 해법만은 아니라는 것입니다. 돈의 가치가 달라지면 기존에 쓰던 화폐가 새 화폐로 바뀌게 되죠. 이럴 때 집 안에 숨겨둔 현금자산이 밖으로 나오게 됩니다. 결국 리디노미네이션은 장롱 속에 있는 돈을 끄집어내 화폐 유통을 활성화하고 정치적으로는 비자금 등을 끌어내는 의도도 있습니다.

071 주식회사의 사업 밑천
주식

유가증권(有價證券)은 재산가치가 있는 권리가 담긴 증권입니다. 수표나 어음 같은 화폐증권, 주식·국채·공채·사채 등의 자본증권, 선하증권과 같은 물품증권 등이 모두 유가증권에 포함됩니다. 그런데 수표나 어음은 그 차이를 쉽게 알 수 있지만, 주식(株式, Stock, Share)과 채권(債券, Bond)은 그렇지 않습니다. 주식과 채권은 어떤 점이 비슷하고 어떤 점이 다를까요?

주식과 채권은 둘 다 자금을 직접 조달한다는 점에서는 같습니다. 더 구체적으로 살펴보면, 주식과 채권은 자본을 마련하는 수단으로 사용하기 때문에 유가증권 중에서도 '자본증권'이라 불립니다. 그리고 자본증권을 거래하는 시장을 '자본시장'이라고 하죠.

하지만 이 점을 제외하면 주식과 채권은 많이 다릅니다. 우선 주식은 주식회사가 자본금을 확보하기 위해 발행하는 증서입니다. 반면 채권은 정부나 공공기관, 특수법인, 금융기관 그리고 주식회사가 사업자금을 마련하기 위해 빚을 낼 때 발행하는 증서입니다. 즉 채권은 한마디로 '빚문서'입니다.

경영참여권을 중심으로 비교해보면 어떨까요? 주식을 갖고 있는 사람은 주주(株主, Stockholder)로서, 자신이 가지고 있는 주식금액에 비례하는 영향력과 책임을 갖고 회사 경영에 참여할 수 있습니다. 주식회사는 경영 관련 주요 사항을 주주총회에서 의결하도록 돼 있는데, 주주는 주주총회에 참석해 보유한 지분만큼 의결권을 행사할 수 있습니다.

반면 채권 소유자는 회사 경영에 참여할 수 없습니다. 채권에는 상환 만기와 이자율 등 조건이 붙어 있는데, 채권 소유자는 만기가 됐을 때 원금과 이자를 받으면 그만입니다. 한마디로 채권에 투자하는 건 은행에 예금하는 것과 큰 차이가 없죠.

존속 기간을 중심으로 비교해보면, 주식은 주식을 발행한 회사와 존속을 같이하는 일종의 영구(永久)증권입니다. 이는 회사가 청산 절차를 거쳐 문을 닫지 않는 한 지속된다는 뜻입니다. 반면 채권은 영구채권을 제외하고는 발행자가 원리금의 상환 기간을 명시하는 일종의 기한부증권입니다.

주식과 채권의 차이점

구분	주식	채권
발행기관	주식회사	정부, 공공기관, 금융기관, 주식회사, 특수법인
자본 조달 형태	자기자본	타인자본(부채)
소유자의 지위	주주	채권자
경영참가권	있음	없음
존속 기간	영구적	일시적
원금 상환	없음	만기 시 원금 상환
소유에 대한 권리	배당	확정부이자
위험 정도	큼	주식에 비해 작음

소유에 따른 권리를 살펴보면, 주식은 특정 회사의 소유권 일부를 갖는 것이기 때문에 경영 성과에 따른 이익 중 일부를 현금이나 주식 형식으로

배당을 받습니다. 반면 채권은 원금과 이자만 있을 뿐, 회사의 경영 성과와는 무관합니다.

결국 주식은 기업의 경영 성과가 악화될 경우, 배당은커녕 주가 하락으로 원금마저 날릴 수 있지만, 채권은 원금과 이자가 보장되는 확정상품인 셈입니다.

072 차트를 보면 주식시장이 보인다!
봉 차트

주식 투자자는 주가흐름을 잘 파악해야 합니다. 주가흐름의 향후 행보를 어느 정도 가늠해볼 수 있는 것 중 하나가 바로 주가 차트입니다.

주가 차트에는 수급의 변화, 시세 추이, 과거 투자 패턴 등이 담겨 있기 때문에 앞으로 주가가 어떤 방향으로 나아갈지를 예측하는 데 도움을 줍니다. 물론 주가 차트를 100% 믿어서는 안 됩니다. 주가 차트가 향후 주가흐름을 담고 있다면 주식 투자자들은 모두 주식갑부가 됐을 겁니다.

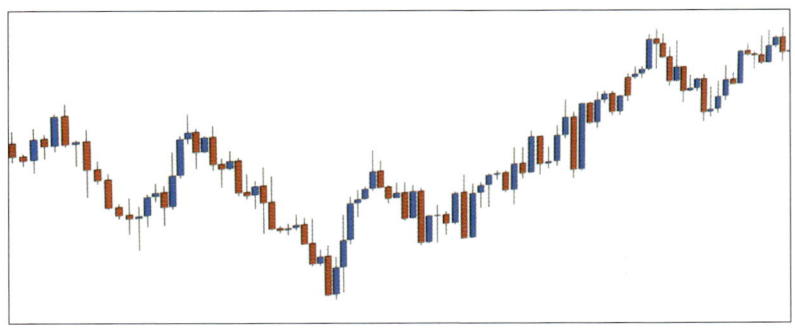

봉 차트

주식흐름을 파악할 수 있는 차트로는 매일 종가를 직선으로 이어서 나타낸 '선형 차트', 일정 기간 동안 시가, 종가, 고가, 저가를 하나의 봉(棒, 막대기)으로 표시한 '봉 차트', 주가의 사소한 변화는 제외하고 중요한 변화만을 간략하게 표시해 투자 시점을 쉽게 파악하게 해주는 '점 도형 차트(P&F 차트)', 주가가 상승으로 돌아설 때나 하락할 때를 빠르고 쉽게 파악할 수 있는 기법인 '삼선전환도' 그리고 '상관곡선' 등이 있습니다.

이 중 일정 기간 동안의 주가를 봉으로 표시하는 <mark>봉 차트</mark>가 가장 대표적입니다. 주가 차트 모양이 길쭉한 막대와 비슷해 봉 차트라는 이름이 붙여졌습니다. 미국에서는 봉 차트를 양초 모양과 비슷하다고 해 '캔들 스틱 바(Candle Stick Bar) 차트'라고 부르기도 합니다.

봉 차트에는 시가(始價, 주식 개장 시간 때의 주식 가격), 종가(終價, 주식 폐장 시간 때의 주식 가격), 최고가, 최저가 등이 모두 표시돼 있습니다. 최고가와 최저가는 봉 위와 아래에 선으로 표시합니다.

이때 그날의 종가가 시가보다 낮으면 파란색 막대로 표시하고 이를 '음봉(陰棒)'이라고 부릅니다. 반대로 그날의 종가가 시가보다 높으면 빨간색 막대로 표시하고 이를 '양봉(陽棒)'이라고 부릅니다. 만약 파란색 막대, 즉 음봉이 3일 연속 나타난다면 이를 '흑삼병(黑三兵)'이라고 부릅니다. 이는 주가가 하락세로 돌아설 가능성이 크다는 것을 보여주는 신호이기도 하죠.

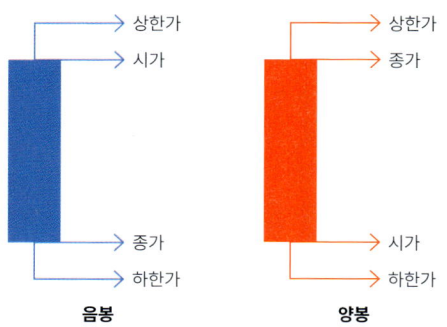

반대로 양봉이 3일 연속 이어지는 것은 '적삼병(赤三兵)'이라고 부릅니다. 적삼병은 주가가 앞으로 상승세를 보인다는 의미입니다. 빨간색 막대 3개가 놓여 있는 모습이 마치 창을 든 붉은 병사 3명의 모습 같다고 해 적삼병이라는 명칭이 붙여졌습니다.

여기서 퀴즈 하나! 빨간색 막대가 적삼병이라면, 파란색 막대는 흑삼병이 아니라 '청(靑)삼병'이라고 불려야 하지 않을까요? 흑삼병과 적삼병은 일본에서 처음 만들었습니다. 당시 일본에서는 주가 하락을 표기할 때 파란색이 아니라 검은색을 사용했습니다. 이 때문에 흑삼병이라 불리게 된 것이죠.

봉 차트는 매일 길이가 조금씩 차이가 납니다. 그 이유는 무엇일까요? 봉 차트 길이는 주가 변동 폭에 따라 결정되기 때문이죠. 봉 차트 길이가 길다는 건 그날의 주가 변동 폭이 컸다는 것을 나타냅니다.

또한 봉 차트는 하루가 아닌 일주일, 한 달 등을 표기하기도 합니다. 이에 따라 캔들 1개가 1분 동안의 주가를 나타내면 '분봉(分棒)', 하루 동안의 주가를 나타내면 '일봉(日棒)', 일주일 동안의 주가를 나타내면 '주봉(週棒)', 한 달 동안의 주가를 나타내면 '월봉(月棒)'이라고 부릅니다.

073 이것이 보이면 주식을 사야 할 때!
골든크로스

주가 차트로 주가의 흐름을 파악하는 데는 몇 가지 단서가 있습니다. 우선 추세선(趨勢線)입니다. 주가를 면밀하게 분석해보면 어느 기간 동안 일정한 방향으로 움직이는 특성이 있습니다. 이를 '추세'라고 부릅니다. 주가 바닥과 정점을 이뤄가며 움직이는 두 지점을 연결하면 추세선을 그릴 수 있습니다. 이때 주가가 상승하면 '상승추세선', 하락하면 '하향추세선'이라고 부릅니다.

추세선은 주가의 단기적인 변동보다 장기적인 방향성에 무게중심을 둡니다. 또한 추세선은 선의 길이가 길고, 주가 바닥과 정점의 간격이 클수록 신뢰할 수 있는 것으로 풀이됩니다.

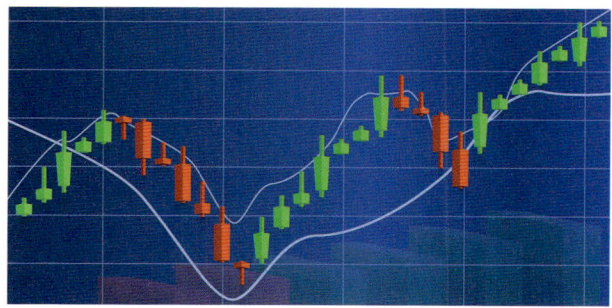

추세선

추세선을 더욱 세밀화한 것이 '주가이동평균선'으로, '주가이평선' 또는 '이평선'이라 부르기도 합니다. 이평선을 쉽게 표현하면 '일정 기간 동안의 평균 주가흐름'이라고 할 수 있습니다. 즉 이평선은 일정 기간 동안의 주가(종가 기준)를 평균한 값인 '주가이동평균'을 연결해 만든 선을 말합니다.

일반적으로 주가이동평균은 매일 계산하며 5일, 20일, 60일, 120일 이평선 등으로 세분화돼 있습니다. 흔히 5일과 20일 이평선을 단기추세선, 60일 이평선을 중기추세선, 120일 이상 이평선을 장기추세선으로 분류합니다.

예를 들어 2025년 1월 10일 금요일의 5일 이평선은 어떻게 구할 수 있을까요? 5일 이평선은 특정일을 기준으로 이전 거래일 5일의 평균을 말합니다. 그렇다면 1월 10일의 5일 이평선은 6~10일간의 종가 기준 주가의 평균을 뜻하죠.

주가를 하루 기준으로 보면 변동이 클 수밖에 없지만, 최근 5거래일(일주일)을 평균해 연결한 선은 비교적 완만하게 나오기 마련입니다. 이는 주가의 추세를 파악하는 데 도움이 됩니다. 결국 5일 이평선은 최근 5거래일을 바탕으로 투자자들의 심리를 파악할 수 있는 척도가 됩니다.

중기 추세를 보여주는 60일 이평선은 최근 3개월간의 주가흐름을 읽는 데 도움이 됩니다. 특히 최근 3개월간의 시중자금이 주식시장으로 들어오고 있는지, 빠지고 있는지를 알 수 있게 해줍니다.

120일 이평선은 최근 6개월간에 걸친 주가흐름을 보여줍니다. 무려 6개월간 주가의 평균값을 내기 때문에 주가가 급등하는 시점에도 120일 지평선은 완만하게 상승하는 모습을 보입니다. 이에 따라 120일 이평선이 6개월간 상승곡선을 그린다면 경기 호전으로 봐야 합니다.

일반적으로 주식시장이 상승세를 보이면 단기추세선이 장기추세선 위에 있기 마련입니다. 주가 오름세가 지속되고 있어 5일 이평선 혹은 20일 이평선이 60일 이평선이나 120일 이평선 위에서 움직인다는 이야기죠.

그렇다면 <mark>골든크로스</mark>(Golden Cross)는 어떤 의미일까요? 골든크로스는 주가 차트에서 단기이평선이 장기이평선 위로 치솟는 것을 뜻합니다. 이는 단기 매수세가 막강해 주가를 가파르게 끌어올리는 것을 말하죠. 다음 그림을 보면 5일 이평선이 20일과 60일 이평선 위로 치솟는 골든크로스를 확인할 수 있습니다. 만일 주가가 하락세에서 골든크로스를 맞이하면 앞으로 오를 가능성이 크다고 해석할 수 있습니다.

반면 그래프에서 단기이평선이 장기이평선 아래로 곤두박질치는 것을 <mark>데드크로스</mark>(Dead Cross)라고 합니다. 데드크로스는 짧은 기간에 주식을 매도(팔아넘김)하려는 움직임이 강합니다. 이를 '단기 매도세'라고 부릅니다. 이는 주가 급락을 예상하는 지표이며, 이로 인해 주식시장은 약세장으로 돌아서게 됩니다.

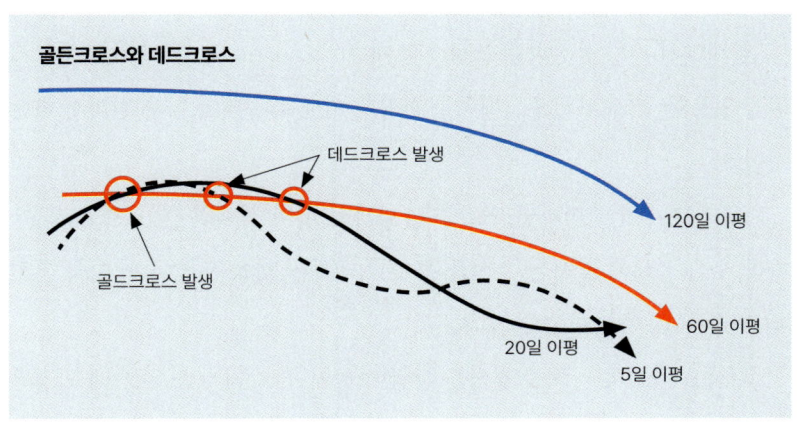

074 컴퓨터가 알아서 주식을 거래하는
프로그램 매매

몇 년 전, 세계 최대 검색업체 구글 소속 인공지능 개발 자회사 구글 딥마인드(Google DeepMind)가 개발한 AI 프로그램 '알파고(AlphaGo)'가 세상을 떠들썩하게 했습니다. 이세돌 9단과의 대결에서 알파고가 압승하자, 사람들은 충격에 휩싸였습니다. 알파고의 압승은 머지않은 미래에 AI가 인간을 지배하는 세상이 활짝 열릴 것이라는 두려움을 안겨줬죠.

사실 AI는 컴퓨터에 뿌리를 둔 알고리즘(Algorithm)의 한 종류입니다. 알고리즘은 어떤 문제를 해결하기 위해 절차, 방법, 명령어 등을 한꺼번에 모아놓은 것을 말합니다. 컴퓨터 프로그램도 알고리즘으로 만들고 있죠.

증시에서 자주 등장하는 프로그램 매매(Program Trading)도 이 알고리즘 기법을 활용한 것입니다. 주식매매를 사람이 아닌 컴퓨터의 힘을 빌려서 하는 것이죠.

좀 더 자세히 설명하면, 프로그램 매매는 이미 정해진 전산 프로그램에 따라 수십 종목에 달하는 주식을 묶어 거래하는 것을 뜻합니다. 이를 흔히 '바스켓(Basket) 거래'라고도 합니다.

주식을 사고파는 최종 결정은 사람이 하지만, 나머지 모든 거래 과정은 컴퓨터 프로그램이 알아서 척척 해주는 셈이죠. 결국 프로그램 매매는 매매할 종목이나 호가(呼價, 사거나 팔려는 주식 가격) 등을 미리 정해놓고, 그 조건이 충족되면 주식을 자동으로 매도하거나 매수하도록 미리 설정한 주식거래 방식을 말합니다.

그렇다면 이런 프로그램 매매는 누가 선호할까요? 프로그램 매매는 든든한 자금력을 갖추고 여러 주식 종목을 대량으로 사고파는 기관 투자자나 외국인 투자자들이 주로 활용합니다. 여기서 기관 투자자란, 주식투자를 주업무로 하는 증권회사, 투자신탁, 은행, 보험회사, 신용금고, 연금, 기금, 재단기금 등을 말합니다.

그렇다고 아무 종목이나 프로그램 매매 대상이 되는 것은 아닙니다. 삼성전자, 현대자동차 등 우량주가 몰려 있는 코스피200 종목과 아모텍, 마크로젠 등과 같은 코스닥 스타지수 종목들이 프로그램 매매 대상입니다.

이때 프로그램 매매는 현물과 선물 중 비싼 것을 팔고 싼 것을 사는 식으로 수익을 얻습니다. 여기서 현물(現物, Existing Goods)은 말 그대로 현재 있는 물건, 즉 주식을 뜻합니다. 반면 선물(先物, Futures)은 상품 등이 현재 있지는 않지만 미래 특정 시점에 거래하기로 한 것을 뜻합니다. 선물은 상품을 미리 결정한 가격으로 미래 특정 시점에 주고받죠.

현물은 상품을 사고파는 것을 비롯해 대금 결제, 물건 건네기(인수)가 동시에 이뤄집니다. 반면 선물은 현재 상품이 없기 때문에 상품 인도가 현물과 조금 차이가 납니다. 다시 말하면 선물은 매매 계약이 현재 시점에서 이뤄지지만, 실제로 돈과 상품을 주고받는 것은 일정 시점이 지나야 이뤄질 수 있다는 이야기입니다.

프로그램 매매는 현물시장과 선물시장을 오가며 차익을 내는 방식으로 수익을 냅니다. 예를 들어 현물시장이 선물시장보다 주가가 싼 경우가 있습니다. 이럴 때 컴퓨터 프로그램은 현물 종목을 매수하고 선물 종목을 매도해 차익을 얻습니다. 반대의 경우도 마찬가지입니다. 선물 종목이 싸면 선물을 사고, 현물 종목을 팔아 수익을 얻습니다. 이와 같은 과정은 복잡하고 매우 빠르게 진행됩니다. 사람이 접근하기에는 어려움이 있죠.

결국 주식투자는 기계가 하게 될까요? 온전히 기계가 하지는 못할 것 같습니다. 주식투자는 돈이 오가는 일이기에 언제든 돌발 상황이 발생할 수 있습니다. 수치 계산은 컴퓨터가 잘하겠지만 상황 대처 능력은 사람을 따라가기 어렵습니다. 이에 따라 미래는 AI가 주식투자에서 인간을 모두 대체하지 않고 인간과 협력해야 하는 시대가 될 것으로 보입니다. AI가 지닌 데이터 분석력과 감정 배제, 빠른 처리 속도에 인간의 창의적 사고와 예측 불가능한 사건 대응 능력, 윤리적 판단 등이 더해지면 투자활동이 더욱 정밀해지고, 보다 효과적으로 수익성을 높일 수 있을 것입니다.

075 좋은 신상 주식 나왔어요
공모주

신문에서 '이번 주에는 A기업, B기업 등 10개 업체의 공모주 청약이 잇따라 열린다'라는 제목을 본 적이 있을 것입니다. 얼마나 대단한 일이기에 이렇게 신문에까지 홍보하는 것일까요?

공모주란 회사 운영에 필요한 자금을 공개모집(公募)하는 주식을 말합니다. 즉 주식을 발행하면서 대다수 일반인을 대상으로 자금을 모으는 것을 말합니다. 구체적으로 말하면, 공모는 기업이 일반인(최소 50명 이상)을 대상으로 주식을 새로 발행하거나 이미 발행된 주식을 파는 것을 말합니다. 이때 공모하는 주식이 새로 발행한 주식이면 '모집', 이미 발행된 주식이면 '매출'이라고 합니다.

공모는 자금을 모을 수 있는 좋은 방법이지만 모든 주식회사가 나설 수는 없습니다. 대체로 경영 상태가 탄탄한 기업이 신규 사업에 진출하기 위해 자금이 필요할 때 일반 투자자들로부터 '공모주 청약' 형태로 자금을 모을 수 있죠.

이때는 일정한 형식이 필요합니다. 공모주를 시작하려는 기업은 신문 등에 공모 일정을 게재하고, 청약을 받고자 하는 투자자들은 은행이나 증권사에서 계좌를 개설해 신청해야 합니다.

그럼 공모주 청약의 구체적인 절차를 알아볼까요? 청약을 신청하기 위해서는 사고자 하는 주식의 청약 주간사를 확인해야 합니다. 주간사는 흔히 '주간사 회사(Lead Manager)'라고 부르며, 기업 주식이나 사채 발행 업무를 담당하는 증권회사를 말합니다.

일반 투자자는 해당 청약 주간사에서 계좌를 개설하고 공모주 청약을 신청해야 합니다. 이때 청약하려는 금액의 50%를 증거금으로 납부해야 합니다. 증거금은 공모에 참여한 투자자들이 주식을 사기 위해 내는 일종의 계약금입니다. 증거금을 낸 뒤 나머지 50% 잔액을 입금하면 증권계좌에 주식이 들어옵니다.

이처럼 일반인으로부터 청약을 받아 주식을 배정하는 것을 공모주 청약이라고 합니다. 또한 청약에 따라 기업이 일반인에게 주식을 나눠주는 것을 '공모주 배정(配定, 몫을 나눠 정함)'이라고 합니다. 이러한 절차를 통해 일반인이 받는 주식이 공모주인 셈이죠.

경영 상태가 탄탄한 기업만 공모주를 발행할 수 있다고는 하지만, 그렇다고 무조건 안심해서는 안 됩니다. 그 회사의 주식이 투자가치가 있는지를 꼼꼼하게 확인한 뒤 청약에 나서야 합니다. 이를 위해 그 기업의 매출 규모를 비롯해 영업이익, 순이익 등 기업실적을 점검해야 합니다. 또 청약 경쟁률이 높으면 실제로 받을 수 있는 주식 수가 생각만큼 많지 않을 수도 있습니다. 따라서 청약을 하기 전에 기업 경쟁률도 눈여겨봐야 합니다.

공모 가격이 적절한지도 반드시 체크해야 합니다. PER(주가수익비율)과

PBR(주가순자산비율) 등을 확인해 공모 가격이 지나치게 높은 것은 아닌지 판단해야 합니다.

PER과 PBR은 주식투자의 주요 지표로 꼽힙니다. 특히 회사 순자산과 관련된 PBR은 회사의 자금 상태를 확인할 수 있는 주요 창구죠. 예를 들어 A라는 기업이 망하면 회사 총자산에서 빚, 즉 부채부터 처리해야 합니다. 빚을 털어낸 뒤 남는 게 순자산이죠. 결국 순자산비율이 높을수록 회사 재무구조가 탄탄하다는 이야기입니다.

보호예수 물량과 기간도 반드시 체크해야 합니다. 여기서 '보호예수'란, 지분을 많이 갖고 있는 최대 주주와 주요 주주들이 기업 상장 후 일정 기간 주식을 팔지 않겠다고 약속한 주식을 말합니다. 문제는 보호예수 기간이 지나면 주식시장에 이들 물량이 대거 쏟아져 나와 주가가 급락할 수 있다는 것입니다.

자산운용사를 통해 공모주펀드에 가입하는 간접투자 방식도 있습니다. 공모주펀드는 전체 펀드 자금의 80% 이상을 국공채 등 채권에 투자하고, 나머지 20% 정도는 공모주에 투자하기 때문에 수익률이 안정적입니다. 투자 포트폴리오를 공모주에만 의존하지 않고 채권 등 안전자산에 투자해 안전성과 수익성이 높은 점이 공모주펀드의 특징입니다.

076 작은 주식이 좋다
스몰캡

스몰캡(Small Cap)은 '소형주'를 말하며, 여기서 Cap은 'Capital(자본총액)'의 줄임말입니다. 자본총액은 회사를 운영하기 위해 조달한 자본(종잣돈) 전체를 뜻합니다. 스몰캡에 대해 본격적으로 알아보기 전에 기업과 주가를 연결 짓는 몇 가지 용어를 정리해보겠습니다.

> **자기자본** = 자본금 + 잉여금
> **자본총액** = 자기자본 + 부채
> **총자산**　 = 자본총액 = 자산총계

여기서 자본총액을 현재 시장 가격으로 환산한 가치를 '시가총액'이라고 합니다. 시가총액은 '주가×총 발행 주식 수'로 나타낼 수 있습니다.

증권거래소는 상장 종목을 기업 규모에 따라 대·중·소형주로 나눕니다. 물론 대·중·소형주에 대한 절대적 기준은 없습니다. 나라마다 경제나 증시 규모에 따라 대형주와 소형주를 분류하는 기준이 다르기 때문입니다.

우리나라의 경우 대형주(라지캡, Large Cap)는 시가총액 1~100위 기업이 발행하는 주식을 말합니다. 구체적으로 설명하면, 대형주는 자본금이 750억 원 이상인 기업이 해당합니다. 대형주는 자본금이 많아 발행 주식 수가 많고, 증권시장에서 거래되는 유통 주식 수도 엄청납니다. 또한 시가총액이 많아 종합주가지수에 미치는 영향력도 매우 큰 편입니다.

대형주는 거액을 투자하는 외국인과 은행, 증권회사, 보험회사, 투자금융사 등 이른바 기관 투자자가 주로 선호하는 주식입니다. 인기가 많아 언제든지 주식을 사고팔 수 있기 때문이죠.

중형주(미드캡, Mid Cap)는 시가총액 101~300위 기업이 발행하는 주식을 말합니다. 자본금을 기준으로 보면 350~750억 원 미만 기업의 주식입니다.

이미 언급한 소형주는 자본금이 비교적 적은 회사의 주식으로, 시가총액이 301위 이하인 기업이 발행하는 주식을 말합니다. 상장회사 자본금이 350억 원 미만이면 소형주로 분류합니다.

여기서 질문 하나! 대·중·소형주를 구분하는 척도가 자본금 규모와 시가총액인 이유는 무엇일까요? 불과 얼마 전까지만 해도 대·중·소형주는 자본금의 규모로만 결정했습니다. 그런데 시장에서의 몸값이 어느 정도인지도 중요한 요소로 떠올랐습니다. 그래서 이제는 자본금 규모와 시가총액을 모두 고려해 대·중·소형주를 구분하고 있습니다.

그렇다면 소형주는 크기가 작아 볼품이 없는 주식일까요? 아닙니다. 증권사에는 '스몰캡 전담팀'이 있을 정도로 주력하고 있는 분야입니다. 증권사들은 개인 투자자의 자금을 끌어모으기 위해 비교적 저평가된 스몰캡 종목을 발굴해 개인 투자자들에게 적극 추천하는 방법을 활용하고 있습니다. 스몰캡 전담팀은 수백 건에 달하는 스몰캡 분석 보고서를 발간하기도 합니다.

그렇다면 증권사가 스몰캡에 적극적으로 나서는 이유는 무엇일까요? 소형주가 대형주나 중형주에 비해 비교적 저렴해 개인 투자자들이 투자하기에 적합하기 때문입니다.

그렇다고 해서 무조건 소형주가 탄탄한 투자 대상이라고 볼 수는 없습니다. 소형주는 대형주나 중형주에 비해 자본금이 적기 때문에 주가가 크게 오르거나 내리는 현상이 자주 일어납니다. 이러한 특성을 주가 조작에 악용하는 사례도 많은 게 엄연한 현실이죠.

특히 주가가 1,000원 미만인, 소위 '동전주'는 대형주나 중형주에 비해 불안정하지만 주가가 크게 오를 수 있는 기대감도 큰 편입니다. 예를 들어 반도체 및 반도체 장비업체인 미래산업은 2012년 주가가 400원대로 떨어진 '동전주'였습니다. 그러나 그 후 사업 수주실적 등에 힘입어 주가가 한 주당 1,950원까지 치솟았습니다.

주가를 의도적으로 조작해 수익을 챙기는 불법 작전세력이 타깃을 찾을 때 동전주를 선택하는 경우가 많은 것도 바로 이 때문입니다. 작전세력에 의해 돈을 잃지 않으려면 도박을 꿈꾸지 말고 철저한 공부와 분석을 통해 투자 종목을 골라야 합니다.

077 소는 강세장, 곰은 약세장
불마켓과 베어마켓

주식시장을 말할 때 자주 등장하는 동물이 있는데, 바로 '황소(Bull)'와 '곰(Bear)'입니다. 주식 시세가 강세 혹은 오름세를 뜻할 때는 불마켓(Bull Market), 약세 혹은 내림세를 뜻할 때는 베어마켓(Bear Market)이라고 합니다.

그럼 황소와 곰은 어떻게 해서 이런 뜻으로 쓰이게 됐을까요? 이들 단어의 어원은 여러 가지가 있습니다. 혹자는 황소와 곰이 싸울 때의 모습에서 유래했다고 이야기합니다. 즉 황소는 뿔이 위로 치솟아 있어 오름세를 의미하고, 곰은 아래쪽으로 머리를 숙이면서 공격하기 때문에 약세를 의미한다는 것입니다.

혹자는 황소는 저돌적으로 돌진하기 때문에 상승세를 가리킬 때, 곰은 느린 걸음으로 어슬렁어슬렁 걷기 때문에 증시에서 재빨리 움직이지 못한다는 뜻으로 약세를 가리킬 때 사용한다고 이야

기합니다.

어원이 어찌됐든, 증시에서는 일반적으로 통용되는 법칙이 있습니다. 바로 '조정'입니다. 조정은 많이 오른 주식이 잠시 쉬어가는 것을 말합니다. 장기적인 관점에서 보면 베어마켓에도 시세 회복을 위한 잠깐의 조정이 있고, 불마켓에도 주가 급등 후 일시적인 가격 안정 조정이 있습니다. 장기적인 관점에서 보면 베어마켓도 조정(시세 회복)을 겪고, 불마켓도 결국 조정(주가 급등 후 일시적인 가격 안정)을 받는다는 말입니다.

독일 프랑크푸르트 증권거래소 앞에 있는 황소와 곰 동상

078 주식이 없어도 팔 수 있다
공매도

경제신문을 읽다보면 경제 이론 못지않게 독특한, 그래서 이해하기 힘든 용어를 많이 접하게 됩니다. 공매도(空賣渡, Short Stock Selling)도 그중 하나입니다. 공매도는 말 그대로 주식이나 채권을 갖고 있지 않은 상태에서 매도 주문을 하는 것입니다. 한마디로 있지도 않은 주식이나 채권을 팔아넘기는 것이죠.

공매도는 약세가 예상되는 종목을 상대로 시세차익을 노릴 때 주로 활용합니다. 예를 들어 왕씨는 최근 A회사가 경영난을 겪어 A주가가 떨어질 것이라고 예상했습니다. 왕씨는 친구 홍씨가 A주식을 갖고 있는 것을 알게 되었고, 그에게 A주식을 빌려 현재 가격인 100만 원에 팔아치웁니다. 결국 왕씨는 100만 원을 손에 쥐게 되는 것이죠. 앞서 설명한 것처럼 갖고 있지 않은 주식을 팔아 돈을 번 것입니다.

그 후 얼마 지나지 않아 A주식은 왕씨의 예상대로 50만 원으로 떨어집니다. 이때 왕씨는 수중에 갖고 있던 100만 원으로 A주식을 50만 원에 다시 사 세상물정 모르는 홍씨에게 돌려줍니다. 이렇게 해서 왕씨는 50만 원의 돈을 법니다. 이처럼 투자자가 예상한 대로 주가가 하락하면 이를 팔아 짭짤한 시세차익을 얻는 것이 공매도입니다.

재테크에 도움 되는 금융 상식 **229**

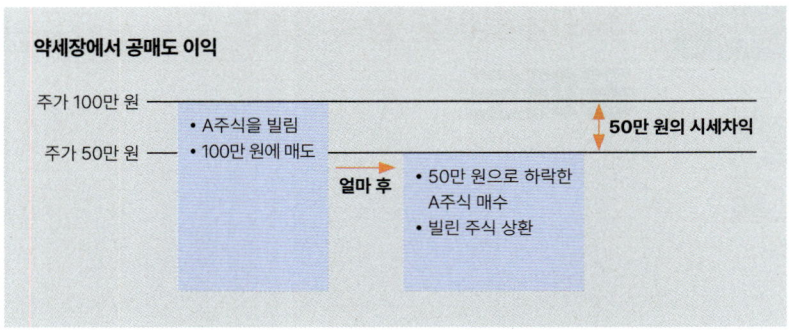

그러나 반대로 주가가 올라가면 공매도한 투자자는 손실을 피할 수 없습니다. 심지어 A종목 주식을 확보하지 못해 결제일에 주식을 입고하지 못하면 결제불이행이라는 사태가 발생해 거래정지, 지급정지 등의 조치가 취해질 수 있습니다.

이처럼 공매도에는 시세차익을 노리는 투기성이 있습니다. 하지만 높게 평가된 주식을 제자리에 돌려놓아 미리 거품을 막고 유동성을 증가시키는 장점도 있습니다.

이처럼 뜨거운 관심을 받아온 공매도가 공공의 적으로 추락한 사건이 있었습니다. 바로 한미약품의 공매도 사건입니다. 2016년 9월 29일 한미약품은 독일 제약업체 베링거인겔하임과 8,000억 원대 항암제 신약(新藥) 수출 계약 성사를 발표했습니다. 그런데 발표 시점이 조금 이상했습니다. 주식시장이 이미 마감한 이후에 이 소식을 밝힌 것이죠. 더 이상한 점은 그다음 날인 2016년 9월 30일 오전 9시 29분에 수출 계약이 해지됐다는 악재를 발표한 것입니다.

우리나라의 주식시장은 오전 9시에 문을 열어 그날 오후 3시 30분에 문을 닫습니다. 한미약품이 8,000억 원대 수출 계약을 체결했다는 소식에 투자자들은 오전 9시에 증시가 개장되자마자 주식을 사들이기 시작했습니다. 그런데 증시가 개장한 지 불과 29분 만에 계약 해지라는 날벼락이 떨어진 것이죠.

그 후 한미약품에 공매도가 있었다는 사실이 밝혀져 사회적 파장을 일으켰습니다. 앞서 말했듯, 공매도는 약세가 예상되는 종목을 상대로 시세차익을 노릴 때 활용됩니다. 수출 계약이 성사돼 주가가 오를 것으로 보인 종목에 공매도가 있었다는 사실이 무척 이상하죠. 특히 한미약품 공매도의 절반 이상이 악재 공시가 발표되기 이전에 이뤄졌다는 점은 더더욱 이상합니다.

악재가 발표되기 전 한미약품의 공매도는 약 10만 4,300주로, 616억 원에 달했습니다. 악재가 발생하기 전에 주가가 급등할 것으로 보이는 종목을 팔아치운 공매도 현상을 어떻게 봐야 할까요? 이는 수출 계약 해지를 미리 안 한미약품 임직원과 회사 관계자들, 증권사, 자산운용사 등 외부 투자자들이 공매도에 동참했을 가능성을 보여줍니다. 남들이 한미약품 주식을 대거 사들일 때 공매도를 통해 주식을 팔아치워 시세차익을 올린 것이죠.

공매도를 통한 피해는 고스란히 개인 투자자와 소액 주주들의 몫으로 남습니다. 따라서 국내외 투자자들이 믿고 투자할 수 있는 환경을 조성하기 위한 금융당국의 노력이 필요합니다.

079 주식시장의 보이지 않는 손
사이드카

주가가 폭락하면 투자자들이 보유 주식을 팔아치우는 투매(投賣)에 가담하거나 미래의 차익을 기대해 마구 사들이는 것이 일반적인 현상입니다. 하지만 이 같은 움직임은 자칫 자신은 물론 다른 투자자들에게도 피해를 끼칠 수 있습니다.

유가증권시장과 코스닥시장에서는 주가가 급등하거나 급락해 투자자들에게 피해를 줄 가능성이 커지면 누군가가 시장에 개입합니다. 유가증권시장에서는 한국거래소(KRX) 유가증권시장본부, 코스닥시장에서는 한국거래소 코스닥시장본부가 이와 같은 역할을 맡습니다.

그럼 사이드카(Side Car)는 뭘까요? 사이드카는 경찰관이 타고 다니면서 교통질서를 바로잡거나 급한 경우 길 안내도 하는 오토바이의 일종입니다. 증권시장에서도 사이드카가 활동합니다. 과속하는 주가가 교통사고를 내지 않도록 유도하는 역할을 하죠.

사이드카는 선물 가격이 전날 종가에 비해 5%(유가증권시장), 6%(코스닥시장) 이상 등락한 채 1분 이상 계속될 때 발효됩니다. 사이드카가 발효되면 주식시장의 매매호가 행위는 5분간 효력이 정지됩니다. 급격하게 오르거나 내린 증시가 진정될 수 있도록 숨을 고르는 시간을 주는 것이죠. 5분이 지나면 자동해제돼 정상적인 매매활동이 가능해집니다.

　이러한 사이드카를 적용하려면 몇 가지 제한 규정이 있습니다. 주식시장 매매거래 종료 40분 전(오후 2시 50분) 이후에는 발동할 수 없고, 하루 한 차례만 사용할 수 있다는 것이 그것입니다.

　사이드카보다 한 단계 더 강한 것이 <u>서킷브레이커</u>(Circuit Breaker)입니다. 서킷브레이커는 '회로차단기'를 뜻합니다. 주가가 급등락하는 경우 마치 회로차단기처럼 주식매매를 일시정지하도록 막는 것이죠.

　서킷브레이커는 1987년 10월 미국에서 일어난 사상 최악의 주가 대폭락 사태인 블랙먼데이(Black Monday) 이후 주식시장의 붕괴를 막기 위해 도입됐습니다. 뉴욕증권거래소(NYSE)의 거래 중단 규정에 따르면, 다우존스 평균지수가 전날에 비해 50포인트 이상 등락할 경우 S&P500지수에 포함된 주식의 전자주문 거래를 제한합니다. 등락 폭이 100포인트 이상이면 모든 주식거래를 30분 동안, 550포인트 이상이면 1시간 동안 중단합니다.

　한국증권거래소는 2015년 6월부터 하루에 움직일 수 있는 주식의 가격 제한 폭이 종전 상하 15%에서 상하 30%로 확대됨에 따라, 손실 위험이 더 커진 투자자를 보호하기 위해 기존 1회 발동되던 서킷브레이커를 3단계에 걸쳐 발동되도록 변경했습니다.

1단계에서는 종합주가지수가 전일 대비 8% 이상 하락해 1분 이상 지속되면 모든 주식거래를 20분간 중단한 뒤 10분간 새로 호가를 접수해 단일 가격으로 처리합니다. 2단계 15% 하락, 3단계 20% 하락 시에도 동일하게 진행합니다. 하지만 3단계 20% 이상 하락이 1분간 지속되면 당일 시장은 그 즉시 종료됩니다.

서킷브레이커는 주식시장 개장 5분 후부터 장이 끝나기 40분 전인 오후 2시 50분까지 발동할 수 있으며, 하루에 한 번만 사용할 수 있습니다.

080 주식을 나누는 액면분할

액면분할(額面分割)은 말 그대로 주식의 액면가액을 일정한 분할비율로 나눠 주식 수를 늘리는 것을 말합니다. 예를 들어 액면가액 1만 원짜리 1주를 둘로 나눠 5,000원짜리 2주로 늘리는 것입니다.

그러나 이처럼 주식을 나눠도 실제로는 별다른 도움이 되지 않습니다. 액면가액 1만 원인 주식이 시장에서 3만 원에 거래될 경우, 액면가액 5,000원인 주식으로 액면분할하면 그 주식의 시장 가격도 1만 5,000원으로 떨어질 뿐, 주주 입장에서는 아무런 이득이 생기지 않기 때문입니다.

그럼 왜 액면분할을 하는 걸까요? 액면분할은 대개 주식의 시장 가격이 과도하게 높아 주식거래가 부진하거나 새로 주식을 발행하기 힘든 경우에 실시합니다. 액면분할을 통해 1주당 가격을 낮추면 주식거래가 활성화돼 '주식 유동성'을 높일 수 있기 때문입니다. 주식 유동성이란, 원할 때 주식을 빨리 팔아 현금화할 수 있는 정도를 말합니다.

그러나 액면분할이 만병통치약은 아닙니다. 그동안 기업이 실적 호조 등 호재가 없어도 액면분할을 하는 것만으로 주가가 오르는 일이 많았습니다. 그래서 액면분할은 증시에서 마법으로 불리기도 했죠. 그런데 2018년에 들어서면서 '액면분할=주가 상승'이라는 등식이 깨졌습니다. 한국예탁결제원이 2020년 1월에 발표한 자료에 따르면, 2019년 액면분할을 실시한 코스피·코스닥 상장기업 29곳 중 19곳(65.5%)의 주가가 하락한 것으로 나타났습니다.

롯데칠성은 2019년 5월 10 대 1 비율로 액면분할을 실시했지만 주가(종가 기준)는 16만 5,500원에서 2019년 말 14만 원으로 15.41% 하락했습니다. 풀무원은 실적 악화, 부채 증가 등 펀더멘털에 대한 불안 요인이 겹쳐 2019년 5월 액면분할 이후 주가가 14.45% 떨어졌습니다.

그렇다면 **액면병합**(額面倂合)은 무엇일까요? 액면병합은 액면분할의 반대로, 액면가가 적은 주식을 합쳐 액면가를 높이는 것입니다. 주식시장에서 액면병합을 하면 주식 유통량이 크게 줄어들어 주가가 오르는 경향이 있습니다. 수요에 비해 공급량이 부족한 탓이죠. 예를 들어 액면가 1,000원인 주식을 5,000원으로 병합하면 주식거래량이 5분의 1로 줄어듭니다.

액면병합의 경우, 주가가 오르는 효과를 거둘 수는 있지만, 기업의 기본적인 투자가치가 변하는 것은 아니라는 점을 명심해야 합니다. 참고로 액면가는 주식을 처음 발행할 때 주권 액면에 적는 금액을 말합니다.

081 회사 규모가 커지면 사업 밑천이 더 필요하다
증자와 감자

증자(增資, Capital Increase)는 회사의 자본금을 늘리는 것이고, 감자(減資, Capital Reduction)는 줄이는 것입니다. 그럼 왜 증자나 감자를 하는 것일까요? 이해를 돕기 위해 자본금의 개념부터 자세히 짚어보겠습니다.

자본금은 주식회사가 주식을 발행해 주주에게 주고, 그 대가로 받은 돈을 모아 조성한 것입니다. 즉 주식회사의 사업 밑천이죠. 흔히 자본금은 발행한 주식의 총액과 같습니다. 다시 말해 발행주식 총수에 주식의 액면가를 곱한 값이 바로 자본금입니다.

예를 들어 A라는 기업의 발행주식 총수가 1,000만 주이고, 액면가가 5,000원이라면 이 회사의 자본금은 1,000만 주×5,000원=500억 원이 됩니다. 따라서 자본금을 늘리려면 새로운 주식을 발행해 발행주식 총수를 늘려주기만 하면 됩니다.

그럼 언제 증자를 생각할까요? 회사 규모가 커지면 그만큼 사업 밑천이 더 필요해지는데, 주식회사에서 자본금을 늘리는 방법은 방금 말한 것처럼 주식을 더 발행하는 것입니다. 이처럼 주식을 더 발행해 자본금을 늘리는 것을 '증자'라고 합니다.

증자에는 크게 2가지 방법이 있습니다. '유상증자'와 '무상증자'가 바로 그것이죠. 유상증자는 기업이 주식을 새로 발행해 기존 주주나 새 주주에게 돈을 받고 파는 방식입니다. 즉 주주로부터 대가를 받아 자본금을 늘리는 것이죠. 사실 기업 입장에서 유상증자는 매우 효율적인 증자 방법입니다. 은행에서 돈을 빌리면 원금과 이자를 내야 하는데, 유상증자는 이자 걱정을 할 필요가 없기 때문입니다. 주주로부터 돈을 받으면 그만이니까요.

무상증자는 새로 발행하는 주식을 주주에게 공짜로 나눠주는 것을 말합니다. 돈을 받지 않고 주식을 주주에게 주는데 어떻게 자본금이 늘어날 수 있을까요? 정답은 기업의 회계장부에 있습니다. 회사가 회계장부에서 자본금 외에 자본준비금 등 다른 명목으로 갖고 있던 재산을 전부 또는 일부 자본금으로 바꾸고, 그 결과 늘어난 자본금 액수만큼 주식을 새로 발행해 주주에게 공짜로 주는 것입니다.

그럼 기업은 왜 돈도 안 되는 무상증자를 할까요? 무상증자가 기업에 아무런 이익도 주지 않는 것은 아닙니다. 회사 회계장부상의 자본금을 늘려 주주의 주식 수를 늘려줌으로써 주주에게 보상해주고, 그 결과 해당 주식의 인기를 높여 결국 주가를 올리는 효과가 있습니다.

그렇다면 감자는 무엇일까요? 감자는 말 그대로 회사 자본금을 줄이는 것을 말합니다. 회사 규모가 축소됐거나 적자가 누적돼 그 손실을 회계로 처리할 때 감자를 합니다. 쉽게 말하면, 자본 규모가 너무 커 기업의 효율성이 떨어지거나 누적 적자가 커 자본잠식(적자 규모가 커 자본금마저 까먹는 상황) 상태인 기업이 감자를 하죠. 무상으로 주식

수를 줄이는 '무상감자'가 일반적인데, 간혹 일정한 보상을 해주며 주식 수를 줄이는 '유상감자'도 있습니다.

감자를 하면 기존 주주들이 가진 주식은 감자하는 비율만큼 줄어듭니다. 예를 들어 B라는 기업이 50% 감자를 실시하면 100주를 가지고 있던 주주의 소유 주식 수는 50주가 됩니다. 이러한 이유로 기업이 무상감자를 실시하면 주주들은 크게 반발합니다. 그러나 단기적으로 봤을 때는 주주들에게 악재지만, 감자를 통해 기업의 재무구조가 개선되면 나중에 주주들에게 이익으로 돌아갈 수 있습니다.

082 주가 방어 위해 자기 회사 주식 사들이는
자사주매입

    기업이 자금을 조달하기 위해 주식을 발행했는데, 이를 다시 사들일 때가 있습니다. 이를 <u>자사주매입</u>(Stock Buy Back)이라고 합니다. 왜 자사주(자기회사 주식)를 다시 사들이는 것일까요?

    자사주매입은 주가 하락을 막는 효과가 있습니다. 일반적으로 주가가 하락하면 기업 이미지가 나빠지고, 심지어 증시에서 자금을 제대로 마련하기가 어려워집니다. 그래서 기업이 주가가 자사가치에 비해 너무 떨어졌다고 판단되면 주가를 지탱하기 위해 따로 돈을 들여 자사주를 사들이는 것입니다.

    기업이 자사주를 매입할 때는 보통 유보자금 (경영난 등 비상 사태를 대비해 남겨둔 이익금)을 활용하기 때문에 유통되는 주식의 물량이 줄어들고, 주당순이익(EPS)과 미래 현금흐름을 향상시켜 주가를 올리는 작용을 합니다. 그러나 증자나 감자처럼 주식 수를 조절하는 것은 아니므로 전체 주식 수는 변하지 않습니다.

    그런데 자사주매입 약발이 오래가려면

자사주를 사들이는 데 그치지 않고 주식을 없애는 <mark>주식소각</mark>을 해야 합니다. 피 같은 돈을 주고 자사주를 사들여 없애버린다니 미친 짓 아니냐고 생각하는 사람도 있을 것입니다. 그러나 자사주를 사들여 없애면 증시에서 유통되는 주식 수가 줄어들어 주당순이익이 커지는 효과가 있습니다. 주당순이익은 '연간 순이익÷총 발행 주식 수'로 계산합니다. 결국 발행 주식 수가 줄어들면 주당순이익이 커지기 마련인데, 이는 곧 자사주의 시세를 높이는 결과를 가져옵니다.

그러나 자사주를 매입할 때는 조심해야 합니다. 자사주매입으로 주가 급락을 막을 수는 있지만, 회사 입장에서는 자사주를 사들여 소각한 금액만큼 자본금이 감소하게 됩니다. 이를 재무 구성 측면에서 보면 회사 자본금이 줄어든 만큼 상대적으로 부채가 커져 부채비율이 높아지는 문제점이 있습니다.

또 울며 겨자 먹기로 자사주매입을 해야 할 때도 있습니다. 바로 경영권 보호가 필요할 때입니다. 적대적 M&A(14장 참고)가 발생하면 회사는 경영권을 방어하기 위해 주식을 일정 지분 사들입니다. 이 경우 예상보다 많은 돈을 자사주매입에 지불하면서 비싼 값에 자사주를 사들이는 셈이 됩니다. 사들인 자사주는 결국 나중에 도로 시장에 내다 팔거나 소각해야 한다는 점을 고려하면, 자사주를 고가로 매입하는 것은 기업은 물론 직원들에게도 막대한 손해를 입히는 일입니다.

실제로 과거 A기업은 직원들에게 자사주를 50주씩 할당했는데, 자사주 가격이 너무 올라 울며 겨자 먹기로 대출까지 받아가며 다시 매입하기도 했습니다.

이와 같은 문제를 해결하기 위해 등장한 방법이 <mark>이익소각</mark>입니다. 이는 회사가 쌓아둔 이익금으로 자사주를 사들이는 기법입니다. 굳이 자본금에 손대지 않고 회사 이익금으로 자사주를 사면 자본금은 아무런 변화가 없고 주식 수만 감소합니다. 이는 증시에서 투자자의 관심을 모을 수 있는 호재로 작용합니다. 회사가 증시에서 유통되는 주식 수를 줄이면서도 이익을 내고 있다는 것을 동네방네 소문내는 효과를 거둘 수 있기 때문입니다.

083 우리나라 대표 주가지수
코스피

신문이나 방송에서 증권 관련 기사를 보도할 때 자주 등장하는 용어가 있습니다. 바로 코스피, 코스닥, 다우존스, 나스닥입니다. 이들은 모두 주가지수를 의미합니다. 이 중 코스피(KOSPI)는 'Korea Composite Stock Price Index'의 약어로, 한국종합주가지수를 의미합니다. 우리나라에서 주식을 거래하는 시장, 즉 제1시장의 주가지수죠.

주식시장의 흐름을 알려면 몇 가지 지표를 점검해야 합니다. 그런 지표로는 주가지수를 포함해 주식거래량, 상승·하락 종목 수, 고객예탁금(투자자가 주식을 사는 데 쓰려고 증권회사 거래계좌에 미리 맡겨두는 돈. 고객예탁금이 많아지면 거래가 활발해지면서 주가가 오를 가능성이 큼) 등이 있습니다. 이 중에서 특히 중요한 것이 바로 주가지수입니다. 주가지수는 말 그대로 주가가 어떻게 변했는지 나타내는 수치입니다.

우리나라의 주가 수준과 동향을 나타내는 대표적인 종합주가지수가 바로 코스피입니다. 코스피지

코스피

수는 증권거래소에 상장된 모든 주식을 대상으로 산출하는데, 여기서 코스닥 주식은 제외됩니다. 코스피지수의 계산식은 다음과 같습니다.

$$\text{코스피지수} = \frac{\text{비교 시점의 상장 종목 시가총액}}{\text{기준 시점의 상장 종목 시가총액}} \times 100$$

위 식에서 시가총액은 기업이 발행한 모든 주식을 시가로 평가한 금액을 말합니다. 한마디로 기업의 총체적인 시장가치라고 할 수 있습니다. 시가총액은 발행한 주식 수에 주식 단가(1주당 시세)를 곱하면 구할 수 있습니다.

그리고 기준 시점은 1980년 1월 4일입니다. 이때를 100으로 해서 비교하는 것이죠. 만약 2019년의 코스피지수가 2,000이라면 지난 39년간 주가는 20배 오른 것입니다.

참고로, 우리나라를 대표하는 주식 200개 종목의 시가총액을 지수화한 것을 '코스피200지수'라고 합니다. 이들 200개 종목이 전체 주식시장 시가총액의 70% 이상을 차지하고 있습니다. 모두 잘 알고 있는 삼성전자, 현대자동차 등이 코스피200에 포함됩니다.

084 제2시장의 주가
코스닥

이어서 코스닥(KOSDAQ)을 알아봅시다. 코스닥은 'Korea Securities Dealers Automated Quotation'의 약어로, 주로 벤처기업을 육성하고 중소기업의 자금 조달 창구를 마련하는 한편, 일반 투자자에게 새로운 투자 수단을 제공하기 위해 만든 시장입니다. 코스피가 제1시장이면, 코스닥은 제2시장인 셈입니다. 코스닥은 첨단 벤처기업이 즐비한 미국의 나스닥(NASDAQ)시장을 본떠 만들었습니다.

코스닥은 1996년 7월에 처음 문을 열었습니다. 코스닥시장의 특징인 자동매매 시스템은 경쟁매매 방식을 활용해 신속하고 정확하게 매매호가를 제공한다는 장점이 있습니다. 이것은 증권거래소처럼 특별한 거래 장소 없이 컴퓨터와 통신망으로 주식을 매매하는 전자거래시장이라는 뜻입니다.

코스닥은 기존 증권거래소에 비해 규제가 덜하고 비교적 시장 진입이나 퇴출이 자유로운 것이 특징입니다.

규제가 크게 줄어들어 높은 수익을 거둘 수 있는 반면, 위험도도 만만치 않습니다. 이 때문에 코스닥시장을 '고위험·고수익시장'이라고 합니다.

그럼 코스피200지수처럼 코스닥에도 종합지수가 있을까요? 코스닥은 시장을 대표하는 150개 종목으로 이뤄져 '코스닥150지수'라고 부릅니다. 코스닥150지수에 포함된 대표적인 업체로는 에코프로, 스튜디오 드래곤, CJ ENM 등이 있습니다.

085 미국의 주가지수
다우지수

우리나라에서 코스피가 제1시장(정규시장), 코스닥이 제2시장(장외시장)으로 나뉘듯, 미국에서는 뉴욕증권거래소(NYSE)가 제1시장, 나스닥(NASDAQ)이 제2시장으로 나뉩니다.

지수도 마찬가지입니다. 우리나라에 코스피지수와 코스닥지수가 있듯, 미국 증시에는 다우지수와 나스닥지수가 대표적인 종합주가지수 자리를 차지하고 있습니다.

다우지수는 '다우존스(Dow Jones) 주가지수'의 준말입니다. 우리나라 코스피지수가 시가총액을 토대로 산출되는 것과 달리, 다우지수는 뉴욕증권거래소에 상장된 종목의 주가 추이를 바탕으로 산출됩니다. 이를 흔히 '다우존스 방식'이라고 합니다. 비교적 거래가 활발하고 주가 동향을 잘 반영하는 몇몇 우량 종목을 대표로 골라, 이들 종목의 시세를 평균내 기준 시점과 비교 시점 주가를 비교하는 방식입니다.

공식을 통해 구체적으로 설명하면 다음과 같습니다. 다음

뉴욕 타임스 스퀘어의 나스닥 네온사인

재테크에 도움 되는 금융 상식 247

식에서 기준 시점은 1896년 5월 26일입니다.

$$\text{다우존스 주가지수} = \frac{\text{비교 시점의 대표 종목 주가 평균}}{\text{기준 시점의 대표 종목 주가 평균}} \times 100$$

사실 다우지수에는 다우존스공업평균지수(DJIA), 운송평균지수 등 여러 가지가 있습니다. 그중에서 대표성을 갖는 것은 다우존스공업평균지수입니다. 다른 말로는 '다우존스30산업평균지수'라고도 합니다.

미국 증시에서 다우지수와 쌍벽을 이루는 것은 <mark>나스닥지수</mark>입니다. 우리나라에서는 코스닥시장이 코스피시장에 비해 거래 규모가 많이 떨어지지만, 미국에서는 나스닥이 제2시장이라고 해서 제1시장보다 못하지 않습니다. 미국 나스닥시장에는 세계적 기업인 마이크로소프트, 애플, 아마존, 인텔 등 대표적인 IT기업이 속해 있기 때문입니다.

086

먹튀의 대마왕
사모펀드

신문 경제면에 자주 등장하는 용어로 <mark>사모펀드</mark>(PEF)가 있습니다. 사모(私募)는 '사사로이 모은 것'이라는 뜻입니다. 사사로이 모은다는 건 소수의 개인이나 기관 투자자에게만 알려 돈을 조달하는 것을 의미합니다. 일반인에게 공개해 돈을 모으는 공개모집, 즉 공모(公募)펀드와는 다르죠. 특히 투자자 수를 제한하는 것이 특징인데, 투자신탁업법에서는 100명 이하, 증권투자회사법에서는 50명 이하로 제한하고 있습니다.

요컨대 소수의 투자자로부터 모은 돈으로 주식, 채권 등에 투자하는 것이 사모펀드입니다. 사실상 비공개로 투자자를 모집하는 사모펀드는 자산가치가 저평가된 기업에 투자해 기업가치를 높인 뒤 가격이 올라가면 주식을 되파는 전략을 구사하고 있습니다.

그럼 사모펀드와 공모펀드의 차이점은 무엇일까요? 우선 사모펀드는 투자 대상에 대한 법규상 제한이 없어 자금을 자유롭게 운용할 수 있다는 것이 특징입니다. 반면 공모펀드는 펀드 총액의 10% 이상을 한 주식에 투자할 수 없고, 주식 외에 채권 등 유가증권에도 한 종목에 10% 이상 투자할 수 없습니다.

결과적으로 사모펀드는 투자에 대한 아무런 제한이 없어 이익을 많이 낼 수 있는 부문에 얼마든지 투자할 수 있다는 것이 가장 큰 특징입니다.

금융투자협회에 따르면, 2025년 1월 31일 기준 우리나라 펀드의 순자산 총액은 1,135조 원입니다. 이 중 공모펀드의 순자산은 465조 원으로 약 41%를 차지하며, 사모펀드의 순자산은 670조 원으로 59%에 달합니다. 2007년에 공모펀드가 전체의 70%를 차지했던 것을 생각하면 처지가 완전히 역전된 셈입니다.

그럼 사모펀드는 늘 만병통치약일까요? 물론 아닙니다. 막대한 수익을 올리면서도 세금에서는 감면 혜택을 받는 이른바 '먹튀' 사모펀드가 점차 늘고 있기 때문이죠. 대표적인 예가 미국의 '론스타'입니다. 론스타는 외환은행 매각을 놓고 먹튀 논란을 빚은 대표적인 사모펀드로, 막대한 수익에 비해 세금은 쥐꼬리만큼 낸 것으로 악명을 떨쳤습니다.

세계적인 호텔 체인 힐튼호텔, 미국 3대 자동차업체 중 하나인 크라이슬러, 캐나다 통신업체 벨캐나다 등이 모두 사모펀드에 넘어갔습니다. 이처럼 사모펀드가 세계 기업을 좌지우지하며 산업계의 큰손으로 떠오르다 보니 사모펀드에 제동을 걸어야 한다는 목소리가 커지고 있습니다.

먹튀 사모펀드로 피해를 입는 투자자들을 보호하기 위해 정부의 철저한 감시가 필요한 시점입니다.

087 공격적이고 도박성이 큰
헤지펀드

헤지펀드(Hedge Fund)는 외환시장이나 증시에 투자해 단기이익을 올리는 투기자금을 말합니다. 100명 미만의 개인 투자자가 펀드를 만들고, 이익이 발생하는 곳이라면 어디든 국경을 넘나들어 공격적으로 투자하는 도박성이 큰 투자신탁이죠. 투자자가 맡긴 자금의 2%를 운용수수료로 받으며, 수익의 20% 이상을 성과급으로 받는 것이 관례입니다.

원래 '헤지(Hedge)'는 울타리를 치고 방어적으로 관리한다는 뜻이지만, 헤지펀드는 투자 이익 극대화를 위해 큰 위험도 마다하지 않으며, 적극적으로 투자 행위를 합니다. 실제로 헤지펀드는 이익을 창출하는 일이라면 무엇이든 하는 특성이 있습니다.

투자하는 분야도 다양합니다. 주식시장은 물론, 일본 엔화처럼 금리가 낮은 나라의 돈을 빌려 금리가 높은 나라에 투자하는 캐리 트레이드(58장 참고), 석유와 곡물 등 다양한 원자재에 따라 거래되는 원자재선물, 해외부동산시장 등 웬만큼 돈이 되는 분야라면 전부 입질을 하고 있습니다.

그렇다면 세계 최대 규모의 헤지펀드는 무엇일까요? 정답은 퀀텀펀드(Quantum Fund)입니다. 헤지펀드의 제왕 조지 소로스(George Soros)와 '월가의 신화'라 불리는 짐 로저스(Jim Rogers)가 1969년에 함께 설립한 이 업체는 창업한 후 10년 만에 누적수익률 3,365%라는 경이적인 수익률을 올렸습니다. 수익률이 예전에 비해 주춤하고 있지만 그 명성은 여전히 유지되고 있죠.

2위는 폴슨 앤 코(Paulson&Co.)입니다. 존 폴슨(John Paulson)이 1994년에 설립한 이 헤지펀드는 주로 글로벌 기업 인수합병(M&A), 차익거래, 신용전략을 전문으로 하는 업체입니다. 이 업체는 그동안 업계에서 인지도가 낮았지만 2007년 미국을 넘어 세계경제를 위기로 몰고 간 서브프라임 모기지(비우량주택담보대출) 사태가 벌어지면서 큰 성공을 거뒀죠.

이처럼 헤지펀드시장의 규모가 거대해진 것은 전 세계를 강타한 국제 유가 급등과 기업 M&A 붐, 중국과 인도 등 신흥시장의 부상으로 이들 영역에 투자하는 펀드 상품이 급증했기 때문입니다.

세계 10대 헤지펀드와 누적 순이익

순위	헤지펀드명	누적 순이익(억 달러)
1위	퀀텀펀드(Quantum Fund)	320
2위	폴슨 앤 코(Paulson&Co.)	264
3위	아팔루사 매니지먼트(Appaloosa Management)	124
4위	브리지워터 어소시에이츠(Bridgewater Associates)	122
5위	데이비드 테퍼(David Tepper)	100
6위	밀레니엄 매니지먼트(Millennium Management)	80
7위	시타델(Citadel)	70
8위	무어 캐피털 매니지먼트(Moore Capital Management)	60
9위	데이비드 아이켄(David E. Shaw)	50
10위	타이거 글로벌 매니지먼트(Tiger Global Management)	40

*자료: S&P Dow Jones Indices, 2024년

헤지펀드업계의 제왕 소로스는 2011년 7월 헤지펀드 매니저에서 물러

나 일반 투자자로 돌아가겠다고 밝혔습니다. 한 언론에 따르면, 소로스는 투자자들에게 자금을 돌려주고 본인과 가족의 자금만 운용하는 투자자로 남기로 했다고 합니다. 그는 지난 40년 동안 연평균 20%의 수익률을 거두었으며, 350억 달러의 수익금을 투자자들에게 안겨준 기록을 갖고 있습니다.

사실 국내 투자자들 사이에서 헤지펀드는 투자보다는 투기에 가까웠습니다. 헤지펀드에 대한 정확한 이해가 부족해 제대로 투자하는 사람이 없었고, 돈을 크게 잃은 사람 혹은 크게 번 사람만 존재해 극단적인 수익 차가 벌어지는 투기 사업이라는 이미지가 컸죠. 그러나 2011년 11월 국내 헤지펀드 출범을 위한 법적 기반이 마련됐고, 같은 해 12월 헤지펀드가 공식적으로 출범하면서 2024년 기준 250개의 한국형 헤지펀드가 450억 달러(약 62조 2,215억 원) 규모로 운용되고 있습니다. 헤지펀드가 장기적으로 원칙에 맞는 투자와 운용을 지속할 수 있도록 탄탄한 금융 기반을 만들어나갈 필요가 있습니다.

088 부실기업을 먹고 사는 벌처펀드

사막에서 독수리가 하늘을 날며 먹이를 찾는 모습을 상상해보세요. 날카로운 눈빛으로 주위를 배회하다 먹이를 발견하면 놀라운 속도로 내려와 강력한 부리와 발톱으로 공격해 단숨에 죽여버립니다.

기업 세계에도 이러한 독수리(Vulture)가 있습니다. 독수리처럼 살아 있는 먹이는 물론, 썩은 고기도 마다하지 않고 먹어대는 이것은 바로 ==벌처펀드==(Vulture Fund)입니다.

벌처펀드는 부실기업이나 정크본드(Junk Bond, 신용등급이 낮은 기업이 발행하는 고위험·고수익 채권)를 주요 투자 대상으로 삼습니다. 자칫 파산할 수도 있는 기업을 싼값에 인수한 뒤 경영을 정상화해 비싼 값에 되팔아 단기간에 고수익을 올리는 것이 목적입니다. 그래서 벌처펀드는 고수익·고위험의 특성을 갖고 있습니다.

벌처펀드는 고수익을 노리는 헤지펀드나 투자신탁회사, 투자은행 등이 설립·운용합니다. 운영 방법은 부실기업의 경영권을 인수해 회사를 회생시킨 뒤 되파는 방법 외에도 부실기업의 주식이나 채권에 투자해 주주의 권리 행사로 간접 참여하는 방법, 부동산 등 일부 자산만 인수해 비싸게 파는 방법 등이 있습니다.

벌처펀드는 부실기업이 아닌 부실국가에서도 등장합니다. 2014년 아르헨티나를 디폴트 위기로 몰아넣은 것도 바로 벌처펀드입니다. 이들은 채무위기에 직면한 아르헨티나의 채권을 싼값에 사들였고, 아르헨티나는 2014년 6월 13억 3,000만 달러에 달하는 원금과 이자를 갚지 못해 디폴트 위기에 놓였습니다. 미국 헤지펀드사는 바로 원금과 이자를 갚으라며 아르헨티나 정부를 상대로 소송을 제기했고, 미국 연방대법원은 결국 헤지펀드사의 손을 들어줬습니다.

이처럼 부실기업이 아닌 부실국가에도 손을 뻗는 벌처펀드의 행태는 국제사회의 규탄을 받기도 합니다. 하지만 미국의 판결을 통해 알 수 있듯, 금융권에 관대한 외국의 법은 벌처펀드의 성장을 부추길 뿐입니다.

그렇다면 전 세계에서 활동하는 벌처펀드 수와 이들이 관리하는 자산운용 규모는 얼마나 될까요? 업계에서는 전 세계 벌처펀드가 '오크트리 캐피털(Oaktree Capital)' 등을 포함해 1만 곳 이상일 것이라 예상하고 있습니다. 오크트리 캐피털은 2025년 1월 기준 약 1,890억 달러(약 275조 8,455억 원)의 자산을 운용하고 있죠. 또한 벌처펀드가 운용 중인 전 세계 자산 규모는 2조 달러(약 2,919조 원)에 이를 것으로 예측됩니다.

089 세계경제를 위기로 몰아넣은 파생상품

파생상품(Derivatives)은 환율이나 금리, 주가 등의 시세 변동에 따른 피해를 줄이기 위해 미래의 특정 시점에 특정 가격으로 상품이나 주식, 채권 등을 거래하기로 계약하는 일종의 보험성 금융상품을 말합니다. 대표적인 것으로 선도(Forward), 선물(Futures)을 꼽을 수 있습니다.

예를 들어보겠습니다. 채소도매상 홍길동이 봄에 농부 변강쇠를 찾아가 가을 김장철에 배추를 포기당 1,000원에 10만 포기 구매하기로 계약했습니다. 그런데 가을에 전국적인 배추 풍작으로 배추값이 포기당 500원으로 떨어진다면 어떻게 될까요? 당초 계약한 게 있으므로 홍길동은 부득이 시중 가격의 2배를 지급할 수밖에 없습니다. 당연히 변강쇠는 저절로 콧노래가 나올 테고, 홍길동은 마음이 상당히 불편하겠죠.

하지만 이와 반대의 경우에는 전혀 다른 상황이 연출될 것입니다. 배추 흉작으로 공급량이 크게 줄어 배추값이 금값이 돼 2,000원으로 올랐다면 어떻게 될까요? 변강쇠는 울며 겨자 먹기로 1포기당 1,000원에 넘겨야 해 화가 날 테고, 홍길동은 시중가의 절반에 배추를 사들이는 횡재에 입이 찢어질 지경일 것입니다.

이와 같은 거래를 '선도거래'라고 합니다. 선도거래의 특징은 가격 등락에 따라 사는 사람과 파는 사람의 이해가 크게 달라진다는 것입니다. 그렇다면 '선물거래'와 어떤 차이가 있을까요? 사실 선도거래와 선물거래는 매우 유사합니다. 선도거래가 홍길동과 변강쇠 두 사람 간의 사적인 계약으로 이뤄지는 것이라면, 선물거래는 정식 선물거래소에서 규격화된 상품을 대상으로 해 공적으로 이뤄진다는 것이 큰 차이점입니다.

그럼 이러한 파생상품이 거래되는 이유는 무엇일까요?

첫째, 위험 회피 성격이 있기 때문입니다. 이를 가리켜 '헤지(Hedge)'라고 합니다. 앞서 홍길동과 변강쇠의 예에서 두 사람은 저마다 배추값 등락에 따른 손해를 피하기 위해 선도거래를 한 것입니다. 물론 거래의 특성상 한 사람이 이익을 보면 다른 사람은 손해를 볼 수밖에 없습니다.

둘째, 차익거래로 이익을 거둬들일 수 있기 때문입니다. 홍길동이나 변강쇠 둘 중 한쪽은 당초 계약한 배추값에 비해 시중 가격이 오르거나 내리면 이익을 볼 수 있습니다.

여기서 퀴즈 하나! 역사상 파생상품을 활용해 가장 짭짤하게 돈을 번 사람은 누구일까요? 정답은 고대 그리스 철학자 탈레스(Thales of Miletns)입니다.

'기하학의 아버지'로 알려진 탈레스는 올리브유를 짜는 압착기를 빌려 많은 돈을 벌었습니다. 탈레스는 올리브 농사가 엄청난 풍작이 될 것이라 예상하고 올리브유 압착기 소유주들에게 미리 일정 금액을 지불하는 대신, 다가올 올리브 수확철에 압착기를 미리 정해놓은 가격에 사용할 수 있는 권리를 확보했습니다. 탈레스의 예상대로 그해 올리브 농사는 대풍이었고, 올리브유 압착기 수요가 폭증하자 탈레스는 엄청난 이익을 거뒀죠. 탈레스는 이른바 '옵션거래'로 대박을 친 겁니다.

파생상품은 수익을 추구하면서 위험을 회피하는 2가지 특성을 지니고 있습니다. 하지만 2008년 글로벌 금융위기를 초래한 주범이기도 하죠. 파생상품은 사실 금융공학(Financial Engineering)의 부산물입니다. 금융공학은 수학적인 방식을 활용해 금융시장을 분석하는 학문입니다.

금융공학은 다른 학문에 비해 우리에게 그렇게 익숙한 분야는 아닙니다. 이 분야가 전 세계적으로 널리 퍼진 시기가 기껏해야 1990년대니까요. 전 세계를 오랫동안 집어삼킨 동서냉전이 끝나자, 그동안 무기 개발 등 군수산업에 몸담고 있던 응용수학, 컴퓨터공학 전공자들이 은행과 증권 등 금융업계에 대거 진출했습니다. 이들이 금융시장에서 자신의 전공과 금융상품 간의 융합을 통해 만들어낸 것이 바로 파생상품입니다.

문제는 금융공학이 발달하면서 파생상품이 더욱 복잡해지는 양상을 띠게 됐다는 것입니다. 심지어 파생상품 자체를 바탕으로 다른 파생상품이 생기거나 여러 종류의 파생상품이 섞여 새로운 파생상품이 창출되는 등 상품 구조가 계속 바뀌고 있습니다.

이렇다 보니 웬만한 파생상품 전문가들도 이와 같은 복잡성을 제대로 파악하지 못하는 경우가 많습니다. 심지어 파생상품을 파는 사람도 상품 내용을 정확히 알지 못하고 판매하는 이른바 '불완전판매'가 비일비재한 것도 이러한 이유 때문이죠. 그래서 일반 투자자뿐 아니라 기업도 파생상품 때문에 피해를 보는 경우가 많습니다. 파생상품과 관련한 사고가 끊이지 않자, 한국 금융당국이 파생상품 관련 규제를 강화하는 등 파생상품은 현재 금융권에서 천덕꾸러기로 전락하고 있는 신세입니다.

그러나 상품 자체가 안고 있는 위험성에도 불구하고 파생상품에 눈을 돌리는 사람이 점점 더 늘어나고 있습니다. 위험이 뒤따르는 금융상품이지만 한 방에 큰돈을 벌 수 있다는 유혹을 떨쳐버리지 못하기 때문이 아닐까요?

090 미래 가격으로 결제하는
선물거래

상품거래는 크게 현물(現物)과 선물(先物)로 나뉩니다. 현물거래는 현재 시세로 거래 계약을 체결하고 매매하는 것으로, 현재 시점에서 물건을 사고파는 것을 말합니다. 현물거래는 시세를 보고 가격이 맞으면 그 자리에서 상품과 돈을 맞바꾸면 되기 때문에 사실 큰 이익을 얻기는 힘듭니다. 물론 큰 손해를 볼 위험도 적습니다.

선물거래는 누구나 받고 싶어 하는 선물(Gift)이 아니라 미래에 사고팔기로 하고 상품을 거래하는 것입니다. 그래서 영어로 'Futures'라고 합니다. 선물거래는 미래에 상품과 대금을 교환하기로 약속하는 거래 방식입니다. 즉 상품은 나중에 받기로 하고 대금은 그 상품의 현재 시세로 치르는 것이죠. 흔히 선물거래가 희비쌍곡선을 그리는 것도 바로 여기에서 비롯됩니다.

예를 들어 밀가루 1톤을 선물거래로 1만 달러에 결제했다고 가정해봅시다. 만약 밀가루를 받기로 한 시점에 심각한 가뭄이 발생해 밀가루 가격이 2배나 폭등했다면 선물거래로 이미 돈을 지급한 사람은 크게 이익을 보지만, 절반 가격으로 판 셈인 공급자는 땅을 치고 울 것입니다. 그러나 이와 반대의 상황도 발생할 수 있습니다. 전 세계적으로 밀 작황이 좋아 밀가루 공급량이 크게 늘었다고 가정해볼까요? 밀가루를 건네받을 시점에 밀가루값이 1톤당 5,000달러로 반토막이 됐다면 밀 공급자는 앉아서 2배의 이익을 얻은 셈입니다. 밀을 산 사람은 시세보다 2배나 비싼 밀을 구입한 셈이고요.

그렇다면 왜 이와 같은 선물거래를 하는 것일까요? 처음에는 가뭄으로 인한 흉작에 대비해 밀가루, 옥수수 등 주요 곡물의 안정적인 공급과 가격 변동에 따른 피해를 막기 위함이었습니다. 그런데 지금은 농산물 외에 금속, 에너지, 주식, 채권, 양도성 예금증서(CD), 금, 외환 등 금융 자산까지 선물거래의 범위가 계속 넓어지고 있습니다.

우리나라에서는 유가증권 시장과 코스닥시장을 운영하는 한국거래소(KRX)에서 선물상품을 거래하고 있습니다.

한국거래소

091 선물 가격이 정상 상태인 콘탱고

이번에는 콘탱고(Contango)와 백워데이션(Backwardation)에 대해 알아보겠습니다. 콘탱고는 우리말로 '선물고평가(先物高評價)'라고 하는데, 선물 가격이 현물 가격보다 높은 상태를 말합니다.

사실 일반적으로 선물 가격이 현물 가격보다 높기 마련입니다. 그 이유는 미래 시점에 받을 상품을 미리 사는 것이므로 그에 대한 이자와 창고료, 보험료 등 각종 보유비용이 다 포함되기 때문입니다. 그래서 콘탱고를 '정상시장(正常市場)'이라고 합니다. 그런데 간혹 현물 가격이 선물 가격보다 높을 때가 있습니다. 이를 역조시장(逆調市場), 즉 백워데이션이라고 합니다.

백워데이션은 공급 물량이 부족해지거나 계절적 수요가 급증하는 상황에 주로 발생합니다. 예를 들어 휘발유의 백워데이션 현상이 나타날 때는 언제일까요? 바로 여름휴가 철입니다. 휘발유시장에서는 여름휴가 철을 앞둔 4~5월에 현물 가격이 급증하는 백워데이션이 두드러집니다. 그러나 여름휴가 철이 끝나는 8월부터는 현물 가격이 떨어지는 콘탱고로 복귀합니다.

그리고 베이시스(Basis)라는 말이 있는데, 이는 시장에서 실제로 거래되는 선물 가격과 현물 가격 간의 차이를 나타냅니다. 그럼 베이시스가 제로가 된다는 것은 무슨 의미일까요? 선물 만기일 이전에 베이시스값만큼 고평가 혹은 저평가돼 있던 선물시세가 만기일이 됐을 때 제자리로 돌아간다는 뜻입니다.

그렇다면 투자자 입장에서는 어느 시점에 선물을 사고파는 것이 유리할까요? 선물시세가 현물시세보다 높은 콘탱고일 때 선물을 파는 것이 유리합니다. 선물 만기일이 되면 그전에 고평가된 선물시세가 떨어지기 때문입니다. 그럼 선물시세가 현물시세보다 저평가된 백워데이션에서는 어떤 입장을 취해야 좋을까요? 당연히 선물을 사는 것이 좋습니다.

092 투자자들 몰래 나쁜 소식 발표하는
올빼미 공시

주식시장에 증권을 발행하는 업체는 의무적으로 공시(公示, Disclosure)를 하도록 돼 있습니다. 공시는 투자자에게 기업의 사업 내용, 재무 상황, 영업 실적 등을 알리는 제도입니다. 그렇다면 왜 공시를 하는 것일까요? 주식거래와 가격에 영향을 미칠 수 있는 중요한 사항을 투자자에게 알려 주가가 공정하게 형성되도록 하기 위해서입니다.

공시의 종류는 크게 2가지로 나뉩니다. 하나는 기업이 투자자가 요청하지 않아도 알아서 내놓는 '자진공시'입니다. 나머지 하나는 금융감독기관과 증시관리자가 증권을 유통시키는 공개기업에 법률과 규칙을 근거로 의무를 지우는 '의무 공시'입니다. 기업의 구조조정을 비롯해 기업 인수합병(M&A) 계획, 부도, 자본금 확충(증자), 주식배당, 자사주매입, 기술 도입 등 기업의 경영전략을 의무적으로 공시하도록 돼 있습니다.

공시를 시기로 나누면 증권을 발행할 때 회사 내용을 알리는 '발행공시', 사업실적을 정기적으로 알리는 '정기공시', 증권회사가 수시로 내놓는 '수시공시' 등이 있습니다. 이외에 언론보도나 소문의 진위를 가리기 위해 기업이 자진해서 혹은 금융감독원이나 한국거래소의 요청에 따라 하는 '조회공시'도 있습니다.

이처럼 기업이 투자자를 위해 각종 정보를 시의적절하게 내놓고 있지만, 투자자를 속이는 행위도 없지 않습니다. 대표적인 예가 올빼미 공시입니다. 낮에는 거의 찾아볼 수 없고 어둠이 깔려야 움직이는 올빼미의 특성에 빗댄 것으로, 의무 공시를 해야 하는 사항이 생겼지만 주가에 악재로 작용할까 두려워 투자자의 관심이 적은 시간대를 골라 공시하는 수법을 말합니다. 한국거래소는 3일 이상 휴장하기 전 마지막 매매일의 정규장 마감 후 또는 연말 폐장일에 나오는 공시를 '올빼미 공시'로 보고 있습니다. 즉 설날, 추석 연휴 등 긴 휴장 기간을 앞둔 직전에 악재성 정보를 알리는 공시인 셈이죠. 연휴 직전일 오후 3시 30분 정규장을 마친 시간부터 자정 사이에 공시가 나오기 때문에 다시 장이 열리는 날에 대규모 주가 급락을 일으킬 수 있습니다.

금융감독원은 개인 투자자의 피해를 줄이기 위해 공시 발표 시간을 오전 7시 30분~오후 6시로 정했습니다. 올빼미 공시는 마감 시간 1시간을 앞둔 오후 5~6시 사이에 집중적으로 나옵니다. 이와 관련해 한국거래소 관계자는 "마감 시간인 오후 6시를 조금 넘겨 나오는 공시들은 규정 시간 내에 접수됐지만 거래소 승인 과정에서 늦어진 것들이어서 어쩔 수 없이 오후 7시까지 처리할 수밖에 없다"라는 입장을 보이고 있습니다.

문제는 올빼미 공시에 상장폐지 관련 공시도 포함돼 있다는 것입니다. 이럴 경우 상장폐지에 따른 손실을 투자자들이 뒤집어쓸 수밖에 없습니다.

그렇다면 이에 대한 대비책은 없을까요? 업계 관계자들은 공시를 담당하는 상장위원회가 회의 시간을 앞당겨 장 마감 시간에 맞추고, 장 마감 후 공시하는 기업의 리스트를 작성해 발표할 필요가 있다고 주장합니다. 즉 올빼미 공시를 자주 하는 업체들의 블랙리스트를 만들어 악재성 공시에 대비하자는 말이죠.

올빼미 공시는 연휴 직전이나 금요일 장 마감 후에 많이 나타납니다. 광복 70주년 기념 2015년 광복절 연휴도 예외는 아니었습니다. 이때도 어김없이 올빼미 공시가 쏟아졌죠. 이때 발표된 주요 올빼미 공시로는 참엔지니어링 전직 임원의 횡령 및 배임 혐의, 싱가포르항공의 제주항공 지분 투자 철회, NHN엔터테인먼트의 종속회사인 NHN블랙픽의 1개월 영업정지 처분 등이 있었습니다.

요즘에도 올빼미 공시는 계속해서 이어지고 있습니다. 코스닥 상장업체 누리플렉스는 2023년 12월 29일에 대표이사 구속 사실을 공시했습니다. 이는 2023년 마지막 거래일이었던 12월 28일 이후에 대표이사 구속, 영업 정지 등 주가에 치명타를 줄 수 있는 정보를 슬쩍 흘린 것이죠. 국내 증시가 휴장한 연말연시를 노린 대표적인 올빼미 공시인 셈입니다.

즐거운 연휴가 다가오더라도, 개인 투자자는 혹시 모를 악재성 공시가 없는지 예의주시하는 매의 눈을 가져야 할 필요가 있습니다.

093 우수 인재를 확보하기 위한 전략
스톡옵션

기업체가 세계적인 기업으로 자리매김하기 위해서는 어떤 점에 주력해야 할까요? 당연히 매출 규모를 크게 늘리는 일이 우선시돼야 합니다. 그러기 위해서는 중국과 인도, 남미, 아프리카 등 전 세계에 걸쳐 사업을 하는 탄탄한 글로벌 경영전략이 뒷받침돼야겠죠. 그리고 직원들이 오로지 회사 일에만 전념할 수 있는 기업문화를 조성하고, 노조가 불필요한 파업은 자제해야 합니다.

특히 직원 모두 회사를 사랑하고 회사 발전에 전념할 수 있는 분위기를 만드는 것이 아주 중요합니다. 직원 모두 회사 일을 자기 일처럼 여기고 회사 발전을 위해 노력한다면 이루지 못할 것이 없기 때문입니다. 그래서 기업 총수는 직원의 근로 의욕을 높이기 위해 다각도로 노력하고 있습니다. 그 대표적인 예가 '우리사주'와 '스톡옵션'입니다.

우리사주는 직원들이 회사 주식을 소유해 기업의 경영과 이익분배에 참여하게 하는 제도로, 회사가 남의 것이 아니라 나의 것이라는 인식을 갖게 합니다. 이는 직원들이 회사 발전을 위해 더 헌신하도록 하는 것은 물론이고, 노사 관계 개선, 지배구조 개선, 생산성 향상, 국내 자본시장 건전 육성이라는 5마리 토끼를 잡을 수 있는 좋은 제도입니다.

<u>스톡옵션</u>(Stock Option)은 회사가 직원들에게 미래의 일정 시점에 일정량의 자사 주식을 미리 정해놓은 가격에 매입할 수 있는 권리를 주는 제도입니다. 예를 들어 3년 후 1만 주를 1만 원에 살 수 있는 권리를 부여해, 이후 회사 영업이익이 늘어나거나 상장 등으로 주가가 오르면 차익을 얻을 수 있도록 해주는 것입니다. 이 제도는 대기업에 비해 임금을 많이 주지 못하는 중소기업이나 벤처기업에서 우수 인재를 확보하기 위한 전략으로 많이 사용합니다.

2012년에 메타(구 페이스북)의 CEO 마크 저커버그의 스톡옵션 수익이 화제가 됐습니다. 저커버그는 1주당 6센트의 가격으로 스톡옵션 6,000만 주를 행사해 33억 달러, 한화로 약 3조 5,000억 원의 매각차익을 챙겼습니다. 이에 부과된 세금만 16억 7,000달러(약 1조 9,326억 원)라고 하니 정말 어마어마한 금액이네요.

2025년 6월 말 기준 저커버그는 메타 주식을 약 13% 보유해 그의 재산은 2,212억 달러(약 303조 8,182억 원)에 이를 것으로 추정됩니다.

2014년 10월 다음과 합병한 카카오톡의 직원들도 스톡옵션 대박을 맞았습니다. 카카오톡은 2008년 처음으로 직원들에게 2만 주의 스톡옵션을 부여했고, 2013년까지 총 17회의 스톡옵션을 지급했습니다. 행사 가격은 1주당 평균 1만 700원으로, 합병 당시 매수 가격이 11만 3,429원이었음을 고려하면 1주당 10배라는 어마어마한 차익이 생긴 셈입니다.

그 이후에도 카카오는 임직원들에게 스톡옵션을 2018년에 2차례, 2019년에 한 차례 더 부여했습니다. 행사 가격도 12만 원대까지 치솟았죠. 2006년 벤처기업으로 문을 연 카카오가 2025년 6월 현재 시가총액 29조 원대 대기업으로 우뚝 선 배경에는 이러한 스톡옵션이 톡톡히 역할을 했습니다.

이는 기업 발전과 이를 통한 주가 상승을 유도하기 위해 직원들에게 부여하는 스톡옵션제도가 제대로 성과를 발휘한 예라 할 수 있습니다.

그러나 때로는 고통을 분담해야 할 경영진과 임원들이 과도하게 스톡옵션을 챙겨 눈살을 찌푸리게 하는 경우도 있습니다. 2008년 글로벌 금융위기 주범으로 꼽히는 세계적인 보험회사 AIG의 CEO 로버트 벤모쉬(Robert Benmosche)는 그해에만 스톡옵션으로 153만 달러를 챙겨 비난을 받았습니다. 또한 글로벌 금융위기 당시 100억 달러의 구제금융을 받고 사기 혐의로 고소까지 당한 골드만삭스의 CEO 로이드 블랭크페인(Lloyd Blankfein)은 스톡옵션으로 무려 610만 달러의 수익을 챙겼죠.

이외에도 스톡옵션 차익을 위해 회사의 장기적인 성장보다는 당장 주가를 올리는 데만 급급한 경영진의 모습도 스톡옵션의 부작용 중 하나라고 할 수 있습니다.

094 돈을 튕겨서 불리는 지렛대
레버리지

　부동산이나 주식과 관련된 뉴스가 나오면 단골처럼 등장하는 용어가 있습니다. 바로 <u>레버리지</u>(Leverage)입니다. 레버리지는 영어로 '지렛대'라는 뜻입니다. 지렛대는 무거운 물건을 움직이는 데 쓰이는 막대기로, 어떤 목적을 달성하는 데 필요한 수단이나 힘을 말하기도 합니다. 참고로 영국과 호주에서는 레버리지 대신 '기어링(Gearing)'이라는 용어를 사용합니다.

　경제학에서 레버리지효과는 사업 등 어떤 목적에 부족한 돈을 빌려 투자한 뒤 수익률을 높이는 방법을 말합니다. 이를 위해 빌린 돈을 뜻하는 차입금 등 타인자본을 지렛대 삼아 자기자본이익률(ROE)을 높이는 것도 레버리지효과에 속합니다.

　자기자본이익률은 기업 경영자가 기업에 투자된 돈을 활용해 이익을 어느 정도 올리는지를 보여주는 것으로, 기업이 이익을 창출할 수 있는 능력을 보여주는 척도이기도 합니다. 예를 들어 자기자본이익률이 20%라면 연초에 100원을 투자해 연말에 20원의 이익을 냈다는 이야기입니다.

　그렇다면 레버리지는 언제 사용해야 효과적일까요? 빚을 지렛대 삼아 투자수익률을 극대화하는 방법은 주로 경기가 호황일 때 자주 사용합니다. 경기가 좋을 때 비교적 낮은 비용과 금리를 활용해 자금을 끌어모아 수익성이 있는 곳에 투자하면 막대한 수익을 남길 수 있기 때문이죠.

투자할 때 꼭 레버리지를 활용해야 할까요? 대출을 받지 않고 투자할 방법은 없을까요? 물론 자금이 충분하다면 굳이 타인자본을 끌어모아 사업을 하거나 투자할 필요가 없겠죠. 그러나 남의 돈 없이 투자하는 것도, 더욱이 별로 많지 않은 자기자본으로 투자수익을 극대화하는 것도 결코 쉽지 않습니다. 돈을 빌려야만 사업이나 투자를 할 수 있는 게 냉정한 현실입니다.

다만 레버리지는 현명하게 쓰는 게 매우 중요합니다. 부채가 자기자본보다 더 많으면 과다차입이 됩니다. 과다차입은 종종 위기로 이어지기도 합니다. 이때 부채를 이용해 수익이 발생하면 '정(+)의 레버리지효과'라고 하고, 손실이 발생하면 '부(-)의 레버리지효과'라고 합니다.

여기서 퀴즈 하나! 부채를 통해 투자수익률을 높이는 대신, 빚을 갚는 경영 기법은 무엇일까요? 정답은 디레버리지(Deleverage)입니다. 디레버리지는 부채 등 차입을 줄이는 것을 뜻합니다. 기업이 경영위기로 어려움에 처했을 때는 가진 것을 모두 팔아 빚을 줄이는 게 상책이죠. 이때 디레버리지를 주로 사용합니다.

디레버리지의 대표적인 사례로는 2008년 글로벌 금융위기를 들 수 있습니다. 전 세계를 강타한 금융위기로 자산가치가 폭락하자 투자자들이 보유한 자산을 청산했기 때문이죠. 특히 우리나라 주식시장의 경우, 외국인 투자자들이 주식과 채권 등 자산을 처분해 2008년 당시 국내 금융시장이 크게 동요한 적이 있습니다.

디레버리지가 급격하게 이뤄지면 금융시장이 타격을 입을 수밖에 없습니다. 대표적인 예가 '유동성 문제'입니다. 외국인 투자자들이 국내에서 주식을 대거 팔고 돈(달러)으로 바꿔 국내 금융시장에서 나가면서 원달러 환율이 크게 치솟기도 했죠. 결국 디레버리지가 급격하게 이뤄지면 자산 가격이 폭락하는 등 유동성 문제가 커져 돈을 빌리기가 쉽지 않은 신용경색까지 일어날 수 있습니다.

이처럼 기업과 개인이 빚을 줄이기에 급급해 경제를 퇴보시키는 현상을 '디레버리징 패러독스(The Paradox of Deleveraging)'라고 부릅니다. 2008년 서브프라임 모기지(비우량주택담보대출) 사태가 터졌을 때 당시 은행과 투자자들이 모기지 관련 자산을 한꺼번에 처분하려다가 미국경제가 휘청거린 것이 대표적인 사례입니다.

셋째 마당

095 K팝, K드라마, 이제는 K코인
김치코인

김치코인은 국내 업체가 발행하거나 국내에서만 거래되는 가상자산을 말합니다. 좀 더 쉽게 설명하면 '한국산 가상화폐'를 뜻하죠. 김치가 한국을 상징하는 음식이라는 점에서 김치코인이라는 말이 나온 것입니다. 가상화폐는 실제 생활에서 사용되는 동전이나 지폐, 수표 등 실물 화폐가 아닌, 가상공간에서 사용할 수 있는 화폐를 말합니다.

그렇다면 국내에는 어떤 김치코인이 있을까요? 게임업체 위메이드가 발행하는 '위믹스(WEMIX)'를 비롯해 휴대폰소액결제업체 다날의 자회사 페이프로토콜이 발행하는 '페이코인(PCI)', 포털 및 인터넷 서비스업체 카카오가 개발한 가상화폐 '클레이튼(Klaytn)', 포털업체 네이버가 선보인 '핀시아(Finschia)' 등이 있습니다. 카카오 클레이튼과 네이버 핀시아의 통합 블록체인 '카이아(Kaia)'도 있죠.

블록체인은 말 그대로 데이터를 블록에 담아 마치 자전거 체인처럼 차례차례 연결합니다. 각 블록이 체인 형태로 연결되면 보안성과 투명성이 갖춰집니다. 블록체인은 금융 분야를 비롯해 사물인터넷(IoT), 물류 분야에서 주로 활용됩니다.

또한 블록체인은 모든 거래를 기록하는 '디지털 분산원장'입니다. 우리가 주변에서 흔히 접하는 중앙집중형 데이터베이스(DB)가 아닌 여러 컴퓨터 네트워크에 분산된 DB를 뜻하죠. 이에 따라 디지털 분산원장은 중앙 관리자 없이 네트워크 모든 참여자가 원장 사본을 지니고 있어 데이터를 공유하는 방식으로 작동합니다. 이러한 기법은 가상화폐로 거래할 때 발생할 수 있는 해킹을 미리 막을 수 있습니다.

한편 버거코인도 있습니다. 패스트푸드 햄버거를 연상시키는 버거코인은 외국에서 발행되었지만 국내 가상자산거래소에 상장된 가상화폐입니다. 버거스왑(Burger Swap), 블러(BLUR), 수이(SUI) 등이 대표적인 버거코인입니다.

김치코인과 버거코인은 많은 투자자가 참여할 정도로 우리 주변에서 흔히 볼 수 있는 가상자산이 됐습니다. 그로 인해 한국의 가상화폐가 해외보다 더 비싼 가격에 거래되는 현상이 빚어지기도 했죠. 한국 가상화폐시장의 수요는 크게 늘었지만 그에 따른 공급이 부족해 생긴 현상입니다.

이처럼 한국 암호화폐 가격이 더 비싼 현상을 '김치 프리미엄'이라고 합니다. 한국 암호화폐 가격이 해외보다 더 비싸면 "김치 프리미엄이 끼어 있다"라고 말하고, 비슷하거나 낮아지면 "김치 프리미엄이 빠졌다"라고 말하죠.

김치코인은 상장이 비교적 쉬운 편이지만 상장 후 코인 유통량 등 관련 정보가 불투명하다는 지적을 받아왔습니다. 또 시세 조종에 취약하다는 단점도 제기됐죠. 2022년 전 세계 가상화폐 시장에 충격을 던진 김치코인 '루나(Luna)-테라(Terra)'가 대표적인 사례입니다.

미국 애플 엔지니어 출신인 권도형 최고경영자(CEO)는 2018년 전자상거래업체 티몬의 전 의장 신현성과 손잡고 블록체인업체 테라폼랩스를 만들었습니다. 루나-테라는 테라폼랩스가 발행한 가상화폐죠.

루나-테라는 큰 관심을 모으면서 1개당 1.28달러(약 1,769원)이던 것이 2021~2022년 초에 116달러(약 16만 381원)로 가격이 100배 가까이 치솟았습니다. 하지만 2022년 중반 디페깅(De-pegging) 사건으로 가격이 끝없이 폭락해 1개당 1원 밑으로 떨어졌습니다. 가치가 무려 99% 이상 폭락한 것이죠.

페깅(Pegging)은 자산가치를 미국 달러와 같은 수준으로 고정시키는 것을 말합니다. 즉 루나-테라에서 쓰는 1달러는 미국 1달러와 같은 가치를 유지하도록 설계하는 것을 의미하죠. 그런데 '루나-테라 1달러=미화 1달러' 시스템이 무너졌고, 이를 디페깅이라고 합니다.

미국 소셜미디어 페이스북에서 코인 개발팀이 제작한 버거코인 '수이'는 2023년 5월 국내 가상자산거래소에 상장했습니다. 수이는 상장 초반에 인기를 모아 가격이 급등했죠. 그런데 과도하게 유통되는 바람에 가격이 순식간에 급락해 투자자들이 피해를 입었습니다.

이처럼 김치코인과 버거코인의 가격 급등락에 따른 투자자의 피해가 이어지자 정부가 마침내 칼을 꺼내 들었습니다. 정부는 가격 급등락을 막기 위해 코인 유통량을 명확하게 하고, 사기성을 띤 김치코인과 버거코인의 등장을 막기 위해 상장 기준을 강화하겠다고 밝혔습니다.

이에 따라 등장한 것이 바로 '가상자산이용자보호법'입니다. 일명 '가상자산법'으로 알려진 이 법규는 그동안 정부 감독의 사각지대에 놓여 있던 가상자산시장을 제도권 안으로 들여놨습니다. 가상자산법이 일반 주식시장처럼 시세를 조종하거나 미공개 정보를 악용해 부당이득을 취하면 형사처

벌을 받게 되기 때문이죠.

투자자 보호 조치도 대폭 강화됐습니다. 이번 조치로 가상자산거래소 예치금은 은행이 관리하고, 가상자산거래소가 파산해도 투자자들이 예치금을 돌려받을 수 있게 됐죠. 가상자산 예치금은 투자자들이 가상자산거래소에 맡겨둔 자산입니다. 쉽게 설명하면 투자자들이 거래를 위해 사용하거나 보관 목적으로 거래소에 맡긴 가상자산을 말하죠. 가상자산거래소는 이 예치금을 안전하게 보관하고, 필요하면 이를 인출하거나 거래에 사용할 수 있도록 하고 있습니다.

다만 정부의 이번 조치는 가상화폐 투자에 따른 손실을 100% 막기에는 역부족이라는 지적도 있습니다. 가상화폐 발행·유통·공시 등 업계 관련 내용이 이번 법안에 포함되지 않아 투자자들이 정보 비대칭에 따른 손실을 볼 가능성이 있기 때문입니다.

096 일하는 80대
옥토제너리언

한국을 비롯해 세계는 70대를 넘어 80대가 왕성하게 활동하는 시대를 맞이하고 있습니다. 이른바 **옥토제너리언**(Octogenarian) 시대가 열린 것입니다. 옥토제너리언은 '80세부터 89세에 이르는 노년층'을 말합니다. '옥토(Octo)'는 라틴어로 숫자 '8'을, '제너리언(Generian)'은 '세대'를 뜻합니다.

세계보건기구(WHO)에 따르면, 2025년 6월 기준 전 세계 인구는 82억 3,161만 명이 넘었으며, 이 중 80대 연령층은 전체 인구의 2% 수준인 약 1억 6,000만 명입니다. 지금과 같은 고령화 추세가 이어지면 30년 후인 2053년에는 80대가 5억 명이 넘어 세계 인구의 5.1%를 차지할 것으로 보입니다.

이에 따라 전 세계는 옥토제너리언이 경제활동에 기여하는 새로운 국면을 맞이할 전망입니다. 기업에서도 옥토제너리언 채용을 점점 늘리고 있습니다. 미국 노동통계국의 자료에 따르면, 경제활동을 하는 75세 이상 인구는 2002년 46만 4,000명에서 2022년 144만 5,000명으로 3배 이상 증가했습니다.

평균 수명(84.3세)이 세계에서 가장 긴 일본 역시 옥토제너리언 활용에 적극적입니다. 일본 총무성의 조사에 따르면, 75세 이상 일본인 취업률은 2012년 8.4%에서 2025년 11.4%로 3%포인트 늘어났습니다.

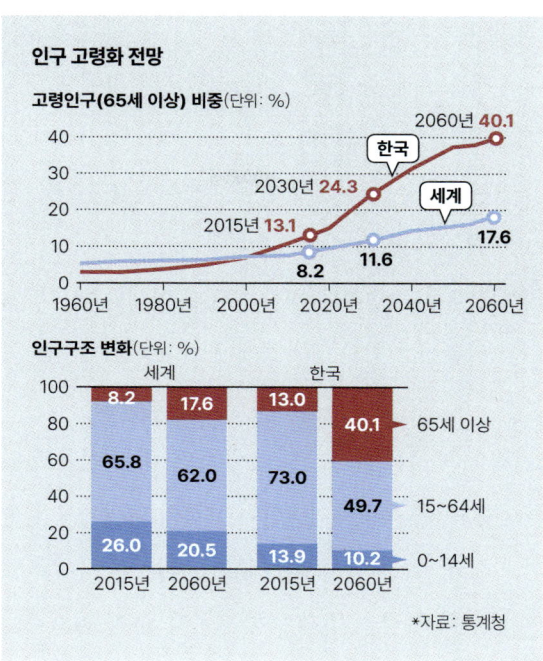

한국도 이러한 추세에 발맞추고 있습니다. 한국노동연구원의 집계에 따르면, 1982년 80대 고용률은 2.2%였지만 10년마다 약 3%포인트씩 늘어나 2022년에는 18.7%를 기록했습니다. 이는 80대 연령층 5명 중 1명이 일을 하고 있다는 이야기입니다.

그렇다면 80대 고령층이 기업이나 사회 혹은 국가에 기여하는 것은 무엇일까요? 우선 지식 전달을 꼽을 수 있습니다. 수십 년간 근무하며 터득한 노하우와 경륜을 젊은 직장 동료들에게 전수해 업무 생산성을 높일 수 있습니다. 이는 기업 혁신 방안을 마련할 때도 도움을 줍니다.

이와 함께 젊은층 직장인들이 기피하는 업무 영역에 투입될 수 있습니다. 이를 통해 옥토제너리언이 노동력 감소에 직면한 업종에 활기를 불어넣는 계기를 마련합니다. 또한 내수경제에도 도움을 줍니다. 80대 연령층이 일하며 소비활동에도 나서 제품 판매 증가와 서비스시장 활성화에도 도움을 줍니다. 이는 세수증대효과를 가져다줍니다. 의료 분야에도 청신호가 켜질 수 있습니다. 옥토제너리언이 업무 현장에서 활동하면 이들을 겨냥한 신약 개발과 복지 확대 등이 이어질 수 있기 때문이죠.

옥토제너리언의 이러한 활동은 고령층에 대한 그릇된 인식을 바로잡고 기존 정년 시스템을 고쳐 고령층이 기업과 국가경제에 기여하는 계기를 마련하게 될 것입니다.

옥토제너리언 중 금전적인 어려움을 이기지 못해 일을 하는 이들도 있을 것입니다. 그러나 중요한 대목은 옥토제너리언이 고령의 나이에도 일을 해 스스로 만족감을 느끼고 직장과 사회에 도움을 주려는 의식을 지니고 있다는 점입니다. 자신에게 정신적 자극을 주기 위해 일손을 놓지 않겠다는 점도 간과할 수 없는 부분입니다. 결국 세계적인 초고령화 추세에 옥토제너리언이 각국이 처한 경제적 어려움을 해소하는 데 도움을 주는 경제활동의 원동력이 될 수 있습니다.

옥토제너리언이 건강을 유지하며 사회활동을 펼치면 머지않아 나이가 100세가 넘는 '센티너리언(Centenarian) 시대'도 도래할 것입니다.

097 개발 규제 대신 경제 성장
화이트존

최근 부동산업계에서 자주 등장하는 용어 중 하나는 <mark>화이트존</mark>(White Zone)입니다. 화이트존은 건축물 용도와 건폐율(건축물 1층 바닥면적을 대지면적으로 나눈 비율), 용적률(전체 대지면적에서 건물 각층 면적을 합한 연면적이 차지하는 비율) 등 각종 규제를 완화한 지역을 뜻합니다.

즉 토지 용도 제한을 없애고 지방자치단체가 용적률과 건폐율을 자유롭게 정할 수 있어 융·복합적인 도시 개발이 가능한 입지 규제 최소 구역, 다시 말해 무규제 지역인 셈입니다. 이를 통해 화이트존은 규제 없는 도시를 만들어 도시공간을 유연하게 조성할 수 있다는 장점을 가지고 있습니다.

화이트존은 싱가포르와 일본에서 먼저 시작했습니다. 쇼핑, 숙박, 휴양, 엔터테인먼트 복합시설인 싱가포르의 마리나베이샌즈와 주거와 문화, 상업시설이 어우러진 일본의 롯폰기힐즈가 대표적인 예입니다.

싱가포르 정부는 1997년 특정 구역에 호텔 등 주거, 기업 업무, 레크리에이션 등 여러 용도를 지닌 시설을 갖추는 화이트존을 도입했습니다. 이와 함께 건설업체 등 개발사업자와 투자자들을 설득해 화이트존 사업에 참여하도록 해 다용도 복합 개발에 따른 경제적 효과를 노렸죠.

또 싱가포르 정부는 기존 항만 배후단지가 노후화되자 항만과 복합물류 등 핵심 기능 외에 주거·관광·국제 업무를 모두 처리하는 복합단지를 만드는 개발 사업을 시작했습니다.

마리나베이샌즈는 이때 모습을 드러냈습니다. 마리나베이샌즈는 호텔을 비롯해 카지노, 컨벤션센터, 극장, 쇼핑몰, 박물관 등을 모두 포함하고 있습니다. 이 개발 프로젝트에 들어간 비용은 토지비용을 포함해 55억 달러(약 7조 6,010억 원)에 이릅니다.

마리나베이샌즈

2008년에 시작된 글로벌 금융위기로 세계 대다수 국가가 경제적 타격을 입었습니다. 하지만 싱가포르는 '마리나베이샌즈효과'에 힘입어 2010년 무려 14.5%의 경제성장률을 기록했고, 관광산업이 20% 성장하는 기염을 토했습니다. 마리나베이샌즈를 통해 놀라운 경제 성장을 일궈낸 것이죠.

일본 롯폰기힐즈 역시 화이트존 혜택을 톡톡히 누린 대표적인 사례입니다. 일본 정부는 1997년 도시계획법을 고쳐 용적률을 대폭 올리면서 대단위 녹지를 조성하는 도시 재개발 사업을 추진했습니다. 이때 관심을 모은 지역이 롯폰기힐즈입니다.

롯폰기힐즈

롯폰기힐즈는 야구장 8개 크기에 달하는, 3억 5,090만 평에 조성된 일본 최대 재개발구역입니다. 롯폰기힐즈는 도쿄 신주쿠, 시부야, 도쿄역, 신바시, 시나가와역 등 도심에서 걸어서 10분 거리에 자리 잡아 접근성이 매우 뛰어납니다.

일본 정부는 도쿄 중심지에 있는 롯폰기힐즈를 초현대식 복합시설로 만들기로 했습니다. 그로 인해 롯폰기힐즈는 상업용 빌딩, 주거용 빌딩, 쇼핑몰, 호텔, 미술관 등을 포함한 다양한 시설을 갖춘 도쿄의 대표적인 랜드마크로 자리 잡았습니다. 그리고 매일 10만 명이 방문하는 도쿄의 자랑거리로 자리매김했죠.

싱가포르와 일본의 성공 사례에 힘입어 우리나라도 최근 한국판 화이트존 개발에 본격적으로 나서고 있습니다. 이를 위해 국토교통부는 2024년 7월 1일 서울 양재역과 청량리역·김포공항역 등 전국 16곳을 공간혁신구역 선도 사업 후보지로 선정했습니다. 공간혁신구역은 토지 용도 제한을 없애고 지방자치단체가 용적률과 건폐율을 자유롭게 정해 도심 성장 거점으로 조성하는 것을 말합니다.

이제 입안 단계인만큼 향후 진행 상황을 지켜봐야겠지만 도심 개발을 통해 다양한 경제적 혜택을 얻을 수 있는 화이트존이 성과를 거둬 한국판 마리나베이샌즈 혹은 롯폰기힐즈가 등장하길 기대해봅니다.

098 가혹한 세금 징수는 그만!
거위 깃털 뽑기

타임머신을 타고 17세기로 떠나볼까요? 프랑스 부르봉(Bourbon) 왕조의 왕 루이 14세는 산업을 적극적으로 육성해 프랑스 경제를 번영의 길로 이끌었다는 평가를 받고 있습니다. '태양과 같은 절대적 존재'라는 의미에서 '태양왕'이라는 별명이 붙은 루이 14세는 "짐은 곧 국가"라고 말하며 강력한 리더십을 발휘했습니다. 그는 재임 기간에 프랑스 바로크 건축의 정수를 보여주는 세계적인 명소 '베르사유 궁전'을 짓기도 했습니다.

루이 14세의 경제 번영에는 당시 재무장관이었던 장 바티스트 콜베르(Jean-Baptiste Colbert)가 큰 역할을 했습니다. 루이 14세 아래에서 18년간 재무장관을 지낸 콜베르는 씀씀이가 큰 국왕의 정책에 발맞춰 국가 운영과 세수 확보라는 과제를 떠안았습니다. 당시 프랑스는 유럽 열강을 상대로 끊임없이 전쟁을 벌여 왕실 재정을 지탱하고 전쟁비용을 마련해야 하는 처지에 놓였습니다. 그로 인해 거액의 세수가 필요했지만 콜베르는 세제정책에 대해 확고한 신념을 가지고 있었습니다. 그는 "세금 징수 기법은 거위가 비

명을 최소한 덜 지르고 최대한 많은 양의 깃털을 뽑는 것이다"라고 설파했습니다.

이런 콜베르의 주장은 경제학에서 거위 깃털 뽑기 이론의 출발점이 됐습니다. 거위 깃털 뽑기는 국가가 세수를 확보하려는 명목으로 세율을 크게 올리는 것을 자제해야 한다는 뜻입니다. 거위 깃털(세금)을 뽑더라도 거위(납세자)가 비명(국민적 반발 혹은 조세 저항)을 최소한으로 질러야 국가가 성장할 수 있다는 교훈을 담고 있습니다.

다르게 표현하면 거위 깃털 뽑기는 정부의 혹독한 세정에 대한 우려를 지적한 것이기도 합니다. 동서고금을 막론하고 역사를 뒤돌아보면 국민에게 가혹하게 세금을 거두는 '가렴주구(苛斂誅求)'는 거센 반발을 불러일으켰죠. 1773년 12월 16일 영국의 과도한 세금 징수에 반발해 당시 식민지였던 미국의 보스턴 주민들이 영국으로부터 차(茶) 수입을 막기 위해 일으킨 '보스턴 차 사건'은 미국 독립전쟁의 기폭제가 됐습니다.

우리나라 세제도 거위 깃털 뽑기 논란에서 자유롭지 않습니다. 종합부동산세(종부세)와 법인세, 상속세 등이 그 중심에 놓여 있죠. 종부세법은 2005년 정부가 고액의 부동산을 소유한 이들에게 조세 부담의 평형성과 부동산 가격 안정을 이유로 과세한 세금입니다.

종부세는 투기 억제 목적으로 강남 등 상위 1%에 부과한 이른바 '부자세금'이었지만, 현재는 중산층까지 세금 폭탄을 맞아 도입 취지가 퇴색됐다는 지적이 나오고 있습니다.

법인세도 예외는 아닙니다. 우리나라의 법인세율은 24%로, 우리나라가 포함된 '선진국 클럽'이라 불리는 경제협력개발기구(OECD) 회원국 평균(21.2%)보다 훨씬 높습니다. 법인세율이 높으면 기업으로서는 세금 압박이 커질 수밖에 없습니다. 또한 국내 고용 창출에 기여하는 외국 기업의 국내 유치에도 어려움이 생기기 마련입니다.

한국의 상속세도 오랫동안 이어지는 논란거리 중 하나입니다. 주요국의 상속세율을 살펴보면 프랑스는 45%, 미국은 40%, 독일은 30%입니다. 북유럽 선진국 스웨덴과 노르웨이 등 15개국은 상속세가 아예 없습니다. 반면 우리나라의 상속세율은 60%가 넘습니다. 세율만 따지면 세계 최고 수준이죠.

문제는 지분 100%를 물려받은 우리 기업인이 상속세 60%를 내면 지분이 40%로 줄어든다는 것입니다. 그다음 세대에 물려주면 최초 지분의 16%, 그다음 세대에서는 6.4%로 급감합니다. 이 정도면 가업 승계를 하지 말라는 것과 다름없습니다.

국내 1위 밀폐용기 제조기업 '락앤락', 세계 1위 손톱깎이 생산업체 '쓰리세븐', 국내 1위 가구업체 한샘 등이 '약탈적 상속세'에 대대로 이어진 가업을 포기하고 눈물을 흘리며 기업을 팔아치운 사례가 이를 잘 보여주고 있습니다.

정치경제학자 애덤 스미스는 1776년에 출간한 저서 《국부론》을 통해 '세제는 예측할 수 있고 편익을 주며 효율적이어야 한다'라고 설파했습니다. 다른 나라 기업 관련 조항을 꼼꼼하게 살펴보고 우리 기업에 불리한 갈라파고스 규제가 있다면 머뭇거리지 말고 없애는 게 상식입니다. 징세 역시 감내하고 신뢰할 수 있는 수준에서 이뤄져야 합니다.

099 현실 세계와 똑같은
디지털 트윈

디지털 트윈(Digital Twin)은 디지털 기술을 이용해 현실에 있는 사물과 똑같은 쌍둥이를 디지털이라는 가상공간에 만드는 것입니다.

가상 모델은 여러 종류일 수 있습니다. 구체적으로 설명하면, 디지털 지도에서 위성항법장치(GPS)와 통신기술을 활용해 운전자 위치를 가상 환경에 표기하는 차량 내비게이션과 골프채를 휘둘러 공을 앞쪽 스크린으로 보내면 가상 세계가 공의 위치를 보여주는 스크린 골프도 디지털 트윈 기술을 활용한 예입니다.

그렇다면 디지털 트윈의 장점은 무엇일까요? 디지털 트윈을 활용하면 실시간으로 모니터링을 해 업무효율성을 높일 수 있습니다. 또한 실시간 결과물을 가상공간 모델에 적용하여 제품에 발생하는 문제점을 미리 발견해 이를 해결하는 데 도움을 줍니다. 가상 모델을 적극 활용해 제품 설계와 개발 단계에서 다양한 시나리오를 시뮬레이션할 수 있기 때문이죠.

디지털 트윈은 제품 성능을 극대화하는 데 필요한 의사결정 과정에도 혁신을 가져옵니다. 디지털 트윈에 힘입어 실시간 데이터를 얻어 분석하고 문제점을 예측해 그에 따른 결정이 이뤄지기 때문이죠. 이는 경영진이 더 나은 전략적 결정을 내리는 데 도움을 줍니다.

이밖에 디지털 트윈은 제품의 A/S(사후 관리) 체계를 보완합니다. 제품이 판매된 이후에도 디지털 트윈을 활용해 제품 성능을 계속 모니터링해 필요하면 그에 따른 A/S를 제공할 수 있기 때문입니다. 결국 디지털 트윈은 제조 과정에 혁신을 불어넣어 제품 성능을 개선하고 문제점을 미리 파악해 대처하며, 고객 관리 기능도 강화할 수 있다는 장점을 지니고 있죠.

이런 디지털 트윈의 출발점은 1960년대로 거슬러 올라갑니다. NASA(미국 항공우주국)는 오래전부터 우주선과 똑같이 작동하는 가상 우주선을 사용하여 우주 탐험에 따른 위험을 파악해 최적의 발사 혹은 비행 방법을 찾으려 노력했습니다.

그러던 중 NASA는 디지털 트윈의 도움을 받는 결정적인 사건이 있었습니다. 1970년 4월 11일 미국 플로리다주(州) 케네디우주센터에서 유인 달 착륙 우주선 아폴로 13호가 발사됐습니다. 발사된 아폴로 13호는 지구에서 32만 1,860km 떨어진 우주공간에 도달했을 때 갑자기 산소탱크가 폭발했습니다. 우주선 계기판의 산소 잔량 표시는 천천히 내려가 몇 시간 후에는 우주선 산소가 모두 사라질 절체절명의 위기에 빠졌죠.

이때 NASA는 디지털 트윈 기술을 활용해 자유 귀환 궤도라는 해법을 찾아냈습니다. 아폴로 13호는 달 인력을 이용해 달 궤도를 돌고 나온 뒤 착륙선 엔진을 작동시켜 지구 귀환 궤도에 오르는 방식으로 천신만고 끝에 무사히 귀환했습니다.

그러면 디지털 트윈과 메타버스의 차이점은 무엇일까요? 디지털 트윈은 현실 세계의 온도, 습도, 기압, 물체의 무게, 특성을 디지털공간에 정확히 반영합니다. 반면 메타버스는 현실 세계와는 다른 새로운 가상 환경을 만듭니다. 디지털 트윈과 달리 현실 세계를 그대로 복제하지 않는 것이죠.

활용 목적도 다릅니다. 디지털 트윈은 주로 산업이나 공학 분야에서 사용되며 제품 성능 최적화, 비용 절감, 유지 보수 등에 무게중심을 두고 있습니다. 반면 메타버스는 주로 엔터테인먼트, 소셜네트워킹, 교육 등을 위한 가상공간입니다.

사용하는 기술도 조금 차이가 있습니다. 디지털 트윈은 사물인터넷(IoT), 센서, 데이터 분석 기술이 필수입니다. 반면 메타버스는 가상현실(VR)과 증강현실(AR), 확장현실(XR) 등을 활용합니다.

이러한 장점 때문에 디지털 트윈의 성장 전망은 매우 밝습니다. 글로벌 시장조사업체 프레시던스 리서치에 따르면, 전 세계 디지털트윈시장 규모는 2022년 102억 5,000만 달러(약 14조 2,690억 원)에서 꾸준히 성장해 2032년에는 2,691억 달러(약 374조 6,679억 원)에 이를 것으로 보입니다.

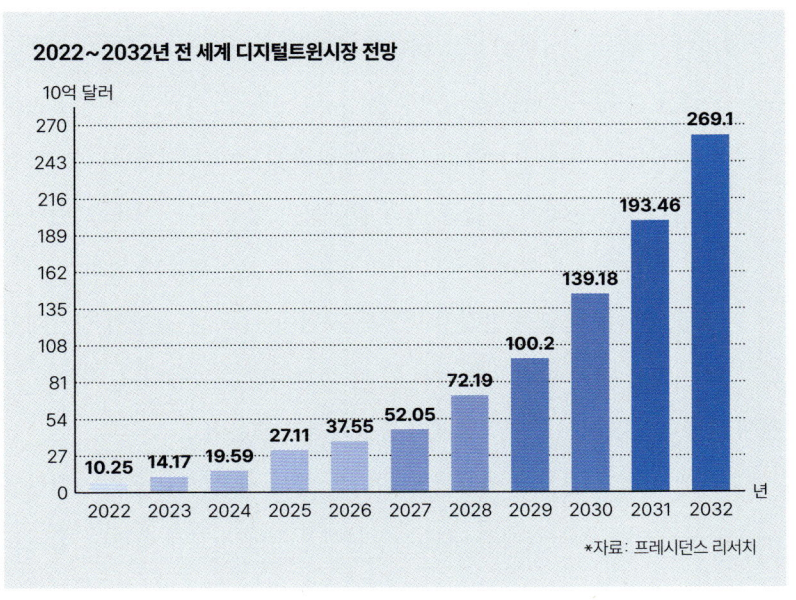
*자료: 프레시던스 리서치

100 원주민이 쫓겨난다
젠트리피케이션

최근 SNS에서 뜨거운 관심을 받고 있는 경리단길은 서울 용산구 이태원동에 있는 남산 하얏트호텔 인근을 말합니다. 이 지역은 원래 이태원과 용산 미군기지 베드타운(Bed Town)이었습니다. 베드타운은 큰 도시 주변 주택지역입니다. 도심지역으로 일하러 나갔던 사람들이 밤이 되면 잠을 자기 위해 돌아온다는 데서 생긴 용어죠.

경리단길에는 6·25전쟁 이후 이태원 시장을 중심으로 미군기지에서 나오는 물품을 판매하는 사람들이 거주했습니다. 이들은 일반 주택이나 빌라형 주택을 만들어 미군이나 외국인들에게 월세를 받아 생활했습니다. 그런데 현재 경리단길은 과거 모습을 거의 찾아보기 힘듭니다. 카페, 프랜차이즈 음식점 등이 대거 들어서면서 20~30대가 주로 찾는 명소가 됐죠.

이처럼 전에는 비교적 발전이 더뎠던 지역이 어느 날 갑자기 핫플레이스가 되는 것은 지역 발전 차원에서 볼 때 바람직한 현상입니다. 지역이 발전해 관광객을 유치하면 지역경제가 활성화되기 때문이죠.

그런데 이렇게 갑자기 사람들의 관심을 얻어 발전하면 낮은 임대료를 내고 장사하거나 주택 월세를 내던 사람들이 곤경에 처하게 됩니다. 임대료와 월세가 크게 오르면서 돈을 더 내거나 다른 지역으로 이사를 가야 하는 상황에 처하게 되는 것이죠.

이렇게 낙후된 지역이 발전하면서 원주민들이 다른 지역으로 내몰리는 현상을 젠트리피케이션(Gentrification)이라 부릅니다. '특정 지역이나 사람을 고급으로 바꾸다'라는 의미를 담고 있는 젠트리피케이션은 '고급주택화(化)'라고 표현하기도 합니다.

역사학자들은 젠트리피케이션의 시초는 고대 로마 시대로 거슬러 올라간다고 설명합니다. 서기 3세기 고대 로마와 로마 식민지 브리타니아(지금의 영국)에 있던 소형 상점이 대저택으로 바뀌는 현상이 젠트리피케이션의 출발점이라는 이야기죠.

20세기 들어 가장 대표적인 젠트리피케이션은 영국 사회학자 루스 글래스가(Ruth Glass) 1964년에 예로 든 이즐링턴(Islington)입니다. 런던 동쪽에 있는 이즐링턴은 1964년 런던 주변에서 가장 쇠락한 주거지역 중 하나였습니다. 그런데 이 지역이 중산층 주거지역으로 바뀌면서 다른 지역에 살던 중산층이 이곳으로 대거 몰렸고, 그로 인해 원주민이던 저소득층은 다른 지역으로 주거지를 옮겼습니다.

젠트리피케이션은 기존 거주자들이 급등하는 주거비용을 감당하지 못해 살던 곳을 떠나는 다소 부정적인 의미를 담고 있습니다. 이 때문에 젠트리피케이션은 '둥지 내몰림'이라는 표현으로 쓰이기도 합니다.

최근에는 투어리스티피케이션(Touristification)이라는 용어도 등장했습니다. 관광객(Tourist)과 젠트리피케이션의 합성어인 투어리스티피케이션은 주거지역이 관광명소로 바뀌면서 거주민들이 다른 곳으로 떠나는 현상을 말합니다. 서울시 종로구 이화동 벽화마을과 북촌 한옥마을이 대표적인 예입니다.

그런데 최근 빈번해진 기상 이변도 젠트리피케이션에 큰 영향을 미치고 있습니다. 대표적인 예가 미국 플로리다주(州) 마이애미 비치(Miami Beach)와 리틀 아이티(Little Haiti)입니다.

해변가 마을인 마이애미 비치는 맑은 공기와 뛰어난 경관으로 유명합니다. 콜롬비아 출신 유명 팝가수 샤키라(Shakira)를 비롯해 가수 겸 배우 제니퍼 로페즈(Jennifer Lopez) 등 유명 인사들이 살고 있는 휴양지이자 부자 동네로 알려져 있죠.

그런데 마이애미 비치는 미국 내에서 해수면 상승으로 침수 가능성이 높은 지역으로 지목됐습니다. 미국 과학자 단체 '참여 과학자의 모임(the Union of Concerned Scientists)'은 해수면 상승으로 오는 2045년 마이애미 비치에 있는 1만 2,000가구가 해수면 아래로 사라질 수 있다는 섬뜩한 전망을 내놨습니다.

반면 리틀 아이티는 중미(中美) 카리브해에 있는 나라 아이티에서 난민들이 대거 몰려와 살고 있는 저개발 지역입니다. 그로 인해 그동안 별다른 관심을 받지 못했죠. 그런데 리틀 아이티는 마이애미 비치에서 내륙으로 12km 떨어진 곳에 자리 잡고 있으며, 고도가 마이애미 전체 평균보다 1.5배 정도 높아 바닷물 침수에 따른 위험이 거의 없습니다.

그래서일까요? 사람들이 점점 리틀 아이티에 관심을 갖기 시작했습니다. 마이애미 비치에 거주하던 부유층들도 리틀 아이티로 하나둘 둥지를 옮겼습니다. 그로 인해 리틀 아이티 지역의 임대료가 껑충 뛰어올랐고, 그곳에 살던 원주민들이 다른 지역으로 이사를 하는 젠트리피케이션이 일어나고 있죠. 기후 변화로 잘 살고 있던 원주민들이 밀려나는 **기후 젠트리피케이션**(Climate Gentrification) 현상이 빚어지고 있는 것입니다.

이와 관련해 기후 변화를 연구하는 미국 비영리단체 '클라이밋 센트럴(Climate Central)'은 지구 온도가 지금보다 3도 더 오르면 미국 뉴욕, 호주 시드니, 중국 상하이와 홍콩, 태국 방콕 등 세계 주요 50개 항구 대도시가 물에 잠길 수 있다고 경고했습니다.

젠트리피케이션이 임대료뿐 아니라 기후 변화의 영향을 받는 시대가 되면서 각국 정부는 서민들의 삶을 보호할 수 있는 꼼꼼한 대책을 내놔야 한다는 과제를 안게 되었습니다.

101 새로운 기준이 온다
뉴노멀

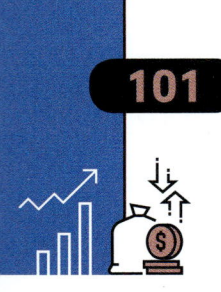

뉴노멀(New Normal)은 '새로운 표준' 혹은 '새로운 기준'을 의미합니다. 1914년 제1차 세계대전을 비롯해 1929년 세계대공황, 1939년 제2차 세계대전, 1995년 닷컴 버블, 2001년 9·11 테러, 2005년 조류독감, 2007~2008년 글로벌 금융위기, 2020년 신종 코로나바이러스 감염증(코로나19) 등이 대표적인 뉴노멀의 사례입니다.

뉴노멀이 사람들 사이에서 회자된 계기는 2008년 미국 금융위기 단초가 됐던 서브프라임 모기지(비우량주택담보대출) 사태를 꼽을 수 있습니다. 미국의 거대 자산운용업체 핌코(PIMCO)의 CEO 모하메드 엘 에리언(Mohamed El-Erian)은 서브프라임 모기지가 글로벌 금융위기로 번지자 자신의 저서《새로운 부의 탄생》에서 '저성장-규제 강화-소비 위축'을 뉴노멀 현상으로 지목했습니다. 그리고 이는 많은 사람에게 널리 알려졌죠.

모하메드 엘 에리언

그가 이야기한 뉴노멀은 미국은 물론 세계경제가 금융위기를 겪으면서 과거와 전혀 다른 새로운 상태로 진입했다는 것을 뜻합니다. 이는 새로운 기준이나 상태가 기존 질서를 대체하는 것을 의미하죠.

이후 2020년에 코로나19가 창궐하면서 전염병 확산을 막기 위한 언택트 문화가 일반화되고 사회적 거리두기가 의무화된 현상도 대표적인 뉴노멀로 풀이됩니다.

뉴노멀이 발생하는 원인은 경제적·사회적·기술적·환경적·정치적 요인이 있습니다. 앞서 이야기한 글로벌 금융위기는 경제적 요인, 코로나19는 사회적 요인의 대표적인 예라 할 수 있죠.

기술적 요인은 제4차 산업혁명을 꼽을 수 있습니다. 인공지능(AI), 로보틱스, 빅데이터, 사물인터넷(IoT), 클라우드 컴퓨팅 등 첨단기술의 등장으로 경제와 산업 판도가 바뀌고 있습니다.

환경적 요인은 기후 변화와 자원 고갈, 자연재해 등이 대표적인 예입니다. 지구온난화로 인한 기후 문제가 환경과 일상생활은 물론이고, 경제에도 큰 영향을 미치고 있죠. 석유, 물 등 주요 자원 부족 문제를 해결하기 위해서는 산업과 경제구조를 재편해 환경을 보호하면서 경제 성장을 유지하는 정책이 시급합니다.

지정학적 갈등과 신흥국의 부상 등 정치적 요인도 뉴노멀을 부추기고 있습니다. 수년간 이어지고 있는 러시아-우크라이나 전쟁은 국제 정치는 물론이고, 에너지시장에도 악영향을 미치고 있기 때문입니다.

중요한 건 뉴노멀이 멈추지 않고 계속될 것이라는 점입니다. 앞으로 다가올 뉴노멀에 슬기롭게 대처하려면 어떻게 해야 할까요?

개인 차원에서는 학습과 자기계발을 소홀히 해서는 안 됩니다. 특히 디지털 혁명을 맞아 '디지털 리터러시(Digital Literacy, 디지털 시대에 필수적인 정보 이해 및 표현 능력)' 능력을 갖춰야 합니다.

기업은 급변하는 환경에서 팀 간 협업과 민첩한 의사결정을 펼칠 수 있는 '애자일 조직(Agile Organization)'을 구축해야 합니다.

정부 차원에서는 사회안전망을 마련해 갈수록 불확실성이 커지는 뉴노멀 시대에 실업 대책과 재교육 등 복지제도를 점검해야 합니다. 특히 혁신기술 등장에 따른 사회적 문제를 해결하기 위해 정부와 기업이 협력하는 '공공-민간 협력' 체계를 갖추는 것이 중요하죠.

글로벌 측면에서는 협력과 통합을 더욱 강화해야 합니다. 전염병, 기후변화, 무역 문제 등 글로벌 차원의 문제는 세계 각국이 협력해 해법을 마련할 수 있도록 노력해야 합니다.

어떻게 보면 뉴노멀은 인류에게 위기가 아닌 새로운 기회를 잡을 수 있는 계기를 마련해줍니다. 개인은 학습과 새로운 환경 적응력을 높이고, 조직은 유연성과 혁신을 강화하고, 사회와 정부는 지속 가능성과 포용을 강화해야 합니다.

102 복제품이지만 짝퉁은 아냐!
듀프

명품에 대한 인간의 열망은 본능적입니다. 세계적인 컨설팅업체 베인앤컴퍼니(Bain & Company)가 2024년 11월에 발간한 보고서에 따르면, 전 세계 명품시장 규모는 2000년 1,000억 달러(약 147조 4,800억 원)에서 2023년 4,000억 달러(약 589조 9,200억 원)로 가파르게 성장했습니다.

하지만 최근 통계에 따르면, 성장세가 주춤해진 모습입니다. 독일 물류 대기업 DHL이 조사한 자료를 살펴보면, 글로벌 명품시장은 2028년에 4,190억 달러(약 617조 9,412억 원)에 그칠 것으로 전망됩니다. 이는 명품시장이 경제 성장과 밀접한 관계가 있다는 점을 고려할 때 향후 세계경제 전망이 밝지 않다는 것을 보여주는 대목이기도 합니다.

그러나 최근 명품시장에 영향을 미치는 한 가지 요인이 등장했습니다. 바로 듀프(Dupe)입니다. 듀프는 'Duplicate(복사, 복제하다)'라는 단어에서 나왔습니다. 즉 명품 제품과 기능이나 품질이 비슷하지만 저렴한 가격에 판매되는 제품을 말하죠.

듀크가 인기를 얻고 있는 가장 큰 이유는 바로 '가격'입니다. 유명 명품에 비해 가격이 매우 저렴해 소비자들은 비슷한 품질의 제품을 더 낮은 가격에 구매할 수 있습니다.

또 듀프가 '실험적인 구매 옵션'을 제공한다는 분석도 나왔습니다. 소비자는 고가 명품을 사기 전에 비슷한 트렌드 제품을 먼저 구입해 테스트하고 싶은 충동을 느낄 때가 많습니다. 이처럼 제품에 대한 호기심을 충족시킬 수 있는 대상이 바로 듀프입니다.

그렇다면 듀프와 짝퉁(가짜 상품)은 어떤 차이가 있을까요? 듀프는 명품을 모방하지만 브랜드 이름, 로고, 패키지 디자인 등 핵심 요인은 복제하지 않습니다. 반면 짝퉁은 명품 브랜드의 로고, 포장, 제품 외형을 그대로 복제해 명품 제품처럼 속여 소비자에게 판매하죠.

듀프는 지적재산권을 침해하지 않습니다. 하지만 짝퉁은 명품 브랜드의 상표권, 디자인권, 저작권을 모두 침해한 불법 제품입니다. 따라서 짝퉁 제품을 판매하거나 유통, 구매하면 법적인 문제가 발생할 수도 있습니다.

최근 듀프의 인기를 보여준 사례가 있었습니다. 2025년 1월 미국 대형 유통업체 월마트에 여성용 가방 '워킨백(Wirkin Bag)'이 등장해 한차례 소동이 벌어졌습니다. 워킨백은 프랑스 명품 브랜드 에르메스가 판매하는 여성 가방 '버킨백(Birkin Bag)'의 듀프 제품이죠.

버킨백(좌)과 워킨백(우)

버킨백은 최소 1만 달러(약 1,474만 원)에서 최대 40만 달러(약 5억 8,992만 원)에 판매되고 있지만, 워킨백은 단돈 80달러(약 11만 7,984원)에 판매됐습니다. 버킨백에 비하면 엄청나게 저렴했기에 워킨백은 순식간에 매진되었습니다.

듀프 열풍은 앞으로도 계속될까요? 지금과 같은 글로벌 경기침체가 계속해서 이어진다면 듀프 문화는 더욱 힘을 얻을 것으로 보입니다. 주머니 사정이 넉넉하지 않은 사람들의 욕구를 해소시켜줄 테니까요.

듀프 열풍에 명품업체들은 일단 관망세를 보이고 있습니다. 듀프가 짝퉁과 달리 저작권 등 법적인 문제에서 조금 벗어난 상태이기 때문이죠. 그러나 최근 명품 판매량이 주춤하고 있어 명품업계가 듀프에 대한 대대적인 공세를 펼칠 가능성도 있습니다. 명품 제품의 스타일과 기능을 벤치마킹하는 정도를 어느 수준까지 용인할지 명확한 규정이 없기 때문입니다.

103 정규직보다 자유로운 프리랜서가 좋아
긱 이코노미

최근 전 세계 기업을 살펴보면 흥미로운 점이 눈에 들어옵니다. 이른바 긱 이코노미(Gig Economy)입니다. 여기서 긱(Gig)은 무엇일까요? 긱은 인기 음악이나 재즈를 연주하는 음악가 혹은 악단이 펼치는 라이브 공연을 말합니다. 1920년대에 미국 재즈 공연장 주변에서 필요에 따라 연주자를 섭외해 공연한 데서 비롯됐죠.

중요한 것은 긱이 음악 연주 외에 '단기 혹은 불특정 기간 동안 하는 직업'을 뜻한다는 점입니다. 여기에서 유래한 긱 이코노미는 기업이 필요에 따라 단기 계약직이나 임시직, 프리랜서를 고용하고 급여를 주는 경제를 뜻합니다.

긱 이코노미 체제에서는 근로자가 회사에 얽매이지 않고 자유롭게 독립적으로 일을 할 수 있습니다. 긱 이코노미는 이른바 온디맨드 경제(On-demand Economy) 등장에 따른 결과물입니다. 온디맨드 경제는 기술기업이 재화나 서비스를 곧바로 공급해 소비자 수요에 부응하는 경제활동을 말합니다. 쉽게 설명하면, 온디맨드는 제품이나 서비스가 소비자의 수요에 따라 정해진다는 이야기입니다.

까다롭고 예측하기 쉽지 않은 소비자의 다양한 요구에 재빠르게 대응할 수 있는 이유는 ICT, 즉 첨단기술 덕분입니다. 소비자가 원하는 상품이나 서비스를 파악하기 위해 빅데이터나 인공지능(AI) 기술을 적극적으로 활용하는 것이 바로 온디맨드 경제의 특성입니다. 빅데이터나 AI를 통해 소비자의 수요 패턴을 축적하고, 소비자가 제품이나 서비스를 요청하면 지체하지 않고 곧바로 제공할 수 있는 시스템입니다.

온디맨드 경제의 대표적인 예는 숙박공유서비스업체인 '에어비엔비'와 차량공유업체인 '우버'입니다. 우리나라에는 카카오택시, 티맵택시, 쏘카 등 차량공유서비스업체를 비롯해 배달의 민족, 요기요 등 주문배달업체가 대표적인 예입니다.

이처럼 온디맨드 경제는 온라인 등을 통해 고객이 원하는 것을 즉시 해결해준다는 장점이 있습니다. 또한 온디맨드 경제가 활성화되면 근로자들이 일할 수 있는 영역이 넓어지고, 기업도 사업을 더욱 활성화할 수 있다는 장점이 있죠.

그렇다면 단점은 없을까요? 있습니다. 특히 온디맨드 사업을 둘러싼 기업과 종사자 간 시각 차이가 큽니다. 대다수 온디맨드 기업은 이 사업에 종사하는 이들을 개인사업자로 보고 있지만, 종사자들은 근로자로 취급되는지 아니면 개인사업자로 여겨지는지에 따라 혜택이 달라지기 때문에 온디맨드 경제가 자칫 고용의 질적 수준을 떨어뜨리고 사회 불평등을 심화시킬 수 있다는 우려의 목소리도 있습니다.

노동 착취나 감시도 문제가 될 수 있습니다. 예를 들어 우버 등 차량공유업체들은 승객이 안심하고 이용할 수 있도록 실시간 차량 위치, 운전기사 프로필, 운전기사 평점을 공개합니다. 하지만 운전기사는 불량 고객의 폭력적인 행동에 긴밀하게 대처하지 못한다는 단점을 안고 있습니다.

온디맨드 경제의 등장으로 직업 전선에 명암이 엇갈리고 있지만 온디맨드 경제의 핵심인 긱 이코노미는 앞으로도 계속 이어질 전망입니다. 한 예로 미국의 경우만 해도 전체 근로자의 36%가 긱 이코노미에 종사하고 있으며, 2027년이 되면 미국 근로자(약 1억 6,200만 명) 중 약 8,650만 명이 프리랜서와 같은 계약직 근로자가 될 것으로 전망됩니다.

104 하늘에서 돈이 떨어지는
헬리콥터 머니

헬리콥터 머니(Helicopter Money)라는 말을 들어본 적이 있나요? 1976년에 노벨경제학상을 받은 미국 경제학자 밀턴 프리드먼은 1969년에 내놓은 저서 《최적 화폐 수량》에서 다음과 같이 이야기했습니다.

'어느 날 한 마을 상공에서 헬리콥터가 1,000달러어치 지폐를 뿌린다고 가정해봅시다. 이를 본 마을 사람들은 돈을 줍기 위해 앞다퉈 나올 겁니다. 돈을 얻은 마을 사람들은 이런 일이 다시는 일어나지 않을 독특한 행사라고 확신할 겁니다.'

헬리콥터 머니는 중앙은행이 발권력을 통해 가계와 정부에 직접 현금을 주는 정책입니다. 즉 프리드먼은 중앙은행이 시중에 돈을 대거 뿌려 인플레이션을 유도해 경기침체를 해소하자고 주장했습니다.

2001년 디플레이션의 늪에 빠진 일본은 경제를 되살리기 위한 방안으로 헬리콥터 머니를 활용했습니다.

밀턴 프리드먼

그렇다면 헬리콥터 머니는 경기침체를 해결하기 위한 만병통치약일까요? 그렇지 않습니다. 중앙은행이 헬리콥터 머니를 통해 발권력을 남용하는 것은 이른바 ==통화준칙주의==에 어긋나는 논리입니다. 통화준칙주의는 경제가 시장이 아닌 정부의 재정정책에 좌우우지되지 않도록 통화정책에 엄격한 준칙이 있어야 한다는 내용입니다. 결론적으로 경기가 침체되었다고 해서 돈 공급량을 지나치게 많이 확대하면 안 된다는 경제 이론인 것이죠.

또한 헬리콥터 머니로 시장에 통화를 지나치게 많이 공급하면 금융당국이 물가 상승을 제대로 관리하지 못해 하이퍼인플레이션이 발생할 수도 있습니다. 하이퍼인플레이션은 통제하기 힘든 물가 상승을 뜻합니다.

그렇다고 헬리콥터 머니를 허무맹랑한 이론이라고 치부할 수도 없습니다. 경제학 이론에 ==유동성 함정==(Liquidity Trap)이 있기 때문이죠. 유동성 함정은 이자율을 제로에 가깝게 내려도 경제가 경기침체에 머물러 있을 때를 뜻합니다. 쉽게 말하면 유동성 함정은 시중에 돈이 돌지 않는 '돈맥경화' 현상입니다.

경제학 이론에 따르면, 경기가 침체 국면일 때 중앙은행이 경기를 되살리기 위해 이자율을 0% 가까이 내리면 투자심리가 되살아나 투자가 늘어나야 하는 게 원칙입니다. 그런데 유동성 함정 상황에서는 투자가 눈에 띄지 않고 오히려 현금만 선호하는 현상이 빚어집니다.

중앙은행 입장에서도 난처하기 이를 데 없습니다. 중앙은행이 금리를 내리는 이유는 저축을 줄여 소비를 늘리고, 기업이 적극적으로 투자활동을 하도록 독려하기 위함입니다. 그런데 돈이 돌지 않고 경제가 디플레이션의 늪에서 빠져나오지 못하고 있으니 난처할 수밖에요.

그렇다면 유동성 함정을 해결할 수 있는 방법은 무엇일까요? 앞서 설명한 헬리콥터 머니처럼 돈을 직접 가계나 기업에 뿌리는 것입니다. 이를 통해 소비와 투자를 되살릴 수 있기 때문입니다.

우리나라도 헬리콥터 머니를 활용하고 있습니다. 대표적인 예로 코로나19에 따른 정부의 재난지원금을 꼽을 수 있습니다. 정부가 5차례에 걸쳐 지급한 재난지원금은 무려 62조 원에 달합니다. 코로나19에 따른 소비침체 등 경제적인 악영향을 막기 위해 정부가 국고에서 거액의 돈을 꺼내 국민에게 헬리콥터 살포를 한 셈이죠.

문제는 재난지원금이 소비를 크게 늘렸는지에 대한 논란이 이어지고 있다는 점입니다. 재난지원금을 소비가 아닌 비상금 형태로 갖고 있는 사례도 많기 때문입니다. 이에 정부의 헬리콥터 머니(재난지원금)가 허공으로 날아간 것이 아니냐는 비판의 목소리도 나오고 있습니다.

105 죽 쒀서 개 주는 가마우지 경제

중국 광서성 계림에는 바닷새 일종인 가마우지를 이용해 낚시를 하는 풍습이 있었습니다. 가마우지 목 아래를 끈으로 묶고, 가마우지가 물고기를 잡으면 목에 걸린 물고기를 주인이 가로채는 방식입니다. 쉽게 설명하면 죽 쒀서 개 주는 셈이죠.

가마우지 경제는 일본 경제평론가 고무로 나오키가 1989년 자신의 저서 《한국의 붕괴》에서 '한국경제는 목줄에 묶인 가마우지와 같다. 목줄에 묶여 물고기를 잡아도 곧바로 주인에게 바치는 구조다'라며 한국경제를 폄훼하는 목적으로 처음 언급했습니다.

여기에서 목줄은 부품소재산업, 물고기는 완제품, 주인은 일본을 말합니다. 즉 한국은 부품소재산업이 취약하고 소재와 부품을 대부분 일본에서 수입하기 때문에 완제품을 만들어 수출해도 일본이 대부분의 혜택을 누린다는 의미입니다.

한국경제를 무시하다니! 참으로 불쾌하기 짝이 없습니다. 그러나

이 말이 모두 틀렸다고 말할 수도 없는 것이 현실입니다. 한국은 자동차를 비롯해 휴대전화, 디스플레이, 반도체 등 한국경제 간판업종을 완성품으로 수출하고 있지만, 이들 제품에는 일본산 소재와 부품이 많이 들어갑니다. 이는 그동안 완성품 수출에만 주력한 나머지 부품소재산업을 제대로 육성하지 못했고, 특히 부품소재산업에 필요한 기초·원천기술을 확보하지 못한 데 따른 결과입니다.

이런 한국경제의 취약점을 노린 듯 일본은 2019년 7월 4일 우리나라에 수출 규제 조치를 내려 충격을 줬습니다. 일본이 불화수소, 불화폴리이미드, 포토레지스트 등 반도체·디스플레이 제조에 필요한 핵심 소재를 한국에 수출하지 않겠다고 발표한 것이죠.

우리나라 전체 수출의 20%를 차지하는 반도체산업은 멘붕에 빠질 수밖에 없었습니다. 특히 일본이 반도체 핵심 소재 부문에서 전 세계 생산량의 90% 가까이 차지하는 상황을 감안하면 한국의 반도체산업은 송두리째 흔들릴 수도 있었죠.

그러나 그로부터 몇 년이 지난 지금 일본의 작전은 실패로 끝났습니다. 일본의 수출 규제가 오히려 우리가 그동안 소홀히했던 소재·부품·장비 생태계를 건강하게 만들었고, 일본에 대한 기술의존도를 낮췄기 때문입니다.

그동안 한국 덕분에 재미를 보던 일본 소비재 기업들은 한국 내 일본 제품 불매운동 '노 재팬(No Japan)' 영향으로 매출이 부진해 일부 기업이 한국시장에서 철수하는 굴욕을 당하기도 했습니다.

가마우지 경제의 폐단은 어떻게 보면 그동안 우리나라 기업과 정부가 취해온 이른바 ==천수답 경제== 영향 때문일 수도 있습니다. 천수답(天水畓)은 벼농사에 필요한 물을 빗물에만 의존하는 논을 말하죠. 여기에서 유래한 천수답 경제 혹은 천수답 경영은 자체 경쟁력이나 기술 없이 외부에만 의존해 피해를 받는 경제 혹은 경영 방식을 뜻합니다.

그렇다면 이를 위한 해법은 없을까요? 정답은 ==펠리컨 경제==입니다. 넉넉한 부리에 먹이를 저장해 새끼를 키우는 펠리컨처럼 한국 소부장(소재-부품-장비) 산업을 키우자는 이야기죠.

위기는 기회로 다가오기 마련입니다. 우리는 일본발 가마우지 경제의 폐단이 펠리컨처럼 부품 자립화와 부품 독립으로 이어질 수 있는 기회를 안았습니다. 일본의 야비한 공세에 맞서 한국이 세계 최고 수준의 소부장 강국, 첨단산업의 세계 공장으로 우뚝 서는 계기를 마련한 셈이죠.

106 악재에 악재가 더해지는
칵테일 위기

    칵테일은 위스키, 브랜디, 진 등 각종 독주에 얼음과 감미료, 과즙 등을 혼합해 만든 술입니다. 알코올 도수가 높은 독주를 섞어 마시면 정신이 혼미해지죠. 여기에서 파생된 개념이 바로 **칵테일 위기**입니다. 악재(惡材)가 한꺼번에 뒤섞여 일어나는 위험한 상황을 일컫는 말이죠.

    한국경제에도 한 차례 칵테일 위기가 휩쓸고 지나갔습니다. 2016년 국제 유가의 급락과 미국과 중국의 경제성장률 둔화, 글로벌 기업의 리콜 사태, 브렉시트 그리고 북한 미사일 발사까지 정치·경제 분야에서 악재가 동시다발적으로 터졌습니다. 여기에 삼성전자와 현대자동차의 위기도 한몫했죠.

    한국 대기업은 한국경제를 든든하게 받쳐주는 버팀목 역할을 하고 있습니다. 공정거래위원회가 발표한 〈2024년 공시대상기업집단 지정 결과 발표〉에 따르면, 국내 88개 기업집단의 2024년 매출액은 약 1,979조 원(금융·보험업 제외)입니다. 이 중 삼성전자, 현대자동차그룹, SK그룹, LG그룹 등 이른바 '4대 그룹'의 매출액은 906조 원입니다. 이는 국내 88개 그룹과 그룹 계열사 3,318곳이 2024년에 벌어들인 매출액의 절반에 가까운 45.8%입니다.

따라서 국내 4대 그룹이 휘청거리면 한국경제도 함께 타격을 받을 수 있다는 말은 과언이 아닙니다. 그런데 2016년 삼성전자가 야심차게 내놓은 갤럭시노트7이 전 세계에서 동시다발적으로 폭발하는 사고가 발생했고, 결국 제품 교환과 판매 중단이라는 극단적인 조치가 내려졌습니다. 비슷한 시기에 현대자동차도 미국에서 생산한 차량에 엔진 결함이 발견되면서 미국 소비자들로부터 집단 소송을 당했습니다.

칵테일 위기를 불러오는 요소는 비단 경제적인 이슈만이 아닙니다. 우리나라의 경우, 북한의 핵개발도 칵테일 위기를 조성하는 요소 중 하나죠. 국제 신용평가사 피치는 2016년 한국의 국가신용등급(113장 참고)을 AA-로 유지했는데, 그 이유를 북한의 핵실험으로 꼽았습니다.

칵테일 위기는 언제 어디서 어떤 방향으로 전개될지 모릅니다. 그러나 이와 같은 칵테일형 위기를 두려워하지 않고, 사전에 위기를 파악하는 예리한 판단력을 키우고, 위기가 발생했을 때를 대비해 여러 시나리오를 만들어 위험 요인을 최소화하는 경영 기법인 '시나리오 경영'을 미리 세워 대처한다면 어려움을 잘 극복할 수 있을 것입니다.

107 대한민국은 대기업 천국?
규모의 경제

　대만은 대표적인 중소기업 강국입니다. 전체 기업 중 약 97%가 직원 수 200명 이하의 중소기업이며, 이 중소기업들은 전체 산업에서 막강한 영향력을 발휘하고 있습니다. 그런 대만 재계가 가장 벤치마킹하고 싶어 하고 부러워하는 나라는 어디일까요? 바로 우리나라입니다.

　대만은 중소기업으로 해외시장 개척에 나섰지만 우리나라의 삼성그룹과 현대그룹 같은 대기업은 만들어내지 못했습니다. 이 때문에 우리나라를 대표하는 이들 기업이 전 세계 시장을 파고들며 '메이드 인 코리아'의 위상을 떨칠 때 대만 정부는 우리나라처럼 대기업을 육성하지 못한 것을 가슴 아파했다고 합니다.

　이 때문일까요? IT·반도체 분야에 대한 대만 정부의 아낌없는 투자와 지원 덕분에 대만 기업 에이서, HTC, 아수스, 트렌드마이크로 등은 중소기업으로 출발했지만 이제 어엿한 글로벌 IT 대기업으로 성장했습니다.

　한편 대기업 위주의 성장전략을 펼쳐온 우리나라의 상황은 어떨까요? 공정거래위원회는 기업 자산 규모 기준으로 해마다 재계 순위를 발표합니다. 2014~2024년 기준으로 살펴보면 지난 10년간 한국의 100대 그룹은 급성장세를 보였습니다. 100대 그룹의 총 자산총액이 2014년(그룹 수 63개)

2,205조 7,800억 원에서 2024년(88개) 3,027조 3,200억 원으로 10년간 약 821조 5,400억 원(37.24%) 늘었기 때문입니다.

그룹 숫자와 규모가 커지면서 공정위는 2016년 10월부터 대기업 자산 기준을 5조 원에서 10조 원으로 높였습니다. 그 배경에는 '경제 여건 변화'가 자리잡고 있습니다. 우리나라 경제 규모와 기업 자산 규모가 커지면서 대기업 지정 기준을 높일 필요성이 생긴 것이죠. 자산 기준 10조원이 넘는 기업 수도 증가했습니다. 공정위에 따르면 10조가 넘는 대기업은 2014년 36곳에서 2024년 49곳으로 13곳이 늘었죠.

한편 대기업에 혜택을 주는 정책 대신 다양한 중소기업 육성을 위해 정부가 힘써야 한다는 목소리도 있습니다. 하지만 지금 같은 글로벌 시대에는 외국 기업에 맞설 수 있는 대기업의 필요성도 인정해야 합니다. 특히 우리나라처럼 반도체, 자동차, 철강, 가전제품 등 대규모 투자를 필요로 하는 규모의 경제 산업이 주요 수출 품목인 경우 기업은 그에 걸맞은 규모를 갖춰야만 하죠.

세계적인 석학 피터 드러커는 전 세계적으로 대기업이 없는 나라는 없다고 했습니다. 이웃나라 일본은 우리나라와 비교도 안 될 정도로 대기업이 많고, 우리나라의 경제 발전을 그대로 답습하고 있는 중국도 대기업이 무려 1,000여 개나 됩니다.

영국 식민지에서 지금은 중국으로 편입된 인구 700만 명의 홍콩도 대기업이 주종을 이루고 있습니다. 중국의 세계적인 갑부 리카싱이 설립한 홍콩 최대 그룹인 청쿵그룹은 허치슨왐포아, 청쿵실업, 홍콩텔레콤 등 400개 이상의 계열사를 거느리고 있으며, 52개국에 27만 명의 직원이 있습니다.

21세기 경제대국으로 부상하고 있는 인도 역시 대기업 타타그룹이 중심에 있습니다. 타타그룹은 2024년 말 기준 102만 8,000명의 직원과 정보기술(IT), 소비재, 제조, 항공우주 등 15개 사업 부문에서 100개가 넘는 계열사를 거느리고 있는 인도 최대 기업입니다. 2024년 말 기준 연간 매출액은 1,650억 달러(약 240조 8,175억 원)에 이릅니다.

한 국가의 경제력이 대기업에만 몰리는 집중 현상이 우려되는 것도 사실이지만, 대기업이 하나 생기면 전후방 산업 연관효과(33장 참고)로 많은 산업이 생기기 마련입니다. 이는 경제학자 앨버트 허쉬만(Albert Hirschman)이 주장한 '불균형성장론'이 잘 말해줍니다. 불균형성장론은 일부 주요 산업에 대기업을 만들어 그 뒤를 이어 여러 산업에 걸쳐 많은 중소기업이 저절로 일어날 수 있게 하자는 이론입니다.

이는 대기업의 부를 늘리면 중소기업에도 골고루 혜택이 돌아간다는 트리클다운 이론(16장 참고)과 비슷합니다. 하지만 대기업이 부를 분배하지 않고 쌓아두기만 하면서 고용의 확대 혹은 한국경제 성장에 도움이 되지 않아 문제가 되고 있죠. 또 사업을 문어발식으로 확장해 골목상권을 위협하는 대기업의 행동은 사람들의 질타를 받기도 합니다.

'대기업은 무조건 나쁘다' 혹은 '대기업이 아니면 안 된다'라는 인식은 바뀌어야 합니다. 정부와 국민은 대기업이 세계적인 경쟁력을 갖출 수 있도록 지원해야 하고, 대기업 역시 중소기업과 윈윈할 수 있는 올바른 기업정신을 가져야 합니다.

108 삼성의 실적 발표가 궁금하다
어닝쇼크

우리나라 주식시장에서 삼성전자가 사업보고서를 발표하는 시기는 무척 중요합니다. 금융 관계자는 물론 정치, 사회, 일반 국민까지 삼성전자의 실적 발표에 귀를 쫑긋 세우죠. 발표 이후 경제 기사를 살펴보면 '삼성 실적 발표 어닝쇼크', '어닝서프라이즈'라는 단어를 종종 볼 수 있습니다. 이게 무슨 뜻일까요?

주식시장에 상장된 기업은 보고서를 통해 정기적으로 기업실적을 발표해야 합니다. 그중 사업보고서는 기업의 재무 상황, 경영실적 등을 담아 일명 '기업 성적표'라 불립니다. 기업실적을 담은 기업 성적표를 일반 투자자들에게 공개해 합리적인 투자활동이 이뤄지도록 하고, 투명한 정보로 투자자를 보호하는 것이 이 사업보고서의 목적이죠. 그래서 상장사가 기한 내에 금융감독위원회와 증권거래소에 이를 제출하지 않으면 주식시장에서 퇴출당할 수도 있습니다.

사업보고서에서 기업의 영업이익과 순이익을 '어닝(Earning)'이라고 합니다. 어닝의 사전적인 뜻은 '소득', '수입'이지만, 주식시장에서는 '기업의 실적'을 의미합니다. 순이익은 전체 매출액에서 물건을 만드는 데 들어간 총비용을 뺀 것이고, 여기서 원가, 인건비, 세금 등을 뺀 것을 영업이익이라고 합니다. 사실 회사 입장에서는 영업이익이 기업의 경제활동 성과를 나타내기 때문에 매출액보다 중요합니다.

우리나라 기업들은 주로 연말에 집중적으로 실적을 발표합니다. 그래서 증권가에서는 연말을 어닝시즌(Earning Season)이라 부릅니다. 어닝쇼크(Earning Shock)는 기업이 보고서를 통해 발표한 실적이 시장의 예상보다 저조한 것을 말합니다. 말 그대로 실적(Earning)이 좋지 않아 충격을 받은(Shock) 것이죠.

그렇다면 반대로 기업실적이 당초 시장에서 예상한 것보다 좋은 경우에는 무엇이라고 할까요? 실적(Earning)이 좋아서 깜짝 놀란다(Surprise)라는 뜻으로 어닝서프라이즈(Earning Surprise)라고 하고, 우리말로는 '깜짝실적'이라고 부릅니다.

이와 같은 기업의 실적이 주가에 영향을 미치는 것은 당연하겠죠. 어닝시즌에 실적이 좋으면 기업의 주가가 껑충 뛰고, 실적이 나쁘면 떨어집니다. 마지막으로 기업실적에 자주 등장하는 용어를 정리해봅시다.

- **매출액**: 특정 기업이 일정 기간 동안 판매한 총량
- **(매출)총이익**: 매출액에서 원가를 뺀 것
- **영업이익**: 총이익에서 원가, 인건비, 세금 등을 뺀 것
- **순이익**: 총수익에서 비용을 뺀 것
- **당기순이익**: 일정 기간의 순이익. 경상이익에 특별이익을 더하고 특별손실을 뺀 뒤 법인세를 뺀 것
- **경상이익**: 영업이익에서 영업외수익을 더하고 영업외비용을 뺀 것
- **세전이익(=법인세 차감 전 순이익)**: 경상이익에서 특별이익을 더하고 특별손실을 뺀 것

109 수당, 상여금, 퇴직금을 결정하는
통상임금

최근 재계에서 논란이 된 이슈 중 하나가 통상임금(通常賃金)입니다. 이를 두고 대표적인 배터리 제조업체 삼성SDI 노사는 오랜 기간 동안 씨름을 벌여왔죠. 계속된 분쟁 끝에 2013년 12월 대법원은 상여금도 정기적으로 지급하면 통상임금에 적용시켜야 한다는 판결을 내렸고, 노사는 상여금 600%를 통상임금에 적용하는 데 합의했습니다.

이후 삼성SDI 천안사업장 노사협의회는 판결에 따라 통상임금 적용에 따른 임금 소급분을 사측에 요구했습니다. 그러나 사측이 이를 거부하자 2016년 8월 다시 소송을 제기했고, 2021년 11월 생산직에 한해 통상임금이 인정되었습니다.

여기서 말하는 통상임금에 대해 알아보기 전에 먼저 임금이 정확히 무엇을 뜻하는지 알아봅시다. 임금은 '회사 측이 근로자, 즉 회사원들이 일한 대가에 대해 지급하는 모든 돈과 물건'을 뜻합니다. 이를 흔히 '임금' 또는 '봉급'이라고 부르죠. 평균임금이라는 것도 있습니다. 근로기준법 제2조에 따르면, '평균임금은 이를 산정해야 할 사유가 발생한 날 이전 3개월 동안 그 근로자에게 지급된 임금의 총액을 그 기간 총일수로 나눈 금액'입니다. 평균임금은 주로 퇴직금을 산정할 때 기준이 됩니다.

그렇다면 임금에 '통상'이 붙는 통상임금은 무엇일까요? 근로기준법 시행령 제6조에서는 '통상임금은 근로자에게 정기적이고 일률적으로 소정(所定, 정한 바) 근로 또는 총근로에 대해 지급하기로 정한 시간급·일급·주급·월급금액 또는 도급금액을 말한다'라고 설명하고 있습니다. 대개 월말에 받는 월급명세서를 보면 매달 지급되는 기준급과 직무수당, 업종에 따라 지급되는 위험수당과 기술수당이 통상임금에 해당합니다. 그런데 지금까지는 상여금과 성과급, 가족수당처럼 근무실적이나 개인 사정에 따라 달라지는 임금은 통상임금에 포함되지 않았습니다.

그러나 대법원 판결로 상여금도 정기적으로 지급되면 통상임금으로 인정받게 됐습니다. 성과급 역시 근무실적에 상관없이 최소 일정액이 보장되면 통상임금입니다. 가족수당도 부양가족 수에 관계없이 모든 근로자에게 지급되면 통상임금입니다. 여름휴가비나 명절상여금 등도 재직자뿐 아니

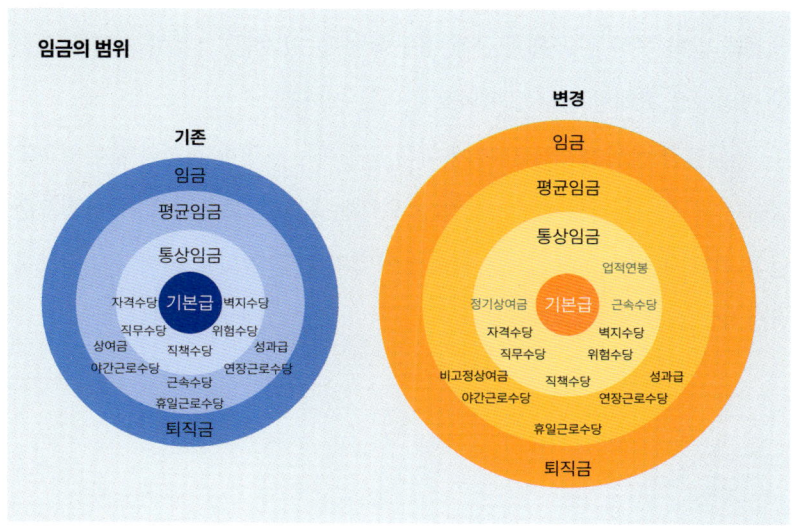

라 퇴직자에게도 근무일수에 비례해 지급되면 통상임금에 들어가게 됐습니다. 이처럼 같은 명목의 임금이라도 회사에 따라 통상임금 범위가 넓어질 수도 있고, 그렇지 않을 수도 있습니다.

대법원 판결 이후 재계에는 비상이 걸렸습니다. 회사 측의 임금 부담이 커졌기 때문입니다. 통상임금이 늘어나면 이를 기준으로 산정하는 연장근로수당이나 휴일근로수당도 늘어납니다. 평균임금이 높아지면 결국 퇴직금도 많아지죠. 그동안 정기적으로 상여금을 지급해온 기업들은 앞으로 초과근로수당 등을 산정할 때 상여금을 포함한 통상임금을 바탕으로 계산해야 합니다.

기업의 부담을 우려해 대법원도 '신의성실의 원칙(Principle of Good Faith)'에 따라 회사 경영이 어려워질 정도의 금액이라면 근로자가 소송을 제기할 수 없다고 선을 그었습니다. 신의성실의 원칙은 권리를 남용해 상대방에게 심각한 손해를 끼쳐서는 안 된다는 뜻입니다. 즉 과거에 통상임금 기준이 잘못돼 받지 못한 임금을 소급해 청구할 수는 있지만, 그것이 기업에 심각한 경영난을 초래할 경우는 예외로 한다는 것이죠.

통상임금 범위가 확대된 것에 대해 노동계는 당연한 결과라며 환영하고 있습니다. 장기적으로 보면 통상임금 확대는 노동권 보호를 위해 꼭 필요한 일입니다. 하지만 갑작스러운 확대가 기업의 경영 악화로 이어지지 않도록 점진적인 접근이 필요합니다.

110 세금 폭탄 피하기 위한 기업의 꼼수
조세피난처

    2014년 10월 독일 베를린에서는 세금과 관련된 획기적인 사건이 있었습니다. 독일, 영국, 프랑스, 이탈리아 등 51개국 재무장관이 한자리에 모여 국가 간에 조세와 관련된 정보를 교환한다는 협정문에 서명한 것이죠. 합의 내용을 분석해보면 협정에 서명한 51개국이 이른바 '역외탈세(域外脫稅)'를 추적하기 위해 손을 잡은 것으로 풀이됩니다.

    역외(域外)는 경제학에서 '외국' 또는 '타국'을 지칭합니다. 탈세(脫稅)는 납세자가 세금의 전부 혹은 일부를 내지 않는 것을 말하고요. 결국 역외탈세는 납세자가 세금을 내지 않기 위해 다른 나라에 사는 것처럼 위장하는 걸 뜻합니다.

    이처럼 역외탈세를 위해 외국인으로 둔갑한 한국인을 흔히 '검은 머리 외국인'이라 부릅니다. 한국에 사는 이상 당연히 소득을 올린 데 따른 세금을 내야 합니다. 그런데 이를 피하기 위해 일반 개인이나 기업이 한국이 아닌 해외에서 살며 그곳에서 사업을 하는 것처럼 위장하는 거죠.

    역외탈세의 대표적인 방법은 조세피난처(Tax Haven)를 찾아 그곳에 페이퍼컴퍼니(Paper Company)를 세우고, 이를 활용해 세금을 내지 않는 것입니다. 조세피난처는 개인이나 기업이 번 소득의 일부 혹은 전부에 대해 세금을 내지 않는 국가나 지역을 말하고, 페이퍼컴퍼니는 서류상으로만 존재하는 가공의 회사를 말합니다.

조세피난처는 전 세계에 흩어져 있는데, 대표적으로 영국령 버진아일랜드, 케이맨제도, 룩셈부르크, 네덜란드, 오스트리아, 싱가포르, 스위스 등이 있습니다.

조세피난처의 특징은 각종 세제 혜택이 주어지는 것은 물론, 규제가 거의 없어 경영을 하는 데 불편함이 없다는 것입니다. 특히 금융거래를 할 때 익명성이 철저하게 보장되기 때문에 탈세와 불법활동에 쓰이는 자금을 합법적인 것처럼 바꾸는 '돈세탁' 자금거래의 온상이 돼왔습니다.

그러나 조세피난처가 일부 탈세자에게 도피 수단으로 여겨지던 시대도 끝날 전망입니다. 대표적인 조세피난처인 아일랜드가 지난 18년간 유지해온 최저 수준의 법인세율을 올리기로 했기 때문입니다. 2021년 10월 아일랜드는 법인세율 12.5%를 2023년부터 15%로 올리기로 하는 글로벌 법인세 합의안에 서명했습니다. 자국 기업의 해외 이전을 우려한 미국이 아일랜드에 글로벌 최저 법인세율 15%를 도입하라며 압박한 결과죠.

글로벌 최저 법인세율의 전체 그림은 이른바 '선진국 클럽'이라 불리는 경제협력개발기구(OECD)가 만들었습니다. OECD의 분석 자료에 따르면, 전 세계가 법인세율을 15%로 올리면 한 해 1,500억 달러(약 180조 원)의 새로운 세금 수익이 확보된다고 합니다.

111 뒷문으로 주식시장 들어가는 우회상장

뒷문이라는 말을 들으면 '떳떳하지 못한', '부정한', '은밀한' 등의 이미지가 연상됩니다. 그런데 경제에도 'Back Door'를 활용한 표현이 있습니다. 바로 <u>우회상장</u>(Back-door Listing)입니다.

상장(53장 참고)은 특정 주식을 거래소시장에서 사고팔 수 있도록 증권거래소가 자격을 주는 것을 말합니다. 이를 위해서는 당연히 자격이 되는지 검사를 받아야 하는데 기업공개, 공모주 청약, 신주 발행 등 복잡한 과정이 이에 포함됩니다.

그런데 증권시장에 상장하지 않은 비(非)상장기업이 이런 복잡한 절차를 밟지 않고 우회적인 방법으로 상장하기도 합니다. 이것이 바로 우회상장입니다. 우회상장의 대표적인 방법은 비상장기업과 상장기업이 합병하는 것입니다.

우회상장은 SPAC(스팩, 69장 참고)과 유사한데요. 우회상장은 합병하는 두 기업이 실제로 존재하지만, SPAC은 실제 형태가 없고 상장만을 위해 존재하는 페이퍼컴퍼니와 비상장기업의 합병이라는 점에서 다릅니다.

원래 우회상장은 상장에 필요한 자격 요건이 조금 부족하지만, 성장 가능성이 높고 재무적으로 우량한 비상장기업에게 증권거래소에서 자금을 조달할 수 있는 기회를 주기 위해 도입됐습니다. 상장에 필요한 복잡한 절차를 피해 빠른 시일 내에 상장하고 싶은 비상장기업이 대주주 지분율이 낮고 경영난에 빠진 부실한 상장기업과 인수합병(M&A)하는 등의 방식으로 우회상장을 하는 거죠.

우회상장의 대표적인 사례로는 2014년 5월 발표된 국내 2위 인터넷포털업체 다음커뮤니케이션과 국내 1위 모바일메신저업체 카카오의 합병을 들 수 있습니다. 비상장업체인 카카오는 상장업체인 다음과의 합병을 통해 주식시장에 입성할 수 있었죠.

이 합병은 형식상으로는 상장기업 다음이 비상장법인 카카오를 흡수하는 방식이었습니다. 하지만 내용을 살펴보면 카카오의 김범수 이사회 의장이 다음카카오 1대 주주이고, 합병비율 역시 다음이 1, 카카오가 1.6으로 카카오 쪽에 무게가 더 실려 있습니다. 다음보다 신생기업 카카오의 경쟁력이 더 크다는 사실을 증명하는 것이죠.

카카오는 기업공개(IPO, 52장 참고)를 통한 상장보다 다음과 합병해 우회상장하는 것이 기업가치를 더 끌어올릴 수 있는 전략이라고 여겼습니다. 이를 보여주듯 2025년 1월 18일 기준 카카오의 시가총액은 약 16조 1,493억 원으로, 코스피시장에서 51위 기업으로 자리매김했습니다. 결국 이 둘의 합병이 기업가치를 끌어올리는 긍정적인 효과를 가져온 것이죠.

카카오 로고 변천사

112 땅콩 회항이 시사하는 오너와 전문경영인

기업 경영은 오너(Owner, 소유주)가 하는 것이 좋을까요 아니면 전문경영인에게 맡기는 것이 좋을까요? 두 경영 체제 모두 장점을 갖고 있습니다. 중소기업의 경우 대부분 오너 경영 체제인데, 회사 규모가 작다 보니 굳이 전문경영인을 따로 둘 필요가 없기 때문입니다. 특히 오너가 회사 지분을 100% 갖고 있는 경우에는 오너가 직접 회사를 운영하는 것이 당연합니다.

대기업은 중소기업처럼 오너 경영을 하는 경우도 있지만, 아예 전문경영인에게 맡기는 경우도 있습니다. 특히 IMF 외환위기를 겪으면서 우리나라에는 능력이 부족한 오너가 운영하는 이른바 '황제 경영'이 사라지고, 전문가에게 경영을 맡기는 기업문화가 조성됐습니다.

2018년에 발표된 논문 〈오너 CEO 기업과 비오너 CEO 기업과의 경영 실적 비교 분석〉에서 1,986개 업체의 재무제표 3년 치를 분석한 결과, 전문경영인이 최고경영자(CEO)를 맡은 기업이 오너가 경영하는 기업보다 경영 효율성이 높다는 결과가 나왔습니다.

하지만 현실에서는 전문경영인도 결국은 오너에게 고용된 사람으로, 오너의 눈치를 살필 수밖에 없습니다. 이 때문에 주주이익 극대화보다 시장이나 조직 확대 등에 더 관심을 보이는 경향이 있습니다.

그런데 전문경영인이 주주의 이익을 극대화한다는 믿음을 심어주지 못하면 결국 주주들은 전문경영인을 믿지 못하게 됩니다. 이처럼 주주와 전문경영인 간의 신뢰 부족을 '주인-대리인 문제(56장 참고)' 라고 부르며, 전문경영인 체제의 근본적인 문제점이 되고 있습니다.

또한 전문경영인은 임기가 정해져 있기 때문에 임기 내에 큰 성과를 거두려고 합니다. 그래서 단기적 성과에만 집착하는 경향이 있죠. 또 오너 경영 체제에서처럼 과감하게 장기투자를 하지 못하는 문제점이 있습니다.

현재 우리나라 기업은 대다수가 '오너+전문경영인 체제'를 유지하고 있습니다. 바야흐로 한 기업에 대표이사가 여러 명 있는 복수 최고경영자(CEO) 시대입니다. 기업이 커지면 총수나 CEO 한 사람이 사업을 모두 관장하기 어렵다는 현실적인 문제가 있죠. 사업을 확장할 때마다 해당 분야의 전문경영인을 잇달아 영입하는 것도 이러한 이유 때문입니다.

하지만 최근 오너 일가와 전문경영인의 연봉 격차가 2배 이상 벌어지면서 오너+전문경영인 체제에 금이 가고 있습니다. 오너 일가에 집중된 권력도 문제입니다. 일명 '땅콩 회항' 사건이 대표적인 예죠. 일반 직원을 대상으로 오너 일가가 무차별적인 권력을 행사한 이 사건은 사회에 큰 파장을 불러일으켰습니다. 이러한 예를 통해 알 수 있듯, 임원 간 보수 격차와 오너 일가의 권력 행사는 경영 성과에 불이익을 가져오고, 결국 오너+전문경영인 체제를 무너뜨리고 있습니다.

113 기업과 국가의 성적표
신용등급

신용등급은 쉽게 표현하면 돈을 빌리는 기업이나 국가의 성적표라고 할 수 있습니다. 기업이 회사채를 발행하려면 신용평가회사로부터 신용등급을 받아야 하고, 국가가 국제 금융시장에서 돈을 조달하려면 국제적으로 공신력 있는 신용평가회사로부터 국가신용등급을 받아야 합니다.

회사채 혹은 사채(社債)는 주식회사가 자금을 모으기 위해 일반인에게 발행하는 채권입니다. '빚문서'인 셈이죠. 회사채 등급은 사채를 발행한 기업이 원리금 상환 만기일까지 돈을 제대로 갚을 수 있는지를 따져 상환 능력에 따라 나이스홀딩스(구 한국신용정보), 나이스평가정보, 한국신용평가정보(한신평), 한국기업평가(한기평) 등 신용평가기관이 매깁니다.

기업이 장기 회사채를 발행하고 돈을 빌려갔는데 원금을 제때 갚지 못하면 그 손해는 고스란히 투자자가 떠안을 수밖에 없습니다. 따라서 이러한 위험을 막기 위해 투자자가 미리 참고할 수 있도록 기업의 신용도를 총 18개 등급으로 차등을 둬 평가합니다.

18개 등급은 영문 알파벳순으로 매기는데, 다음과 같습니다. AAA, AA+, AA, AA-, A+, A, A-, BBB+, BBB, BBB-, BB+, BB, BB-, B, CCC, CC, C, D.

AAA는 원리금 지급 능력이 최상급임을 뜻하며, 아래로 내려갈수록 지급 능력이 떨어짐을 뜻합니다. 일반적으로 원리금 지급 능력은 있지만 경제 여건이나 환경에 따라 원리금 지급 능력이 떨어질 위험성이 있는 BBB까지를 '투자적격등급'이라고 하고, BB 이하는 '투자부적격등급(투기등급)'이라고 합니다. 참고로 C는 채무이행 가능성이 거의 없는 상태, D는 부도나 화의(和議, 파산 직면) 등으로 이미 채무를 이행할 수 없는 상태를 의미합니다. 이와 같은 신용등급은 이자율에 반영되므로, 신용등급이 낮은 기업일수록 돈을 빌려준 금융기관에 이자를 더 많이 내야 합니다.

국가신용등급도 기업의 신용등급과 비슷합니다. 특정 국가가 채무를 갚을 능력과 의사가 얼마나 있는지를 등급으로 매긴 것이 바로 국가신용등급입니다. 그런데 국가신용등급은 국가뿐 아니라 그 국가 내에 있는 개별 기업이나 금융기관의 신용등급에도 영향을 미칩니다. 국가신용등급이 나쁜 국가의 기업은 국제 금융시장에서 불리한 조건으로 자금을 조달할 수밖에 없죠.

국가신용등급은 스탠더드앤드푸어스(S&P), 무디스, 피치 등 빅3라 불리는 세계 신용평가회사가 평가합니다. S&P와 무디스는 국가신용등급을 21개 등급으로, 피치는 24개 등급으로 나눕니다.

S&P와 피치는 AAA에서 BBB-까지, 무디스는 Aaa에서 Baa3까지를 투자적격으로 보고 있습니다. BB+(S&P, 피치) 이하와 Ba1(무디스) 이하는 투자부적격으로 판단합니다. 외환위기 당시 우리

나라의 국가신용등급은 투자부적격등급(BB+ 또는 Ba1 이하)까지 추락했지만, 2025년 1월 기준 S&P는 AA, 무디스는 Aa2(안정적), 피치는 AA-로 평가했습니다.

그렇다면 미국은 어떨까요? 2011년 8월 5일 S&P는 1941년 이후 70년 동안 최고 수준 AAA를 유지했던 미국의 국가신용등급을 정부 부채가 급등했다는 이유로 한 단계 낮은 AA+로 강등했고, 현재까지 유지 중입니다.

한 가지 재미있는 사실은 신용등급 평가기관의 평가가 100% 정확하지 않다는 것입니다. 1997년 11월 우리나라가 외환위기를 맞기 직전까지도 이들 빅3는 우리나라를 초우량등급으로 판정했습니다. 그러다 국제통화기금(IMF)에 구제금융을 신청하자 한꺼번에 6단계나 등급을 깎아내렸죠.

주목해야 할 점은 신용등급 평가기관들이 상대적으로 아시아 사정에 어두워 아시아 기업에 대한 평가의 정확성은 낮은 반면, 미국 기업에 대해서는 투기등급에 속하는 업체라도 평가가 후하다는 것입니다.

문제는 이와 같은 그릇된 판단이 기업은 물론, 한 국가의 경제를 망칠 수도 있다는 데 있습니다. 국가신용등급은 대한민국에 투자하는 투자자들의 중요 지표가 되며, 신용등급 변화에 따라 자본이 유입될 수도, 유출될 수도 있기 때문이죠.

잘못된 정보로 금융 문제가 발생하지 않도록 하려면 기업설명회 등을 통해 외국인 투자자에게 우리나라 기업의 실상을 정확히 알리는 것이 최선의 방법입니다.

국가신용등급

국가명 뒤 (-)는 부정적 전망, (+)는 긍정적 전망

투자등급	피인수업체	결과	시행 여부
AAA (Aaa)	미국, 독일, 캐나다, 호주, 싱가포르 포함 12개국	독일, 캐나다, 호주(-), 싱가포르 포함 11개국	미국(-), 독일, 호주(-), 싱가포르 포함 10개국
AA+ (Aa1)	핀란드, 오스트리아	미국, 홍콩, 핀란드, 오스트리아, 뉴질랜드	캐나다, 핀란드, 오스트리아
AA (Aa2)	한국, 프랑스, 아부다비, 아랍에미리트	한국, 영국, 벨기에, 프랑스, 아부다비, 대만(+)	프랑스(-), 뉴질랜드(+), 아부다비, 마카오
AA- (Aa3)	대만(+), 영국, 체코, 홍콩, 마카오, 벨기에	체코, 아일랜드	한국, 대만, 벨기에(-), 영국(-), 체코, 홍콩, 아랍에미리트
A+ (A1)	중국, 일본, 칠레(-), 사우디아라비아(-)	일본, 중국	중국, 아일랜드
A (A2)	아일랜드, 폴란드	칠레, 스페인(-)	일본(-), 사우디아라비아(-)
A- (A3)	말레이시아, 페루	말레이시아(-), 사우디아라비아, 폴란드	폴란드, 칠레, 스페인
BBB+ (Baa1)	태국, 스페인, 멕시코(-)	페루, 필리핀, 태국	태국, 페루(-), 말레이시아
BBB (Baa2)	필리핀, 인도네시아	포르투갈, 인도네시아(-), 멕시코(-), 이탈리아	필리핀, 인도네시아, 포르투갈, 러시아
BBB- (Baa3)	이탈리아, 러시아, 포르투갈(+), 인도(-)	인도, 러시아	인도(-), 이탈리아, 멕시코

*자료: 기획재정부(2024년 7월)

114 떠오르는 신흥시장
이머징마켓

이머징마켓(Emerging Market)은 말 그대로 최근 들어 두각을 드러내는 국가, 즉 '떠오르는 시장' 혹은 '신흥시장'을 뜻합니다. 일반적으로 개발도상국 중 인구가 4,000만 명 이상이고, 고도의 경제성장률을 보이며, 공업화가 급속도로 진행되는 국가를 가리킵니다. 경제 발전이나 자본시장 개방으로 고수익을 올릴 수 있어 이머징마켓에는 해외투자 자금이 대거 유입되죠.

우리나라를 비롯해 '친디아'라 불리는 중국과 인도, 칠레·아르헨티나·브라질·멕시코 등 중남미 국가, 체코·폴란드·러시아 등 동유럽 국가, 대만·인도네시아·태국·필리핀·말레이시아 등 동남아 국가들이 이머징마켓으로 주목받고 있습니다.

최근에는 '넥스트 이머징마켓(차세대 신흥시장)'이라는 말도 등장했는데, 고속 경제 성장을 거듭하고 있는 베트남을 비롯해 루마니아, 우크라이나 등이 해당합니다. 참고로, 홍콩과 싱가포르는 이머징마켓이 아니라 선진시장(Developed Markets)으로 분류됩니다.

그럼 이머징마켓에 해당하는 국가들의 소득 수준은 어떨까요? 세계은행은 이머징마켓에 속하는 나라들의 1인당 국민총소득(GNI)이 1만 725달러 이하라고 발표했습니다. 하지만 한국과 대만 등 몇몇 국가를 제외하고 이머징마켓에 속한 상당수 국가의 1인당 GNI는 평균 2,000달러입니다. 참고로 우리나라의 1인당 GNI는 2024년 1월 기준 4만 6,026달러였습니다.

그런데 왜 우리나라는 아직도 이머징마켓으로 분류될까요? 1인당 GNI가 높기는 하지만 복지제도, 시민의식 등 전반적인 수준이 아직 발전 단계에 머물러 있기 때문입니다. 또한 외국인 투자자 입장에서는 남북이 대립하고 있는 한반도의 정치적 상황이 한국에 투자하는 걸 주저하게 만드는 불안 요인으로 작용하는 것이죠.

결국 한국경제의 불확실성과 군사적 대치 등으로 외국인이 한국의 주가를 실제 가치보다 낮게 평가하는 이른바 '코리아 디스카운트(Korea Discount)' 현상이 사라지지 않고 있는 것이 현실입니다.

따라서 지금으로서는 '하루 빨리 이머징마켓에서 졸업해야 한다'라는 조급한 생각보다는 이머징마켓이 상징하는 고도의 경제성장률과 신규 사업 기회 제공이라는 이미지를 유지하는 편이 더욱 실속 있는 장사가 될 것입니다. 남북한이 현재의 휴전협정에서 평화협정 체제로 바뀌고, 우리 정치·경제·사회 전반이 선진국 패턴으로 진입하면, 그때는 우리나라도 이머징마켓이 아니라 명실공히 선진시장 반열에 오르게 될 것입니다.

세계의 시장 분류

선진시장	일본, 홍콩, 싱가포르
신흥시장 (이머징마켓)	한국, 중국, 인도, 칠레, 아르헨티나, 브라질, 멕시코, 체코, 폴란드, 러시아, 대만, 인도네시아, 태국, 필리핀, 말레이시아 등
차세대 신흥시장 (넥스트 이머징마켓)	베트남, 루마니아, 우크라이나 등

115 많아도 걱정, 적어도 걱정
외환보유고

외환보유고(Foreign Exchange Reserves)는 일정 시점에 한 국가가 보유하고 있는 외환채권의 총액입니다. 여기에는 우리가 흔히 알고 있는 달러화를 비롯해 엔화, 마르크화 등과 같은 외환은 물론, 금(152장 참고)도 포함됩니다. 외환보유고는 수출입 동향에 따라 늘어나거나 줄어드는데, 주로 국제수지 균형을 맞추기 위한 준비금 역할을 합니다. 따라서 너무 적으면 자칫 대외 채무를 갚지 못하는 이른바 '모라토리엄(21장 참고)'을 선언하게 되며, 너무 많으면 환율 하락 등의 부작용이 생깁니다.

2025년 1월 한국은행이 발표한 2024년 11월 말 기준 주요국의 외환보유고 순위를 살펴보면, 중국(3조 2,659억 달러)이 1위를 차지했으며, 2위 일본(1조 2,390억 달러), 3위 스위스(9,251억 달러), 4위 인도(6,594억 달러), 5위 러시아(6,165억 달러), 6위 대만(5,780억 달러), 7위 사우디아라비아(4,495억 달러), 8위 홍콩(4,251억 달러), 9위 한국(4,154억 달러), 10위 싱가포르(3,636억 달

러)가 뒤를 이었습니다.

　우리나라는 IMF 외환위기를 겪은 이후 외환보유고의 중요성을 깨달았습니다. 이후 외환보유고를 지속적으로 늘린 결과, 우리나라의 2025년 5월 말 외환보유고는 4,046억 달러로 OECD 권고사안을 준수하고 있습니다.

　앞서 말했듯, 외환보유고가 많다고 무조건 좋은 것은 아닙니다. 특히 우리나라처럼 외환보유고의 과반수 이상인 66%가 달러화에 집중되는 상황은 더 위험합니다. 만약 미국 달러화에 문제가 생긴다면 그 여파로 외환위기에 직면할 수도 있기 때문이죠. 이에 정부는 한국투자공사(KIC)를 설립해 외화를 이용한 해외투자에 박차를 가하고 있습니다.

　한편으로는 외환보유고가 많아야 든든하다는 의견도 있습니다. IMF 외환위기 당시 우리나라는 외환보유고가 39억 달러에 불과해 구제금융을 받

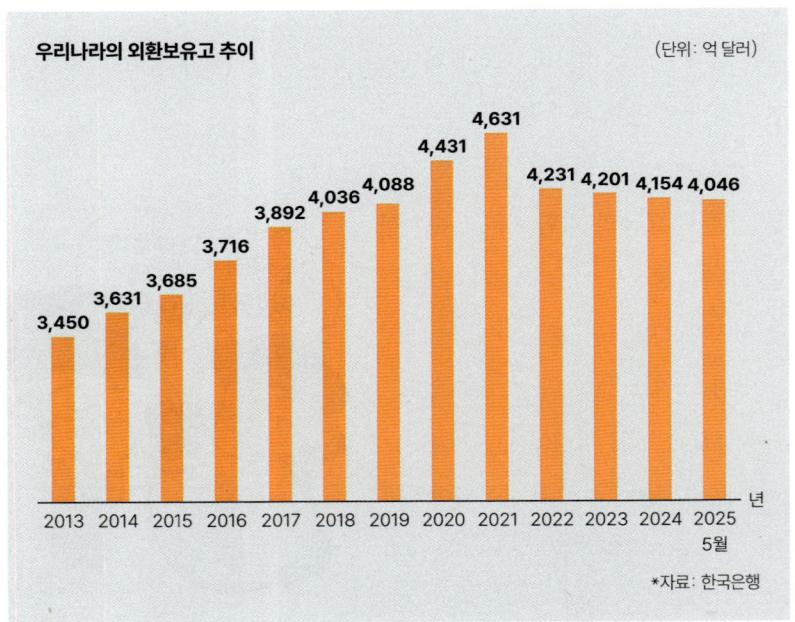

아야만 했습니다. 다시는 외환보유고 때문에 IMF에 경제 주권을 빼앗기지 않기 위해서라도 3,000억 달러 이상의 든든한 외환보유고는 변수가 많은 우리나라 경제에 꼭 필요하다고 봅니다.

　게다가 우리나라는 현재 외환보유고보다 외채가 훨씬 더 많기 때문에 꾸준히 외환보유고 규모를 늘려야 합니다. 우리나라가 갚아야 하는 외채 규모는 2025년 5월 기준 6,834억 달러에 달합니다. 브렉시트, 미국 기준금리 인상 등의 여파로 제2의 IMF 외환위기가 오지 않을까 하는 우려가 일고 있습니다. 현재 우리나라 곳간에 쌓아둔 돈보다 갚아야 할 빚이 더 많다는 것은 장기적으로 외환보유고를 더 늘리고 외채를 꾸준히 갚아야 할 필요성이 있음을 시사합니다.

116 죽은 것도 산 것도 아닌 좀비기업

시체가 되살아나 사람을 공격하는 좀비(Zombie)는 영화의 단골 소재입니다. 〈부산행〉, 〈월드워Z〉 등 영화를 보면 좀비들은 퀭한 눈으로 의식 없이 사람들을 공격합니다.

그렇다면 좀비기업(Zombie Company)은 무엇일까요? 회사가 회생할 가능성이 없는데 정부나 채권단, 즉 은행으로부터 재정 지원을 받아 파산만 간신히 모면하고 있는 기업을 뜻합니다.

그렇다면 좀비기업이라는 용어는 어디에서 나온 것일까요? 이에 대한 설(說)은 다양하지만, 대부분 1990년대 일본을 배경으로 지목하고 있습니다. 일본에서는 좀비기업을 국가경제를 망친 대표적인 사례로 꼽기 때문입니다.

1980년대 말 일본에서는 주가와 부동산 가격이 실제 가치보다 폭등했습니다. 그런데 1990년대에 주가와 부동산 가격의 거품이 빠지는 이른바 '거품경제(Bubble Economy)' 붕괴로 경제가 침체 국면을 맞았습니다.

수많은 기업과 은행이 문을 닫았으며, 그로 인해 일본은 10년 넘게 경제성장률이 0%대에 머물렀습니다. 이 시기를 흔히 '잃어버린 10년(Lost Decade)'이라 부릅니다.

버블이 붕괴되자 일본 정부는 좀비기업을 정리해야만 했습니다. 그런데 이마저도 쉽지 않았습니다. 좀비기업을 한꺼번에 정리하면 소속 기업 종사자의 대규모 실직 등 경제적 충격이 크다는 이유로 일본 정부와 채권단이 주저했기 때문이죠. 그래서 일본 정부와 채권단은 좀비기업에 각종 금융 지원을 해줬습니다.

애초에 회생이 힘든 좀비기업에 지원한 은행자금은 고스란히 부실채권(不實債券)으로 돌아왔습니다. 부실채권은 쉽게 말해, 은행이 빌려준 대출금 중에 은행이 되돌려 받을 수 없는 돈을 뜻합니다.

은행 입장에서 부실채권이 늘면 우량기업에 대한 자금 지원을 제대로 할 수 없습니다. 그러면 우량기업에 대한 자금이 제대로 돌지 않아 투자가 위축되고 우량기업이 경영난을 겪는 등 악순환을 거듭하게 되죠.

이는 남의 일이 아닙니다. 우리 나라에도 단 한 푼의 이익도 내지 못하는 좀비기업이 수두룩합니다. 한국은행이 발표한 〈2023년 연간 기업경영 분석 결과〉에 따르면, 우리나라는 2023년 법인세를 신고한 기업 93만 5,597곳 중 영업 이익으로 이자도 내지 못하는 상태가 3년 연속 이어진 좀비기업의 비율이 42.3%나 되는 것으로 밝혀졌습니다. 문제는 국내 6대 은행이 이들 좀비기업에 한 해 동안 대출해준 자금 규모가 150조 원이 넘었다는 것이죠.

이와 관련해 우리나라에서도 한계기업이 결국 시장에서 정리되는 사건이 있었습니다. 중견 조선업체 '성동조선'이 대표적인 예입니다. 지난 8년간 정부로부터 공적자금을 받아온 좀비기업 성동조선이 2018년 3월 결국 법정관리 신세가 됐습니다.

2017년 컨설팅업체 EY한영회계법인이 성동조선의 가치를 측정했습니다. 그 결과 청산가치(7,000억 원)가 존속가치(2,000억 원)의 3배를 넘어섰습니다. 청산가치란, 현재 시점에서 기업의 영업활동을 중단하고 청산할 경우 회수 가능한 금액의 가치를 말합니다. 반면 존속가치 혹은 계속기업가치란, 현 시점에서 기업이 계속 영업을 할 경우 회사의 자산을 평가하는 것을 말합니다.

성동조선은 영업을 계속하는 것보다 청산하는 게 낫다는 결론에 이르렀고, 결국 문을 닫았습니다. 성동조선은 정부가 좀비기업을 어떻게 처리해야 하는지를 보여준 대표적인 예입니다.

좀비기업을 국민의 혈세로 굳이 계속 살리는 것이 경제를 위해 좋은 결론이 아니라는 이야기입니다. 비록 좀비기업을 정리하는 과정에 많은 고통이 따르겠지만, 제4차 산업혁명 시대에 걸맞게 혁신을 무기로 한 초(超)혁신 사회를 만들어야 합니다.

좀비기업이 '창업-성장-퇴출'로 이어지는 산업 생태계 신진대사를 저해하고, 결국 우리 경제의 활력을 떨어뜨리는 걸림돌이 된다면 이들을 돕기보다는 퇴출시키는 것이 보다 현명한 결정입니다.

117 각자 갈 길 가자!
디커플링

디커플링(Decoupling)이라는 말을 들어보았나요? 이는 동조화(同調化)라는 뜻의 '커플링(Coupling)'과 반대되는 개념입니다. 즉 한 나라의 경제가 인접한 다른 국가나 세계경제 흐름과 따로 노는 경제 현상을 가리킵니다.

우리나라에서 동조화라는 말은 우리나라와 미국의 관계를 이야기할 때 주로 사용합니다. 한국경제와 미국경제가 밀접한 관계에 있다 보니 미국 주가가 떨어지면 한국 주가도 떨어지고, 미국 주가가 오르면 한국 주가도 오르는 현상을 거듭하고 있습니다. 이처럼 미국과 한국이 같은 방향으로 움직이는 것을 동조화, 즉 커플링이라고 합니다. 그런데 미국 주가는 오르는데 한국 주가는 하락세를 보이는 경우도 있습니다. 이런 현상을 디커플링이라고 하죠.

그럼 "세계경제가 디커플링 현상에 빠졌다"라는 말은 무슨 뜻일까요? 속된 말로 표현하면, 미국이 재채기를 해도 세계경제가 감기에 걸리지 않는다는 이야기입니다. 이와 같은 세계경제 디커플링 현상은 최

한국경제 핫이슈 따라잡기 337

근 수년간 더욱 뚜렷해지고 있습니다.

한 예로 국제 금융시장에서 미국 달러화가 미치는 영향력이 예전 같지 않다는 지적이 나오고 있습니다. 물론 달러화는 여전히 세계 각국 중앙은행이 선호하는 이른바 '기축통화(基軸通貨, 국가 간의 결제나 금융거래에서 기본이 되는 화폐, 150장 참고)'의 자리를 지키고 있지만, 유럽연합(EU)의 유로화와 중국 위안화의 도전이 만만치 않습니다. 세계은행조차 2025년 이전에 달러화의 독주가 끝나고 달러화, 유로화, 위안화의 복수 기축통화 체제가 정착될 것이라고 전망한 바 있죠.

그동안 미국과 아시아 국가들 간의 디커플링 논란은 계속됐습니다. 2009년 미국경제가 침체 국면을 보이고 있는 동안에도 중국은 2006년 이래 가장 큰 폭의 성장세를 기록했으며, 소비지출 역시 증가세를 보였습니다. 중국 등 이머징마켓(신흥시장, 114장 참고)은 자체적으로 튼튼한 소비시장을 갖고 있고, 서방경제권에 비해 정부가 치밀한 거시경제정책을 쓰고 있기 때문에 중국과 미국은 디커플링이라는 목소리가 큽니다.

우리나라는 어떨까요? 우리나라의 수출 비중은 국내총생산(GDP)의 절반에 달하고, GDP 대비 수입 비중 역시 50% 이상을 기록하고 있습니다. 이렇게 수출입이 경제에서 차지하는 비중이 높다 보니, 세계경제 상황에 민감하게 반응하고 악재에 쉽게 흔들릴 수밖에 없습니다. 아시아 국가 대부분이 미국을 상대로 무역흑자를 거두고 있는 상황에서, 대미(對美) 수출의존도가 높은 우리나라와 미국 간의 디커플링은 아직 시기상조라고 말할 수 있습니다.

118 꼬리가 길면 성공한다
롱테일 법칙

롱테일(Long Tail)이란 '긴 꼬리' 혹은 '꼬리가 길어졌다'라는 말인데, 도대체 무슨 뜻일까요? 롱테일은 미국의 인터넷비즈니스 잡지 《와이어드》의 편집장 크리스 앤더슨(Chris Anderson)이 처음 주창한 개념입니다.

롱테일 법칙을 쉽게 풀이하면, 커다란 머리에만 신경 쓸 것이 아니라 소외된 긴 꼬리 부분에도 주목해야 한다는 뜻입니다. 롱테일 법칙은 인터넷서점 아마존에서 1년에 단 몇 권밖에 팔리지 않는 80%에 달하는 흥행성 없는 책들의 매출 합계가 상위 20% 베스트셀러의 매출을 능가하는 의외의 결과를 낳은 데서 비롯됐습니다.

이는 마케팅의 기본 원칙으로 잘 알려진, 20%의 소수 히트상품이 매출

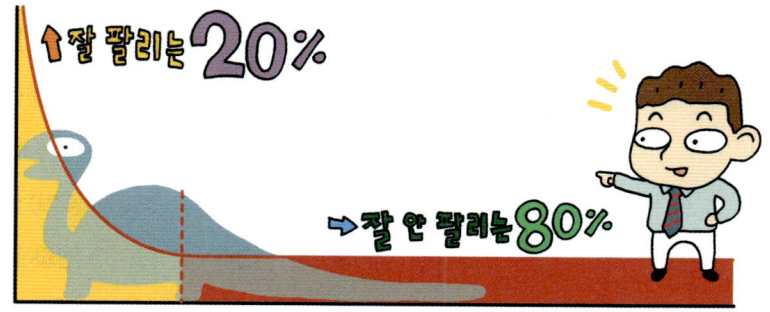

액의 80%를 이끌어간다는 파레토의 법칙(18장 참고)과 반대되는 개념이죠. 이 때문에 롱테일 법칙을 '역(逆)파레토의 법칙'이라고도 합니다.

저가화장품시장을 개척한 미샤와 더페이스샵 등이 한국형 롱테일 비즈니스 사례라고 할 수 있습니다. 미샤와 더페이스샵은 '화장품은 비싸야 팔린다'라는 업계의 고정관념에서 과감히 탈피해 다른 업체들이 신경 쓰지 않던 저가화장품시장을 집중 공략해 성공을 거두었습니다.

저가 화장품 매장의 모습

애플 아이튠즈도 롱테일 법칙을 잘 활용한 대표적인 예입니다. 아이튠즈는 디지털 노래, 영상 파일을 재생하고 정리하는 데 사용되는 디지털 미디어 플레이어입니다. 아이튠즈가 운영하는 뮤직스토어는 100만 곡 이상을 취급합니다. 이렇게 곡이 많다 보니 특정 노래에만 관심이 집중되고 대다수 곡은 한 번도 재생되지 않을 것이라고 생각하기 쉽습니다. 그런데 놀라운 것은 아이튠즈 뮤직스토어에 있는 100만 곡 모두 최소 한 번 이상의 다운로드 기록이 있다는 사실입니다. 최소 한 번이라 해도 100만 곡이면 이는 어마어마한 매출입니다.

구글 애드센스도 예외가 아닙니다. 애드센스는 이메일에 콘텐츠와 관련된 소액 맞춤형 광고를 붙이는 서비스입니다. 애드센스는 구글에서 근무하던 엔지니어 폴 북하이트(Paul Buchheit)의 머릿속에서 탄생했습니다. G메일의 창시자이기도 한 북하이트는 G메일에 광고를 붙이는 아이디어를 떠올렸습니다. 이메일 콘텐츠와 밀접하게 관련된 광고를 붙이면 사용자가 좋아할 거라 생각한 것이죠. '티끌 모아 태산'이라는 속담처럼, 이메일이나 웹페이지 등에 광고를 제공하는 애드센스는 현재 구글 전체 매출의 약 50%를 담당하고 있습니다.

일본 맥주업체 기린(Kirin)도 롱테일 법칙을 잘 활용하고 있는 대표적인 기업입니다. 기린맥주는 이른바 '발포(發泡)성 유사 음료'라 불리는 저가맥주 시장을 집중적으로 공략하고 있습니다. '발포'는 사이다처럼 작은 거품이 나는 것을 말합니다. 따라서 '발포주'는 맥주가 사이다처럼 작은 거품을 내는 것을 말하죠. 또한 일반적으로 맥아(麥芽)비율이 10% 이상일 때는 맥주로 보고, 10% 미만일 때는 기타 주류로 분류합니다.

이처럼 기린은 기존 맥주시장에 비해 크지 않은 발포주로 일본 주당을 주요 타깃으로 삼았으며, 이러한 경영전략은 결국 성공했습니다. 특히 신종 코로나바이러스 감염증(코로나19)에 따른 경기침체 여파로 값싼 제품을 찾는 알뜰 소비자가 늘면서 기린 맥주는 오랫동안 일본 맥주업계 왕좌를 지켜온 아사히를 밀어내고 일본 맥주시장 1위 자리에 올라섰습니다.

거대한 공룡의 상당 부분을 차지하는 긴 꼬리처럼, 수요와 관심이 적은 부분도 잘 공략하면 매출을 늘려주는 효자가 될 수 있습니다.

119 지적재산권의 두 얼굴
특허괴물

2016년 12월 공정거래위원회(공정위)가 글로벌 모바일 칩 기업 퀄컴(Qualcomm)에 1조 300억 원의 과징금을 부과해 화제가 되었습니다.

퀄컴은 모바일 IT기술에 필요한 특허를 가장 많이 보유하고 있는 기업으로 애플, 삼성 등 휴대폰 제조업체로부터 독점적 지위를 갖고 있습니다. 퀄컴은 특허를 강매하면서 한국에서만 연간 4~5조 원의 어마어마한 수입을 올렸죠. 하지만 퀄컴의 과도한 독점 행위는 '특허 기업은 과도한 특허 독점을 피해야 한다'라는 프랜드(FRAND) 원칙을 위반한 것이었습니다.

퀄컴은 업계 관행이라며 공정위의 과징금에 불복하고 2017년 2월 소송을 제기했습니다. 이에 법원은 공정위가 1조 원이 넘는 과징금을 부과한 결정이 적법하다며 2019년 12월 4일 공정위의 손을 들어줬습니다.

이처럼 특허에 대한 국제적 관심이 커지면서 개인 또는 기업으로부터 특허기술을 사들여 막대한 로열티 수입을 챙기는 회사가 등장했습니다. 이런 회사를 특허괴물(Patent Troll)이라 부릅니다. 일각에서는 '특허파파라치', '특허해적', '특허사냥꾼'이라 부르기도 하죠.

특허괴물이 본격적으로 위력을 발휘한 사건이 있었습니다. 1998년 미국의 무명 정보기술업체 테크서치가 반도체업체 인텔을 상대로 법적 소송을 벌였습니다. 테크서치는 인텔 펜티엄프로급 컴퓨터 칩이 자신들의 컴퓨터 칩 기술을 무단도용한 것이라며 특허침해 소송을 제기했습니다.

당시 테크서치가 요구한 배상액은 특허권 매입 가격의 1만 배에 달했습니다. 그때 인텔 측 변호사로 활동한 피터 데킨(Peter Deakin)이 테크서치를 가리켜 특허괴물이라고 비난하면서 이 용어가 일반화됐습니다.

그런데 여기서 눈여겨볼 대목이 있습니다. 테크서치는 인터내셔널메타시스템스(IMS)라는 반도체 생산업체로부터 특허권을 사들였지만, 이 특허를 활용해 신제품을 만들거나 활용할 생각이 전혀 없었습니다. 처음부터 특허소송을 목적으로 경영난에 빠진 IMS로부터 기술을 사들였죠. 결국 특허괴물의 주목적은 특허권을 침해한 기업에 소송을 제기해 막대한 이익을 창출하는 데 있습니다.

특허괴물은 특허권 침해 기업과 특허사용료 협상이 제대로 이뤄지지 않을 경우, 수입금지·판매금지 소송 등을 통해 기업을 압박해 막대한 보상금을 챙깁니다. 특허괴물을 흔히 '특허관리전문회사'라고 부르는 것도 이 때문입니다. 이러한 특허괴물은 주로 미국에 많습니다. 미국 특허법이 특허권자의 권리를 강력하게 보호해주기 때문입니다.

그렇다면 특허괴물의 횡보는 소비자와 정보기술 부문에 어떤 영향을 미칠까요? 사실 특허괴물이 특허를 방어하기 위해 쓰는 비용은 제품 가격 인상이라는 형태로 고스란히 소비자에게 전가됩니다. 또한 일각에서는 특허괴물의 소송 남용이 자칫 기술혁신을 저해할 수도 있다고 지적합니다.

이처럼 특허괴물의 횡포가 극심해지자, 2014년 5월 세계반도체협회(WSC)는 대만에서 한국을 비롯해 대만·미국·일본·중국·유럽연합(EU) 6개 회원국 협회 대표가 참석한 가운데 회의를 열고, 특허괴물의 무분별한 소송에 공동 대응하자는 내용에 합의했습니다.

우리나라도 특허괴물의 공격에서 안전하지 않습니다. 2023년 우리나라의 국제 특허 출원 건수는 7만 2,277건으로 중국, 미국, 일본에 이어 4번째로 높습니다. 하지만 특허권 보호 수준은 세계 13위에 머물러 있습니다.

이런 요인으로 우리나라는 최근 특허괴물의 표적이 되고 있습니다. 조사에 따르면, 2010년부터 2019년 8월까지 약 10년간 미국에 진출한 국내 기업이 특허침해 소송을 당한 건수가 1,648건에 달했습니다. 그나마 다행스러운 대목은 한국지식재산보호원의 〈2023년 해외 특허분쟁 현황〉 보고서에 따르면, 2023년 미국에 진출한 한국 기업이 같은 해 특허침해 소송을 당한 건수가 100건 이하로 줄어들었다는 것이죠.

특허괴물의 출현은 지적재산권 보호의 중요성을 반증합니다. 기업마다 지적재산권을 전담하는 부서를 마련해 특허괴물의 공격에 방어하는 전략을 세워야 합니다.

120 햄버거로 물가 수준을 점쳐볼까?
빅맥지수

전 세계에서 가장 많이 팔리는 제품의 가격을 기준으로 각국의 물가 수준이나 환율을 비교하면 어떨까요? 세계적으로 품질과 크기, 재료가 모두 같은 제품이라면 각국 물가를 비교하는 데 좋은 기준이 될 것입니다.

이처럼 각국 물가 수준을 파악할 수 있는 대표적인 제품으로 미국 패스트푸드업체 맥도날드의 빅맥을 꼽을 수 있습니다. 빅맥 가격을 기준으로 비교하면 각국의 통화가치나 물가 수준이 어느 정도인지 쉽게 알 수 있다는 말이죠. 이를 빅맥지수(Big Mac Index)라고 합니다.

빅맥지수는 영국 경제주간지 〈이코노미스트〉에서 1986년부터 시작한 것으로, 매년 세계 120개국에서 판매되는 맥도날드의 빅맥 가격을 달러로 환산해 분기별로 발표합니다. 세계 공통으로 팔리는 빅맥이 어느 나라에서 얼마에 팔리고 있는지를 알면 그 나라의 통화가치와 환율을 파악할 수 있다는 점에 바탕을 둔 것입니다.

2024년 1월 우리나라의 빅맥지수는 4.11달러(원달러 환율 1,338.9원)입니다. 미국의 빅맥지수(5.69달러)보다 27.8% 낮은 수치입니다. 한국에서의 빅맥 가격은 5,500원입니다. 그렇다면 5,500원과 5.69달러가 동일한 가치를 지녀야 하는데, 이때의 환율은 달러당 966.61원이어야 합니다. 그러나 실제 환율은

1,338.9원이었기 때문에 원화 가치가 27.8% 저평가됐다는 이야기죠.

빅맥지수는 시장에서 같은 종류의 상품에는 하나의 가격만 있다는 '일물일가(一物一價)의 법칙'과 1916년 경제학자 칼 카셀(Karl Cassel)이 주장한 '구매력평가설(환율은 각국 통화의 구매력에 따라 결정된다는 이론)'에 바탕을 둔 지수입니다. 다만 이렇게 환산한 빅맥지수에는 각국의 인건비나 세금, 경쟁 상황 등 가격 결정 요인들이 제대로 반영되지 않았기에 절대적인 기준이 될 수는 없습니다.

제품 가격으로 각국의 물가 수준을 가늠하는 지수로는 빅맥지수뿐 아니라 김치지수도 있습니다. 김치찌개 가격으로 각국 통화가치와 물가를 비교하는 김치지수는 영국 경제신문 〈파이낸셜타임즈〉가 처음 소개했습니다. 당시 김치지수를 기준으로 물가 수준을 비교했을 때 세계에서 가장 비싼 김치찌개는 스위스 취리히에서 파는 것으로, 34.20달러였습니다. 2위는 덴마크 코펜하겐으로 26.32달러였고, 서울은 4~5달러에 그쳤습니다.

세계 60여 개국에 수출되는 초코파이 가격을 달러화로 환산한 초코파이지수도 있습니다. 또한 우리나라에서 판매되는 스타벅스 커피 가격이 미국에 비해 얼마나 비싼지 알 수 있는 라테지수도 있죠.

2015년 1월 1일부터 시행된 담뱃값 인상에도 빅맥지수가 이용됐습니다. 한국건강증진개발원은 빅맥지수를 활용해 52개국의 빅

맥 가격과 담배 가격을 분석했습니다. 그 결과 분석 국가들의 빅맥 평균 가격은 4,190원, 담배 평균 가격은 4,851원으로 나타났습니다. 그런데 우리나라의 20개비 담배 1갑의 가격은 평균 2,500원으로, 빅맥 가격의 절반 수준이었습니다. 이 조사 결과에 따라 담뱃값 2,000원 인상안이 추진됐고, 2015년 1월 1일부터 시행됐습니다.

시간당 최저임금으로 빅맥을 몇 개 살 수 있는지를 알아보는 <mark>최저임금 빅맥지수</mark>도 있습니다. 한 시간 동안 일해서 빅맥을 몇 개 사먹을 수 있는지를 보는 지표인데요. 이를 통해 각 나라의 경제 상황을 살펴볼 수 있습니다. 2015년 기준으로 1등은 바로 '호주'입니다. 호주에서는 한 시간 동안 일한 값으로 빅맥을 3.18개 사먹을 수 있다고 합니다. 우리나라는 조사국 중 13위인 1.36개로, 호주의 반도 안 되는 수준입니다. 우리나라 위로는 2위 네덜란드(2.52개), 3위 뉴질랜드(2.5개), 4위 아일랜드(2.48개)가 있습니다.

이처럼 빅맥지수는 각 나라의 정부정책에 영향을 미쳐 경제 상황을 가늠해보는 지표가 됩니다. 매년 발표되는 〈이코노미스트〉의 빅맥지수, 이제 눈여겨보는 것이 좋겠죠?

121 굴러온 돌이 박힌 돌 빼내는
윔블던효과

윔블던 선수권대회는 영국 윔블던에서 해마다 열리는 오픈 테니스 선수권대회입니다. 1877년 제1회 대회가 열린 이후 매년 6월 넷째 주부터 7월 첫째 주까지 진행되고 있죠.

윔블던 선수권대회

130년이 넘는 역사를 자랑하는 이 대회는 처음에는 영국 상류 사회 중심의 폐쇄적인 클럽경기였습니다. 그런데 1968년에 프로와 외국 선수에게도 문호를 개방하며 오픈대회로 바뀌자, 영국 선수가 우승하는 모습을 보기가 어려워졌습니다. 실제로 남자 단식경기에서 영국 선수가 우승한 것은 1934년 이후 3년간이 처음이자 마지막일 정도로, 윔블던 선수권대회는 외국 선수들의 잔치로 변모하고 말았습니다.

이 때문에 '개방으로 인해 한 국가의 금융업계 주도권을 외국 자본에게 빼앗기는 현상'을 윔블던효과(Wimbledon Effect)라고 지칭하게 됐습니다. 대문을 열어놓자 외국인이 몰려와 안방을 차지해버린 격이 된 것이죠.

윔블던효과를 잘 보여주는 대표적인 예는 1986년 영국 마가렛 대처(Margaret Thatcher) 전 총리가 시행한 금융기관 개혁입니다. 영국은 금융시장을 개방하면서 규제를 대폭 철폐하는 개혁을 단행했고, 이에 경쟁력이 약한 영국 증권사들이 줄도산하는 일이 발생했습니다. 미국과 유럽 자본은 이 기회를 놓치지 않고 영국 금융회사를 절반 이상 인수했고, 결국 영국의 금융시장은 외국이 장악하고 말았죠.

국내 부동산시장도 윔블던효과가 심각한 상황입니다. 특히 2008년 중국인을 상대로 무비자 여행을 허락하면서 제주도에 중국인들의 '투자 이민' 열풍이 불기 시작했습니다. 그 결과 2019년 중국인은 제주도 면적의 약 981만㎡를 소유하게 됐습니다.

국토교통부가 2025년 5월 30일 발표한 〈외국인 주택·토지 보유 통계 자료〉에 따르면 2024년 말 기준으로 외국인 9만 8,581명이 한국 주택 10만 216가구를 보유하고 있는 것으로 나타났습니다. 이는 한국 전체 주택(1,955만 가구)의 0.52% 수준입니다. 또한 국내 외국인 보유 주택 중 절반이 넘는 5만 6,301가구(56.2%)가 중국인 소유입니다.

이는 제주특별자치도가 외국인의 국내 부동산투자를 촉진시키기 위해 제주도 부동산에 5억 원 이상 투자하면 거주 자격을 주고, 5년간 거주 자격을 유지하면 영주권을 주는 '부동산투자이민제도'를 도입했기 때문입니다. 이후 중국인들의 제주도 토지 소유가 급격히 높아졌죠.

최근 제주도 내 중국인 범죄 증가로 주민과 외국인의 대립이 첨예한 상황입니다. 투자 증가도 좋지만 지역 주민들과의 융합, 범죄 처벌 강화 등 제도적 개선이 먼저 이뤄져야 하지 않을까요?

국가끼리 돈을 교환하는 통화스와프

통화스와프(Currency Swaps)는 한 나라의 돈과 다른 나라의 돈을 교환하기로 한 약속을 말합니다. 통화스와프의 필요성은 1997년 외환보유고가 급격히 줄어들면서 생긴 외환위기로부터 시작됐습니다. 2008년 10월 우리나라 정부와 미국 연방준비제도이사회(FRB)는 이러한 외환위기를 다시 겪지 않기 위해 한미 양국 간에 300억 달러 규모의 통화스와프를 체결했습니다. 즉 우리나라가 필요할 때면 언제든지 300억 달러에 해당하는 원화를 주고 300억 달러를 가져올 수 있게 됐죠.

2008년 글로벌 금융위기를 불러온 주된 원인은 달러화 부족이었습니다. 달러는 국제결제나 금융거래에서 꼭 필요한 화폐입니다. 이 때문에 달러화를 기축통화라고 하죠. 그런데 글로벌 금융위기로 세계경제가 불안해지자 사람들은 안전하고 꼭 필요한 화폐를 확보하고 싶어 했습니다. 바로 달러였습니다.

이런 심리로 달러의 공급에 비해 수요가 크게 올랐고, 원달러 환율도 자꾸 올랐습니다. 달러에 비해 원화의 가치가 크게 떨어지자 해외 투자자들은 한국경제에 의구심을 갖기 시작했고, 달러를 빌려주지 않았습니다. 이런 상황이 계속되자 공급량 부족으로 환율은 계속 오를 수밖에 없었죠.

이때 해결책이 된 것이 바로 통화스와프였습니다. 통화스와프로 달러화의 유동성을 확보하자 환율이 급락하고 주가가 급등하는 효과가 발생했습니다. 통화스와프로 한국경제에 대한 국제적 신뢰도도 확보할 수 있었죠.

하지만 통화스와프는 만기일이 존재합니다. 2008년 체결한 300억 달러 규모의 한미 통화스와프는 2010년 2월 자로 끝났습니다. 그러나 신종 코로나바이러스 감염증(코로나19)의 발발로 글로벌 경제위기가 발생하자 한국은 2020년 3월 19일 미국 연방준비제도(Fed, 연준)와 2021년 9월 30일을 만기일로 하는 600억 달러(약 77조 원) 규모의 통화스와프를 다시 체결했습니다. 이후 양국은 2023년 12월에 이뤄진 정상회담에서 유사시에 한미 통화스와프 조치를 취하기로 합의하는 성과를 거뒀습니다.

한중 통화스와프도 있습니다. 2009년 4월 처음으로 원위안화 통화스와프 계약을 맺은 양국은 현재 3차례 계약 기간을 연장한 상태입니다. 2009년 3,600억 위안(약 64조 원)이었던 규모가 2020년 4,000억 위안(약 67조 원)까지 확대됐습니다. 이는 중국이 맺은 통화스와프 중 홍콩(4,000억 위안)과 함께 가장 큰 규모입니다.

2015년 2월 독도 문제 등 과거사 갈등으로 연장이 불발된 한국과 일본의 통화스와프도 있습니다. 양국은 2016년 8월 통화스와프 논의를 재개하기로 합의했지만 '국정농단' 사태와 겹쳐 협상이 한때 중단됐습니다. 그러나 윤석열 정부 때 다시 협상을 시작해 8년 만에 일본과 통화스와프를 재개하는 데 성공했습니다.

외환위기에 대처하기 위해 만들어진 통화스와프는 한 번 종료되면 다시 계약하기가 무척 어렵습니다. 따라서 협력국과 손잡고 금융안전망을 강화할 수 있도록 노력해야 합니다.

123 강대국 사이에 눌린 호두 신세
넛크래커

2010년 일본은 42년 만에 세계 2위 경제대국 자리를 중국에 내줬습니다. 1968년 일본은 서독을 제친 뒤 42년간 미국에 이어 세계 2위 경제대국으로 군림했지만, 결국 중국에 밀려나 3위가 되고 말았습니다.

삼면이 바다로 둘러싸인 우리나라는 현재 세계 경제대국 2, 3위인 중국과 일본 사이에 끼어 있는 셈이죠. 이런 우리나라의 어려움을 뜻하는 대표적인 표현이 넛크래커(Nutcracker)입니다. 넛크래커는 호두를 양면에서 눌러 까는 호두까기 기계입니다.

1997년 우리나라에서 IMF 외환위기가 일어나기 직전, 미국의 유명한 컨설팅업체인 부즈앨런 & 해밀턴은 〈21세기를 향한 한국경제의 재도약〉이라는 보고서에서 '한국이 낮은 비용의 중국과 효율성 강한 일본의 협공을 받아 마치 넛크래커에 끼인 호두처럼 됐다'라고 언급하며 한국은 변하지 않으면 깨질 수밖에 없는 운명이라고 강조했습니다. 한마디로 우리나라 경제가 일본 등 선진국에 비해서는 기술과 품질 경쟁에서,

넛크래커

중국 등 후발 개발도상국에 비해서는 가격 경쟁에서 밀리는 현실을 지적한 것입니다.

최근 믿었던 IT업계에서조차 넛크래커 신세가 됐다는 평가가 나오고 있습니다. 2012년까지만 해도 전 세계 스마트폰시장의 1, 2위 자리는 애플의 아이폰과 삼성의 갤럭시가 차지했습니다.

그런데 최근 중국 IT기술의 약진으로 중국 스마트폰 제조회사 화웨이가 공격적인 판매를 시작하면서 중국을 견제해야 하는 상황이 됐습니다. 중국의 또 다른 스마트폰 제조회사 샤오미는 삼성의 스마트폰과 유사함에도 가격은 삼성의 10분의 1밖에 안 될 정도로 세계시장에서 경쟁력을 확보했습니다.

중국의 거대한 성장에 일각에서는 '새로운 넛크래커(New Nut Cracker)'라는 말을 쓰고 있습니다. 이는 표준화된 기술은 중국, 첨단기술은 일본이 압박하는 상황을 말합니다.

설상가상으로 2025년 1월 20일 취임한 도널드 트럼프 2기 행정부의 출범도 우리 경제에 넛크래커가 될 가능성이 있습니다. 트럼프가 중국을 상대로 보편 관세 60%를 부과할 것이라고 밝혔기 때문입니다. 보편 관세는 미국이 외국에서 수입하는 제품에 일정한 세금을 부과하는 정책입니다.

즉 '미국 우선주의(America First)'를 내세우며 기존 자유무역주의에서 벗어나 일부 산업 보호를 강화하려는 트럼프의 의중이 담긴 것이죠. 이를 통해 자유무역을 규제하고 자국 산업을 보호하는 방안인 셈입니다. 이는 미국의 무역적자를 줄이고 국내 제조업과 일자리를 보호하려는 트럼프의 의지를 보여주는 대목이기도 합니다. 문제는 미국의 '관세 폭탄'에 맞서 중국도 가만히 있지는 않을 것이라는 점이죠. 중국은 트럼프 행정부의 무역정책을 면밀하게 검토해 보복정책을 취할 가능성이 있습니다.

이처럼 미국과 중국이 날카로운 대립각을 보이고 있어 두 나라를 상대하는 우리나라는 고민이 깊어질 수밖에 없습니다. 2024년 기준 한국의 전체 수출에서 미국이 차지하는 비중은 18.3%, 중국이 차지하는 비중은 19.7%입니다. 미국과 중국을 주요 교역국으로 삼고 있는 우리로서는 두 나라의 신경전이 우리 산업에 미칠 영향에 전전긍긍할 수밖에 없죠.

124 아시아의 자유무역지대가 될
아세안

아시아에서도 유럽연합(EU)과 같은 거대한 경제공동체가 탄생할까요? 탄생한다면 어느 나라가 주축이 될까요? 중국? 일본? 한국? 정답은 아세안(ASEAN, 동남아시아국가연합)입니다.

아세안 10개 회원국(싱가포르, 말레이시아, 필리핀, 태국, 인도네시아, 브루나이, 베트남, 라오스, 미얀마, 캄보디아)은 2007년 1월 필리핀 세부에서 제12차 정상회의를 갖고, 2015년까지 이른바 '아세안 경제공동체(AEC, ASEAN Economic Community)'를 출범시키기로 합의했습니다. 지리적으로 인접해 있는 특성을 적극 활용해 아세안 전체 지역을 하나의 거대한 자유무역지대(FTA)로 만들자는 것이었죠. 이를 위해 2006년 8월부터 10개 회원국 간에 무비자 입국을 허용했고, 2015년 12월 31일 공식적으로 아시아판 EU인 AEC가 출범했습니다. 이로써 10개 회원국 인구 6억 3,000만 명을 감싸 안는 거대 단일시장이 탄생했습니다.

EU와 AEC의 유사점과 차이점은 무엇일까요? EU와 AEC는 회원국 간의 자유로운 교역과 투자 유치를 위해 각종 규제와 장벽을 없앴다는 점에서 상당히 비슷합니다. 다만 AEC는 EU의 유로처럼 단일통화를 사용하지는 않습니다.

아세안은 우리나라가 중국에 이어 2번째로 교역을 많이 하는 상대입니다. 우리나라와 아세안 간의 교역량은 2008년 902억 달러에서 2015년 1,500억 달러, 2023년 3,443억 달러로 급격하게 성장했습니다. 이에 따라 한국 전체 교역량에서 아세안이 차지하는 비중은 13.6%에 이릅니다. 또한 한국이 아세안에 투자하는 금액은 2023년 11월 기준 1,700억 달러에 이릅니다. 이는 우리나라 해외 전체 투자액의 10.2%를 차지합니다.

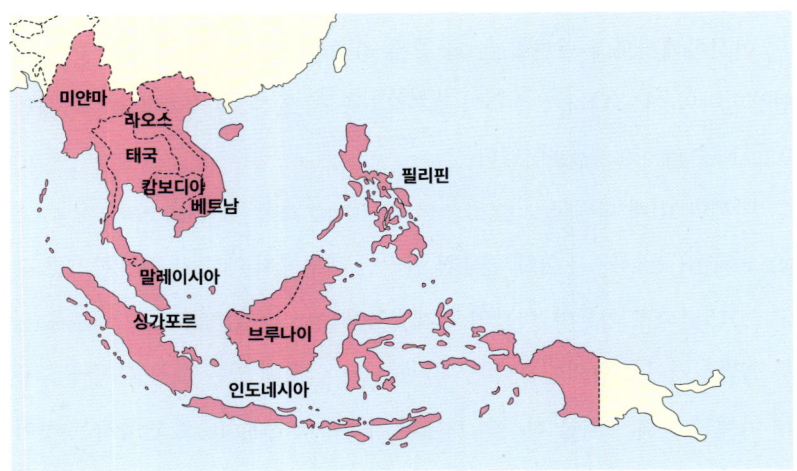

아세안 가입국

125 주식을 보유하고 있는
지주회사

지주회사(持株會社, Holding Company)라는 말을 많이 들어봤을 것입니다. 지주는 말 그대로 '주식을 보유하고 있다'라는 뜻입니다. 그러므로 지주회사는 '자회사나 다른 회사의 주식을 갖고 그 회사 경영권에 영향력을 행사하는 회사'를 말합니다.

우리나라의 상법에서도 지주회사를 일반 기업과 달리 '다른 회사 주식을 보유해 사업활동에 영향력을 미치는 것을 주목적으로 하는 업체'라고 규정하고 있습니다. 이 때문에 지주회사를 '지배회사' 혹은 '모(母)회사'라고도 합니다. 그리고 지주회사가 밑에 거느리는 회사를 '자(子)회사'라고 합니다. 지주회사는 자회사의 경영전략 수립과 운용에도 일정한 역할을 합니다. 단순히 투자 목적으로 자회사나 다른 회사 주식을 갖고 있는 것과는 큰 차이가 있죠.

지주회사는 19세기 말 미국에서 처음 등장했습니다. 미국 정부가 대기업끼리 담합해 제품 가격을 올리지 못하도록 규제하자 기업들이 이에 대한 대응책으로 지주회사를 설립한 것입니다. 그 후 지주회사의 장점들이 드러나면서 현재는 전 세계적인 기업 경영 방식으로 떠올랐습니다.

우리나라에서는 대기업이 자회사를 많이 두고 그 업체에 영향력을 행사할 경우, 자칫 경제력이 집중될 수 있다는 우려 때문에 지주회사제도를 금지하다가 IMF 외환위기를 겪으면서 지주회사 설립이 허용됐습니다. 모회사와 자회사 간의 지분 관계가 복잡하지 않아 지분을 떼어 팔기도 쉽고 사기도 쉬운 지주회사제도가 부실기업을 정리하기도 쉽고, 기업 경영의 효율성과 투명성도 높일 수 있다는 장점을 가진 점이 인정된 것입니다.

우리나라에 있는 지주회사의 종류는 크게 2가지입니다. 하나는 오로지 자회사 경영권만 갖는 '순수지주회사'이고, 다른 하나는 영업과 생산이라는 기본적인 사업활동을 하면서 동시에 특정 계열사를 자회사로 거느리는 '사업지주회사'입니다. 이외에 아직 지주회사로 전환하지 않았지만 사실상 지주회사처럼 여러 자회사를 거느리고 있는 준(準)지주회사도 있습니다.

그렇다면 순수지주회사는 영업이나 생산활동을 하지 않는데 어떻게 이익을 내고 무엇으로 먹고살까요? 보유하고 있는 자회사 지분율만큼 자회사로부터 얻는 배당수익과 지분법평가이익, 브랜드나 로열티 수입으로 먹고삽니다.

기업들이 앞다퉈 지주회사 방식을 도입하는 이유는 지주회사가 되면 경영투명성을 확보할 수 있기 때문입니다. 기존 그룹 체제에서는 A사가 B사 지분을 소유하고, B사는 C사, C사는 다시 A사 지분을 보유하는 형태로 서로 돌아가며 지분을 보유(순환출자)하는데, 이럴 경우 한 계열사 실적이 나쁘면 다른 계열사에도 영향을 미치게 됩니다. 그러나 지주회사 체제를 갖추면 '지주회사 → 자회사'로 지분구조가 명확해지고, 자회사들도 같은 지주회사의 우산 아래에 있는 다른 자회사에 출자하는 부담 없이 오로지 자신의 고유 사업에만 매진할 수 있습니다.

그럼 지주회사 체제는 주가에 어떤 영향을 미칠까요? 주가를 올려주는 역할을 합니다. 기업투명성이 좋아지면서 투자효율성도 함께 개선되기 때문입니다. 세계적인 자산운용사 UBS가 온미디어, 태평양, 대웅, LG, 농심, 풀무원 등 시가총액이 1,500억 원 이상인 국내 지주회사 9곳의 주가를 조사한 결과, 이들 기업의 시가총액은 지주회사 체제로 바뀐 뒤 1년간 43%가량 늘었으며, 주가수익률도 시장 평균보다 9%가량 높은 것으로 나타났습니다.

다만 지주회사 체제는 돈이 많이 들고, 자칫 경쟁력 약화를 가져올 수 있다는 문제점이 있습니다. 지주회사를 설립한 뒤 모든 자회사 지분을 20% 이상 확보하기 위해서는 막대한 자금이 필요하며, 지주회사로 전환하기 위해 무리하게 사업 영역을 나눌 경우, 그 업체의 경쟁력이 떨어질 수도 있다는 것이 대다수 전문가의 지적입니다.

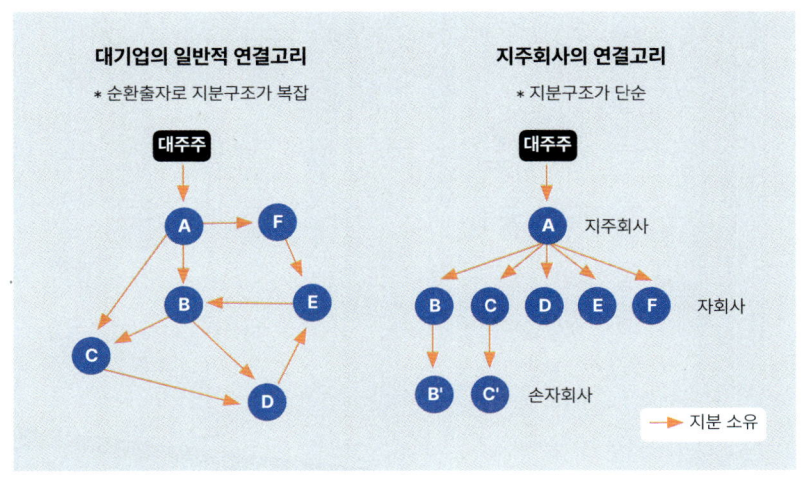

넷째 마당

Common Sense Dictionary
of Economy

126 그녀가 가는 곳에 돈이 몰린다
스위프트노믹스

최근 전 세계 연예계가 주목하는 화두가 있습니다. ==스위프트노믹스== (Swiftnomics)가 바로 그것이죠. 스위프트노믹스는 미국의 인기 여가수 테일러 스위프트(Taylor Swift)와 경제학(Economics)을 합친 용어로, 스위프트의 활동이 경제 전반에 미치는 영향을 뜻합니다.

1989년 미국 펜실베이니아주(州)에서 태어난 스위프트는 현재 싱어송라이터, 프로듀서, 감독, 여배우 등 다양한 활동을 하고 있습니다.

테일러 스위프트

스위프트는 14세 때인 2003년 소니/ATV 뮤직 퍼블리싱과 계약을 맺어 최연소 작곡가가 된 뒤 17세의 어린 나이에 데뷔 앨범을 발표해 음악계에 첫발을 내디뎠습니다. 스위프트는 컨트리 음악으로 시작해 팝, 록 등 다양한 장르를 넘나들며 자신만의 독특한 음악 스타일을 구축해 지금까지 10장 이상의 정규 앨범을 발매했습니다.

뛰어난 작곡 능력과 감성적인 가사로 전 세계 팬들의 사랑을 받고 있는 그녀는 앨범이 2억 장 이상 팔려 그래미 어워드에서 올해의 앨범상을 4번이나 받는 기염을 토했죠.

스위프트는 선풍적인 인기에 힘입어 2024년 7월 기준 재산이 13억 달러(약 1조 7,972억 원)에 이른다고 합니다. 폭넓은 음악 장르와 엄청난 재산 규모에 스위프트는 연예인으로는 처음으로 미국 시사주간지 《타임》이 선정한 '2023(년) 올해의 인물'로 선정되는 영예를 안았습니다.

스위프트가 이처럼 폭발적인 인기를 얻을 수 있었던 이유는 무엇일까요? 물론 그녀의 뛰어난 음악적 재능도 있겠지만, 그녀는 '스위프티즈(Swifties)'라 불리는 팬클럽의 엄청난 지지를 받고 있습니다.

미국 시장조사업체 모닝컨설트가 2023년 3월에 발표한 조사 결과에 따르면 미국인의 절반이 넘는 53%가 스위프트의 팬이라고 답했고, 이 중 약 16%는 스스로를 열성 팬이라고 강조했습니다. 팬덤의 중요성을 잘 알고 있는 스위프트는 소셜미디어를 통해 스위프티즈와 적극적으로 소통하며 지지 기반을 다지고 있죠.

이와 함께 스위프트의 노래는 개인적인 경험을 바탕으로 한 진솔한 가사와 감성적인 멜로디로 이뤄져 많은 사람의 공감을 이끌어냅니다. 또한 그녀의 앨범에는 여성 차별을 비판한 노래도 담겨 있는데, 시대적 화두를 잘 반영했다는 평가를 받았습니다. 결국 스위프트는 감정자본을 잘 활용해 수많은 팬과 공감대를 형성하고 그들의 인기를 독차지하고 있는 셈입니다. 감정자본은 개인이나 조직이 감정적인 지지와 관계를 통해 쌓은 공감의 원천입니다.

그렇다면 스위프트의 음악이 경제적인 효과를 창출하는 스위프트노믹스에는 어떤 것이 있을까요? 스위프트의 경제적 영향력은 음반 판매량과 콘서트 티켓 수익을 넘어 관광, 숙박, 외식산업 등 다양한 분야에 걸쳐 있습니다. 즉 스위프트가 순회공연을 하면 그 지역의 경제는 활력이 넘칩니다.

구체적으로 예를 들면 스위프트가 2017년에 발표한 앨범 '레퓨테이션(Reputation)'을 홍보하기 위해 미국 투어를 실시했을 때 투어 개최 도시 경제가 수백만 달러에 이르는 경제적 혜택을 누렸습니다.

스위프노믹스가 싱가포르의 경제성장률을 끌어올렸다는 분석도 있습니다. 2024년 3월 싱가포르에서 공연을 하는 스위프트를 보기 위해 전 세계 수많은 관광객이 싱가포르로 몰려들었기 때문입니다. 그때 30만 명이 넘는 팬이 몰려들어 호텔과 항공편이 모두 예약되는 스위프트효과가 일어났습니다.

스위프트의 2023년 미국 순회공연으로 지역경제가 호황을 누리자 미국 중앙은행 연방준비제도(Fed, 연준)도 예의주시하는 모습을 보였습니다. 연준이 2023년 7월 발표한 미국 경제 동향 보고서 〈베이지북〉에 스위프트의 이름이 거론될 정도였습니다.

127 화폐를 발행해 얻는 이익
세뇨리지효과

각국의 중앙은행은 화폐를 발행해 유통합니다. 한국은행, 미국 연방준비제도(Fed, 연준), 일본은행(BOJ), 유럽중앙은행(ECB) 등이 대표적인 중앙은행이죠. 이들이 지닌 독점적으로 화폐를 발행할 수 있는 권리를 '발권력'이라고 하는데, 중앙은행이 독점적 발권력을 통해 발행하는 화폐를 '본원통화'라고 합니다. 결국 중앙은행은 유통되는 본원통화의 양을 조정해 시중의 통화량을 결정하죠. 그리고 화폐는 중앙은행이라는 신뢰할 만한 기관이 있어 그 가치를 인정받을 수 있습니다.

각국 중앙은행이 화폐를 발행해 얻는 또 한 가지 혜택이 있습니다. 이른바 세뇨리지효과(Seigniorage)입니다. 여기에서 세뇨리지는 발권력이 있는 중앙은행이 화폐를 발행해 얻는 이득을 뜻합니다.

일반적으로 화폐를 발행하면 교환가치에서 발행비용을 뺀 만큼 이익이 생깁니다. 이를 주조차익(鑄造差益)이라 부릅니다. 프랑스어인 세뇨리지는 과거 중세 때 자신의 성(城)에서 화폐주조에 대한 배타적 독점권을 갖고 있던 봉건영주(Seigniorage)에서 비롯된 말입니다.

중세 유럽 봉건 시대에는 금, 은 등을 화폐로 제조해 유통하는 금속화폐가 사용됐습니다. 당시 봉건영주는 부족한 재정을 메우기 위해 금화에 불순

물을 섞어 유통시키고, 이를 통해 화폐 제조비용을 줄여 그만큼 차익을 누렸습니다. 쉽게 말하면, 실제 화폐 액면가에 비해 제조비용이 적게 들어 그 차액만큼 이익을 챙긴 셈이죠. 즉 세뇨리지는 화폐 액면가에서 화폐 제조비용을 뺀 것입니다.

그렇다면 연준이 100달러(약 13만 7,750원) 지폐를 만드는 데 들어가는 비용은 얼마나 될까요? 연준이 공개한 자료에 따르면, 100달러 지폐 제조비용은 19.6센트(약 270원)입니다. 이는 액면가 100달러에 비하면 제조비용이 매우 낮은 편입니다. 결국 연준은 100달러를 찍어 99달러 80.4센트의 주조차익을 누린다는 이야기입니다.

그렇다고 발권력이 있는 세계 모든 중앙은행이 세뇨리지효과를 누릴 수 있는 것은 아닙니다. 달러화라는 기축통화를 거머쥔 미국이 세뇨리지에 따른 이익을 얻고 있기 때문입니다.

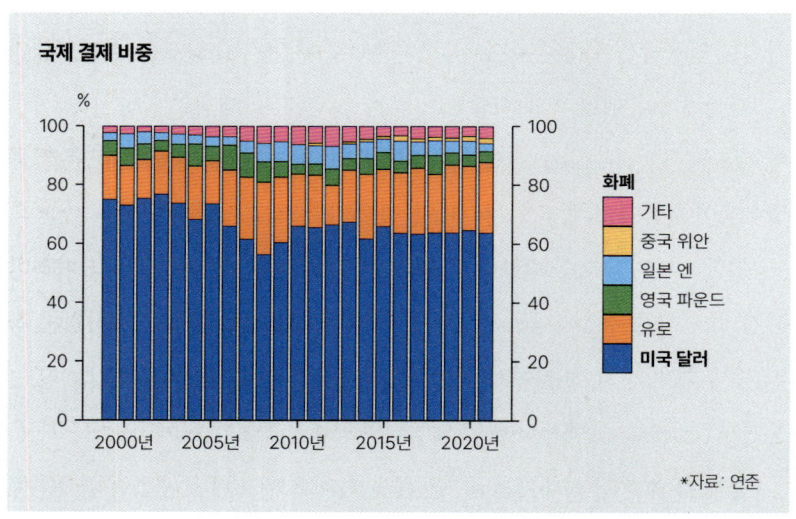

기축통화는 국제간 결제에 기본이 되는 통화입니다. 전 세계적으로 인정받는 기축통화는 달러를 비롯해 유로와 엔입니다. 그러나 실제 국제 외환(FX)시장 거래에서 미국 달러가 90%에 달할 정도입니다. 이는 전 세계 대부분의 국가가 외국과 금융거래를 하거나 결제할 때 달러를 쓰고 있다는 이야기입니다.

기축통화 국가 미국은 무역적자나 재정적자가 아무리 급증해도 국가 부도 사태를 걱정할 필요가 없습니다. 돈이 부족하면 달러를 찍어내면 되기 때문이죠. 이에 따른 주조차익도 어마어마합니다.

그럼 미국이 달러를 많이 찍어 세뇨리지효과를 계속 누리면 좋지 않을까요? 그렇지 않습니다. 미국이 달러를 많이 발행하면 막대한 주조차익을 누릴 수 있겠지만, 이는 결국 달러의 가치를 떨어뜨리는 결과를 가져옵니다.

이는 경제학 기본 원리인 수요와 공급의 법칙을 통해서도 쉽게 알 수 있습니다. 연준이 시중에 달러를 많이 뿌리면 시중에 유통되는 달러의 양이 증가합니다. 시중에 풀린 달러 공급량이 급증하면 달러의 가치는 떨어지게 됩니다. 달러의 가치가 떨어지는 것을 흔히 '달러 약세'라고 부릅니다.

달러 약세가 되면 우리나라 화폐 원화는 어떻게 될까요? 원화는 강세가 됩니다. 즉 원화가치가 오른 셈이죠. 원화 강세가 되면 원달러 환율은 떨어집니다. 원달러 환율이 1,300원이라고 가정해봅시다. 원화가 강세가 되면 환율이 내려가게 됩니다. 이에 따라 원달러 환율은 1,300원이 아닌 1,200원대로 내려갈 수 있죠. 즉 원화가 강세가 되면 환율은 내려가고, 원화가 약세가 되면 환율은 오릅니다.

128 기술과 인터넷을 기반으로 한 새로운 경제 모델
프로토콜 경제

최근 언론에 자주 등장하는 개념으로 플랫폼 경제와 프로토콜 경제를 꼽을 수 있습니다. 프로토콜 경제보다 시기적으로 먼저 등장한 플랫폼 경제부터 알아보겠습니다.

비즈니스 관점에서 보면 플랫폼은 고객과 만나는 접점이자 서비스를 제공하는 시스템입니다. 다만 소비자가 만나는 공간은 실제 오프라인으로 존재하는 곳이 아닌 컴퓨터가 만든 사이버 장터입니다. 이에 따라 온라인쇼핑몰, 소셜미디어, 배달 애플리케이션을 흔히 '플랫폼 기업'이라고 합니다.

플랫폼 경제는 인터넷, 모바일 기술, 빅데이터, 클라우드 컴퓨팅 등 디지털 기술이 발전하면서 더욱 위력을 발휘하고 있습니다. 최신 기술을 활용해 손쉽게 거래와 서비스를 할 수 있기 때문입니다. 또한 플랫폼 경제는 일반 경제에 있는 중간 거래자를 배제해 소비자와 판매자가 직접 연결되도록 합니다. 이는 거래 과정을 간소화하고 그에 따른 업무효율성을 높이죠. 이밖에 플랫폼 경제는 숙박 공유, 차량 공유 등 지금껏 없던 새로운 시장을 만들어내고 있습니다.

일반적으로 플랫폼 경제는 크게 3종류, 즉 거래 플랫폼, 혁신 플랫폼, 통합 플랫폼으로 나뉩니다. 디지털 중개인으로 알려진 '거래 플랫폼'은 여러 사람을 위한 가상 장터 혹은 만남의 장소 역할을 합니다. 거래 플랫폼의 대표적인 기업으로는 아마존과 페이스북이 있죠.

'혁신 플랫폼'은 고객이 개별적으로 사용할 수 있도록 기술 프레임워크를 제공합니다. 대표적인 기업으로는 마이크로소프트, 오라클, 세일즈포스가 있습니다.

'통합 플랫폼'은 거래 플랫폼과 혁신 플랫폼을 결합한 형태입니다. 애플 앱 스토어나 구글 플레이 같은 온라인 애플리케이션 마켓플레이스가 대표적인 예입니다.

종합하면 플랫폼 경제는 소비자에게 더 좋은 상품과 서비스를 신속하게 전해주고 비용을 줄여 거래를 활성화합니다. 또한 자원을 공유해 수익을 창출하는 긍정적인 효과가 있습니다.

그러나 플랫폼 경제가 일반화되면서 근로자의 권리 침해, 플랫폼 운영자의 공정성 문제 등이 등장하기 시작했습니다. 플랫폼 경제의 불공정한 분배구조에 대한 비판이 거세지면서 공정한 분배와 보상을 요구하는 목소리가 높아졌습니다. 정부당국 역시 플랫폼 경제의 폐단이 드러나면서 이를 해결할 수 있는 공정하고 투명한 경제 시스템을 찾고자 했습니다. 그 결과 플랫폼 경제에 이어 등장한 것이 프로토콜 경제입니다.

프로토콜은 시스템이 데이터를 교환하기 위해 사용하는 규약을 뜻합니다. 이를 위해 프로토콜은 모든 사용자가 모든 거래 내역을 분산하고 저장하는 기술 블록체인의 장점을 활용하고 있습니다.

블록체인은 거래에 참여한 모든 사람이 거래 내역을 공개해 해킹을 막는 기술입니다. 이 방식은 거래하는 이들의 컴퓨터 서버에 거래 내역이 전부 저장되고, 거래가 이뤄질 때마다 관련 거래 내역이 모든 사람의 서버에 전송됩니다. 일종의 분산형 데이터 저장 기술이죠.

스마트 계약도 눈에 띄는 항목입니다. 조건이 충족되면 블록체인에서 거래가 자동으로 이뤄집니다. 이 방식은 거래의 효율성을 높이고 계약이 이행될 수 있는 신뢰도를 높이죠. 결국 프로토콜 경제는 기업과 개인, 정부 등 모든 시장 참여자가 개인 간 규약을 설정해 모두 주도적으로 참여할 수 있는 거래 환경을 만들어 플랫폼 경제의 부작용을 해소하자는 것입니다.

이와 같은 프로토콜 경제는 탈(脫)중앙화와 탈(脫)독점화를 통해 소비자가 주도적으로 거래할 수 있도록 돕습니다. 횡포 논란에 종종 휩싸이는 거대 플랫폼과 경쟁할 수 있는 새로운 기회가 생긴 셈입니다.

프로토콜 경제는 현재 진행형입니다. 탈중앙화를 이끄는 블록체인 기술을 활용해 플랫폼 경제의 독과점과 불공정한 분배를 해소할 수 있는 대안이지만, 아직 이에 필요한 기술적 발전과 인프라 구축 등 과제가 남아 있기 때문입니다. 이에 따라 우리나라는 2021년 경제정책에 프로토콜 경제 발전 전략을 육성 과제에 포함시켰습니다.

블록체인 기술은 등장한 지 그리 오래되지 않았습니다. 따라서 이를 활용한 프로토콜 경제의 세계 규모와 향후 전망에 대한 구체적인 수치는 아직 나오고 있지 않습니다. 탈중앙화와 탈독점화를 외치는 프로토콜 경제가 상생과 공정한 분배라는 애초의 목표를 가져올지는 좀 더 지켜봐야 할 것 같습니다.

129 빅테크 기업에 대한 반발심
테크래시

기술(Technology)과 반발(Backlash)의 합성어인 테크래시(Techlash)는 구글, 아마존, 페이스북, 애플, 마이크로소프트 등 내로라하는 거대 IT기업에 대한 반발심을 뜻합니다. 빅테크 기업의 영향력이 커지면서 경제적인 면은 물론이고, 정치적·사회적 측면에서 기업들의 힘이 지나치게 커진 것에 대한 우려를 보여주는 대목입니다.

정부와 사회가 빅테크 기업에 경계심을 드러내는 구체적인 이유는 무엇일까요? 구글 등 빅테크 기업은 인터넷과 그에 따른 모바일 경제 발전으로 큰 혜택을 누렸습니다. 또한 빅테크 기업은 IT산업을 첨단화하는 순기능도 갖고 있죠.

그러나 일각에서는 이들 기업이 시장을 독점해 경쟁을 해치는 독점적 지위를 누리고 있다고 지적합니다. 빅테크 기업이 독과점 체제를 구축하면 경쟁업체는 물론이고, 중소 협력업체들까지 시장에서 밀려나는 경제적 불평등을 가져옵니다.

한 예로 애플은 경쟁사 제품과 서비스를 아이폰, 아이패드 등 애플 기기와 호환되는 것을 어렵게 만드는 폐쇄적 생태계를 구축해 미국뿐 아니라 여러 나라에서 테크래시 대상이 됐습니다. 이러한 행태는 관련 분야 기업에 사업 진출 기회를 빼앗아 결국 시장의 공정성과 다양성을 해칩니다.

이와 함께 빅테크 기업은 사생활을 침해한다는 지적도 받고 있습니다. 빅테크 기업이 인터넷에 유출된 개인 데이터를 수집한 뒤 이를 상업적으로 활용해 소비자에게 사생활 침해와 경제적 손실을 일으킨다는 주장입니다.

이뿐만이 아닙니다. 알고리즘 편향도 심각한 문제입니다. 알고리즘 편향은 알고리즘이 원래 의도한 것과 다르게 특정 계층이나 집단에 불리하게 작용해 한쪽으로 치우친 결과를 가져오는 것을 뜻합니다. 이는 다른 계층이 부당한 혜택을 누리는 결과를 가져옵니다.

이와 같은 알고리즘 편향은 빅테크 기업이 정치적 영향력을 발휘하는 문을 활짝 열어놨습니다. 알고리즘 편향에 따른 여론 조작과 거짓 정보가 SNS를 통해 빠르게 확산되면 이는 사회적 갈등을 유발하는 결과를 초래할 가능성이 큽니다.

일각에서는 빅테크 기업의 등장으로 일자리가 줄어들 것이라는 의견도 내놓고 있습니다. 특히 사무자동화에 이어 AI까지 일상화되면서 일자리가 그만큼 줄어들 수밖에 없다는 이야기입니다.

빅테크 기업은 많은 사람이 미래에 대한 불안감을 느끼게 만듭니다. 이에 미국과 유럽 등 세계 주요국들은 빅테크 기업에 대한 테크래시를 앞다퉈 내놓고 있습니다.

미국은 최근 구글에 대한 견제에 가속페달을 밟고 있습니다. 2023년 미국 법무부는 구글이 디지털 광고시장에서 불법적으로 시장지배력을 남용하고 있다며 소송을 제기했습니다. 디지털 광고시장은 일반적으로 중개회사가 판매자와 광고주를 연결합니다. 구글은 직접적인 디지털 광고 판매자이지만 별도의 중개회사를 차려 구글을 통해 접속할 수 있는 웹사이트와 광고주 간 광고 중개도 담당하고 있습니다. 즉 구글은 마케터 대상 광고 구매 서비스를 비롯해 게시자 대상 광고 판매 서비스, 광고 거래소까지 운영하고 있는 셈이죠.

물론 시장에서 경쟁을 펼쳐 시장지배력을 육성하는 건 결코 나쁜 것이 아닙니다. 그러나 이를 악용해 경쟁자를 배제하는 건 문제가 되죠. 결국 구글은 디지털 광고를 구매, 판매, 제공할 때 쓰이는 대부분의 기술을 통제해 경쟁자를 배제했다는 지적을 받았습니다. 이에 미국 법무부는 광고시장에서 구글 광고 관리 플랫폼을 완전히 퇴출시켜야 한다며 목소리를 높이고 있습니다.

유럽은 DMA(Digital Markets Act, 디지털시장법)를 무기로 빅테크 기업을 견제하고 있습니다. DMA는 빅테크 기업이 소비자 데이터를 무단으로 수집하고 맞춤형 광고 등 돈벌이에 활용하는 것을 금지합니다.

현재 유럽연합(EU) 27개국에서 시행 중인 DMA는 겉모습만 보면 소비자를 보호하기 위한 조치처럼 보입니다. 그러나 이는 빅테크 기업 등 경쟁업체들이 시장에 진입하는 것을 막아 시장지배력을 남용하지 못하도록 하는 게이트 키퍼와 다름없습니다.

이를 보여주듯 EU 집행위원회는 2024년 7월 미국 플랫폼업체 메타(페이스북의 모회사)의 서비스인 페이스북과 인스타그램의 '유료 또는 동의' 규정이 DMA에 어긋난다며 메타에 징계 조치를 내렸습니다. 사용자가 서비스 이용료를 내지 않으려면 광고 목적 데이터 수집에 동의해야 한다는 메타 자체 규정을 문제 삼은 것입니다. 메타가 DMA를 위반한 것으로 결론이 나면 최대 134억 달러(약 18조 원)에 달하는 막대한 벌금을 내야 합니다.

그렇다면 테크래시에 대한 해법은 없을까요? 각국의 테크래시를 막으려면 결국 투명성을 강화해야 합니다. 즉 빅테크 기업은 개인 데이터 사용에 대한 투명성을 높이고 사용자에게 명확한 정보를 제공해야 합니다. 이를 통해 사생활 침해에 대한 우려를 줄일 수 있죠. 또한 시장에서 공정한 경쟁이 이뤄져야 합니다. 빅테크 기업이 거의 모든 것을 거머쥐는 기울어진 운동장을 바로잡아야 한다는 이야기입니다.

이와 함께 거짓 정보가 확산되는 것을 막기 위해 빅테크 기업이 적극 동참해야 합니다. 이를 위해 빅테크 기업은 콘텐츠를 검증하는 등 모니터링을 강화해 소비자의 피해를 줄여야 합니다. 이러한 노력이 뒤따른다면 빅테크 기업은 계속해서 기술혁신을 주도해 기업과 사회, 국가를 발전시킬 수 있을 것입니다.

130 진짜처럼 위장한 가짜를 조심하라
스패머플라지

최근 전 세계에서 가상공간을 악용한 여론 조작이 기승을 부리는 가운데 스패머플라지(Spamouflage)가 많은 관심을 받고 있습니다. 스패머플라지는 스팸(Spam, 광고성 게시물)과 캐머플라지(Camouflage, 위장)를 합친 용어입니다. 즉 스팸 정보를 믿을 만한 내용인 것처럼 꾸미는 것을 말합니다.

통조림인 스팸이 어쩌다 부정적인 의미를 갖게 된 걸까요? 그 출발점은 몬티 파이선(Monty Python)입니다. 몬티 파이선은 케임브리지대학 출신과 옥스퍼드대학 출신 6명이 1969년에 결성한 코미디 그룹입니다. 이들은 1972년 9월 8일 영국 런던에서 〈스팸〉이라는 제목의 코미디 프로그램에 출연해 '코미디계의 비틀즈'라는 별명을 얻었죠.

한 부부가 와이어를 타고 무대에 내려와 기름기가 가득한 식당으로 갑니다. 식당 종업원이 다가와 이들 부부에게 메뉴판을 건넵니다. 그런데 식당 메뉴 9가지 중 8가지에 스팸이 들어 있습니다. 이에 부부는 황당한 표정을 짓고 식당에서 나갑니다.

이 코미디는 당시 영국에 스팸이 대유행해 그만큼 물량이 차고 넘쳤다는 시대적 배경을 담고 있습니다. 그러나 아무리 맛있는 음식도 너무 많으면 질리기 마련입니다. 스팸은 이때부터 원하지 않는데 잔뜩 들어 있는 음식 혹은 물건이라는 의미를 담아 스팸 메일, 스팸 문자 등으로 사용되기 시작했죠.

그렇다면 스패머플라지는 구체적으로 어떤 형태를 나타낼까요? 스패머플라지는 주로 온라인 방식으로 여론을 조작하거나 선거를 방해하는 목적을 띠고 있습니다. 조금 더 구체적으로 설명하면, 소셜미디어 등에서 광고성 게시물로 위장해 그릇된 정보나 메시지를 전파합니다.

이런 스패머플라지는 국가와 사회, 일반인들에게 악영향을 미칩니다. 먼저 사회적 불안을 부추깁니다. 극단주의를 조장해 사회적 불안과 그에 따른 사회 분열을 부채질하기 때문입니다. 또한 언론의 자유를 훼손합니다. 언론 매체를 공격해 결국 언론의 자유를 침해하고, 이를 통해 신뢰할 수 있는 정보의 접근을 막습니다.

이뿐만이 아닙니다. 스패머플라지는 민주주의를 약화시킵니다. 선거 결과에 악영향을 미치고, 시민들의 정치 참여를 저해해 결국 민주주의가 후퇴하는 결과를 낳습니다. 그리고 왜곡된 정보로 국가 간의 불신과 갈등을 조장해 국제 관계를 악화시키는 역기능을 갖고 있죠.

스패머플라지를 물리치기 위해서는 소셜미디어의 자발적인 노력이 중요합니다. 소셜미디어 플랫폼은 가짜 계정을 파악해 이를 삭제해야 합니다. 또한 정보 리터러시(Information Literacy) 교육을 실시해 시민들이 허위 정보를 식별하고 비판적으로 사고하는 능력을 갖추도록 해야 합니다. 이와 함께 정보를 투명하게 공개해 허위 정보가 설 자리를 잃게 해야 하죠.

스패머플라지와 관련된 행위에 강력한 법적 대응이 이어져야 불법 행위가 위축되고 사라지게 됩니다. 더불어 스패머플라지가 세계적 화두로 등장한 현실을 감안해 각국은 온라인 선전 및 허위 정보에 맞서기 위한 협력 체계를 갖춰야 합니다.

131 세계적인 경제 행사
잭슨홀 미팅

해마다 8월이 되면 전 세계 금융계와 경제학계는 미국 와이오밍주(州)의 한적한 산골 마을 '잭슨홀(Jackson Hole)'로 눈을 돌립니다. 미국 내 유명 휴양지인 잭슨홀이 이렇게 큰 관심을 받는 것은 글로벌 금융시장을 쥐락펴락하는 각국 중앙은행 총재를 비롯해 재무장관, 유명 경제학자, 큰손 투자자들이 이곳에서 잭슨홀 미팅을 하기 때문입니다.

잭슨홀 미팅의 정확한 명칭은 'The Jackson Hole Economic Policy Symposium(잭슨홀 경제정책 심포지엄)'입니다. 쉽게 말하면 각국 금융 관계자들이 글로벌 경제정책을 놓고 토론하는 자리죠. 구체적으로 잭슨홀 미팅에는 미국 중앙은행 연방준비제도(Fed, 연준)를 포함해 한국은행 등 세계 40여 개국 중앙은행 총재와 재무장관 등이 참석합니다.

먼저 연준과 지역 연방준비은행과의 관계를 알아봅시다. 미국 중앙은행인 연준은 통화를 발행해 물가를 조절하는 업무를 맡고 있습니다. 그런데 연준은 50개 주(州)로 이뤄진 미국을 12개 지역으로 나눠 각각 지역 연방준비은행(연은, 聯銀)을 설치해 운영합니다. 12개 연방준비은행은 지역경제 상황을 점검하고 그에 따른 통화정책을 마련합니다.

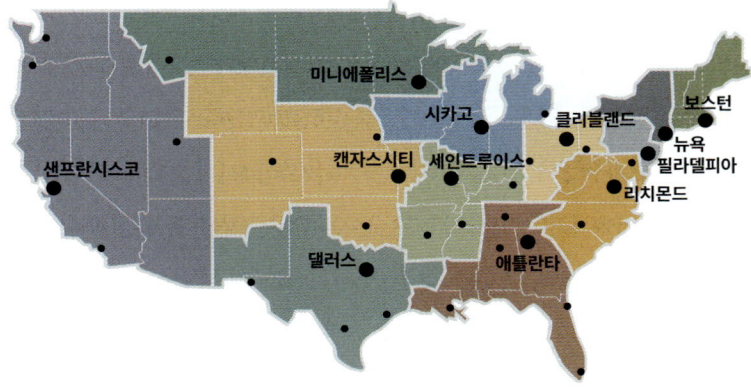

연방준비제도 산하 12개 연방준비은행

그렇다면 연준과 연방준비제도이사회(FRB)의 차이점은 무엇일까요? 연준은 중앙은행 자체를 뜻합니다. 우리나라로 치면 한국은행이죠. 반면 FRB는 이사회에 중점을 둡니다. 즉 연준의 통화정책을 논의하고 결정하는 의사결정기구입니다.

FRB는 7명의 이사로 이루어져 있습니다. 이들 7명은 미국 대통령이 직접 임명하고 미국 상원에서 이를 승인합니다. 임기는 14년입니다. 그러나 한 번에 교체되는 것은 아닙니다. 미국 대통령의 의도에 따라 이사회가 구성되거나 장악되는 것을 막기 위해 2년마다 1명씩 교체됩니다.

잭슨홀 미팅은 어떻게 탄생했을까요? 미국은 1970년대에 무려 9%에 이르는 높은 실업률과 인플레이션이 겹친 이른바 '스태그플레이션'을 겪었습니다. 중동전쟁 발발로 산유국들이 원유 공급을 줄이기로 조치한 데 이어 OPEC(석유수출국기구) 회원국이 담합해 국제 유가를 올리기로 결정했기 때문입니다. 한마디로 석유 파동이 스태그플레이션의 원인이 된 셈이죠.

중동 이슬람 국가들은 1970년대 욤 키푸르 전쟁(제4차 중동전쟁) 당시 이스라엘을 지원한 미국에 석유 금수 조치를 단행해 앙갚음을 했습니다. 이에 미국의 물가는 두 자릿수로 치솟았고, 미국 정부와 금융당국은 경제적 어려움을 해결하기 위해 골머리를 앓았죠.

경제난에 대처하기 위한 새로운 경제정책을 마련하기 위해 여러 경제학자가 모여 토론할 공간이 필요했습니다. 그로 인해 연준 산하 캔자스시티 연방준비은행이 총대를 메고 1978년 잭슨홀 미팅을 출범했습니다. 물론 출발 당시에는 '잭슨홀 미팅'이라 불리지 않았습니다. 모임이 잭슨홀이 아닌 미주리주(州) 캔자스시티에서 시작되었기 때문이죠.

캔자스시티에서 처음 열린 심포지엄의 주된 화두는 농업 관련 분야였습니다. 이에 따라 이들은 처음에는 농업과 관련된 경제 문제를 논의하고 여기에서 나온 결론을 농업정책에 반영했습니다. 결국 잭슨홀 미팅 초기에는 화두가 농업에만 국한돼 초기에는 별다른 관심을 얻지 못했습니다.

그 후 심포지엄은 1982년 캔자스시티에서 와이오밍주(州) 잭슨홀로 장소를 옮겼습니다. 이때의 화두는 농업이 아닌 스태그플레이션 타개 방안이었는데, 잭슨홀은 전 세계 수많은 금융당국 관계자와 경제학자가 모임을 하기에 적합한 매력적인 장소였습니다. 이에 잭슨홀 미팅을 계속 맡아온 캔자스시티 연방준비은행은 잭슨홀을 낙점했습니다. 잭슨홀의 아름다운 자연환경과 접근성은 고위급 인사들을 유치하는 데 중요한 역할을 했습니다.

캔자스시티 연방준비은행은 잭슨홀 미팅의 흥행을 위해 당시 중앙은행 수장이었던 폴 볼커(Paul Volcker)를 행사에 참석시켰습니다. 그 당시 볼커는 '인플레이션 파이터'라는 별명을 가지고 있었습니다. 볼커는 미친 듯이 치솟는 미국 물가를 잡기 위해 기준금리를 20%까지 올리는 사상 유례없는 고금리정책을 펼쳤습니다. 이러한 고금리정책으로 수많은 사람이 직장을 잃고

빚더미에 올라 그에 따른 사회적 저항이 컸죠.

이러한 상황에서 캔자스시티 연방준비은행은 볼커와 고금리정책에 반대하는 경제학자가 한자리에 모여 금리정책을 놓고 난상토론을 벌인다면 잭슨홀 미팅의 위상이 올라가 흥행에 성공할 것이라 생각했습니다.

결국 잭슨홀은 세계적인 경제 행사로 자리매김했고, 잭슨홀 미팅에 참석한 세계 주요국 금융 수장의 발언 한마디 한마디는 세계경제에 큰 영향을 미치고 있습니다.

132 다시 돌아온 위대한 미국
트럼프노믹스

'미국을 다시 위대하게 만들자(MAGA, Make America Great Again)', 즉 '미국 우선주의'를 외쳐온 도널드 트럼프가 2025년 1월 20일 제47대 미국 대통령으로 취임하며 '트럼프2.0' 시대를 활짝 열었습니다.

모두 알고 있듯 트럼프의 대통령 당선은 이번이 처음이 아닙니다. 그는 지난 2016년 11월 8일에 실시된 제45대 미국 대선에서 유력 후보였던 힐러리 클린턴(Hillary Clinton) 민주당 후보를 제치고 대통령이 되는 이변을 연출했습니다. 이번 대선에서는 카멀라 해리스(Kamala Harris) 부통령을 꺾고 선거에서 승리를 거두었죠.

부동산 사업가 출신의 정치계 이단아인 그가 미국 대선에서 두 차례나 승리를 거둔 비결은 과연 무엇일까요?

첫 번째는 'MAGA'입니다. 이 구호는 미국 내 제조업 활성화와 일자리 창출을 통한 경제 부흥, 미국 국익을 최대한 확보하는 강력한 보호무역주의, 군사 및 안보 강화로 강력한 국방력 유지, 보수적 사회 가치와 규범을 강조하는 전통적 가치 회복 등 많은 의미를 담고 있습니다.

두 번째는 'America First'입니다. 미국 우선주의는 미국 제28대 대통령이었던 우드로 윌슨(Woodrow Wilson)이 사용했던 말입니다. 윌슨은 유럽에서 발발한 제1차 세계대전으로부터 미국을 벗어나게 하겠다며 '고립주의'를 내세웠죠. 고립주의는 국익을 위해 미국 외 다른 나라의 상황에는 개입하지 않겠다는 외교 노선을 말합니다.

그런데 트럼프가 외치는 '신(新)고립주의'는 조금 다릅니다. 미국 국익에 도움이 된다면 강력한 압박을 통해 최대한 이익을 얻어내겠다는 것이죠. 최대 이익은 경제적 이득은 물론, 영토 확장도 포함됐다는 분석입니다.

이를 보여주듯 트럼프는 "캐나다를 미국의 51번째 주로 편입하겠다", "파나마 정부가 갖고 있는 파나마운하 소유권을 되찾겠다"라고 이야기해 논란을 불러일으켰습니다. 설상가상으로 "덴마크령 그린란드를 사들이겠다"라고 말해 덴마크와 그린란드 국민으로부터 반발을 사기도 했죠.

트럼프의 발언과 행보는 그의 경제정책을 뜻하는 ==트럼프노믹스==에서도 두드러집니다.

먼저 관세입니다. 그는 멕시코와 캐나다에는 25%의 관세를, 중국에는 10%의 관세를 추가 부과하겠다고 주장했습니다. 여기에 더해 모든 나라에 10~20%의 기본 관세, 중국에 대한 60%의 추가 관세도 공약했습니다. 이는 제조업체들이 미국에서 물건을 만들 수밖에 없도록 해 외국 제조업체들이 미국으로 대규모 유입되도록 하겠다는 뜻입니다.

이와 함께 트럼프는 친환경 기조에서 물러나는 에너지 정책을 펼칠 것으로 보입니다. 그는 조 바이든 미국 전 대통령이 펼쳐왔던 친환경 정책인 '그린 뉴딜(Green New Deal)'을 끝내겠다고 밝혔습니다. 트럼프는 미국인에겐 친환경보다는 석유, 가스, 전기 등의 에너지를 낮은 비용으로 제공하는 것이 우선 과제라고 발표했습니다.

트럼프 2기 행정부가 출범하면서 세계 통상과 안보 질서는 대변혁을 맞을 전망입니다. 세계은행은 트럼프가 공언한 대로 10%의 보편관세를 부과해 무역전쟁이 일어나면 2025년 전 세계 경제성장률이 2.7%에서 2.4%로 0.3%포인트 감소할 것이라고 경고했습니다.

수출의존도가 큰 우리나라는 큰 타격을 입을 것으로 예상됩니다. 미국이 보편관세를 부과하면 우리나라의 연간 수출액이 최대 448억 달러(약 64조 4,672억 원) 줄어들 것이라는 암울한 연구 결과도 있습니다. 이에 따라 우리나라의 경제성장률이 약 1.0%포인트 감소될 것이라는 예상도 나오고 있죠.

이와 함께 바이든 행정부의 전기자동차·배터리 보조금 정책에 따라 미국 현지 생산을 늘려온 한국 자동차·배터리업계는 큰 타격을 입을 수밖에 없습니다. 미국 산업 경쟁력 강화 정책에 따라 반도체·철강업계도 분명 영향을 받을 것입니다.

그렇다면 전 세계를 뒤덮은 트럼프노믹스의 높은 파고를 헤쳐 나가려면 어떻게 해야 할까요? 한국과 미국이 협력해 상호 이익을 얻을 수 있는 방안을 마련해 트럼프 행정부를 적극적으로 설득해야 합니다. 트럼프 행정부가 강조하는 '제조업 부흥'과 '글로벌 안보 리더십'에 한국이 핵심 역할을 할 수 있다는 점을 강조해야 하죠.

특히 트럼프가 엄지손가락을 치켜세운 '조선·원자력 발전' 분야에서 미국과의 협력 보폭을 넓혀 한국과 미국이 함께 이득을 얻는 정교한 '윈윈 전략'이 절실합니다.

우선 우리 기업은 경쟁력을 높여야 하는 숙제를 떠안았습니다. 부가가치 제품을 생산하는 첨단기업을 육성해 상품 자체의 질을 높이는 데 치중해야 합니다. 또한 정부는 기업이 초격차(경쟁업체가 추격할 수 없는) 기술을 개발해 신성장 동력을 발굴할 수 있도록 전방위 지원책을 마련하고, 정치권은 입법으로 이를 뒷받침해야 합니다.

　기업과 정부, 정치권이 혼연일체가 되어 대응책을 마련한다면 트럼프 행정부 출범이 '위기'가 아닌 '기회'가 될 수도 있을 것입니다.

133 일본경제가 그의 손에
이시바노믹스

    일본 총리의 임기는 3년이며, 연임할 수 있습니다. 하지만 일본은 기시다 후미오 전 총리가 재선에 출마하지 않아 2024년 9월 27일 새 총리를 뽑기 위한 선거를 치렀습니다.

    의원내각제인 일본은 다수당 총재가 총리가 되는 정치 체제를 갖추고 있습니다. 현재 다수당은 자민당이죠. 자민당은 1955년에 창당된 이후 장기간 집권하고 있는 거대 정당입니다. 그래서 그동안 일본 총리는 대부분 자민당에서 선출되었습니다. 국회에서 총리가 선출되면 일본 국왕이 공식적으로 임명합니다.

    이렇게 기시다 전 총리가 물러나고 2024년 10월 이시바 시게루가 일본의 새로운 총리가 되었습니다. 이시바는 '4전 5기'의 정치인입니다. 그는 2008년에 처음으로 총재 선거에 출마했고, 그 후 5번의 도전 끝에 16년 만에 총재 자리에 올랐습니다.

이시바 시게루

    그렇다면 이시바 총리의 경제정책, 이시바노믹스는 무엇일까요? 바로 직장인 임금 인상을 통한 디플레이션 탈피, 금리 인상 기조를 통한 물가 안정, 인공지능(AI) 등 기술혁신과 재생에너지 산업 강화입니다.

주목할 만한 점은 이시바가 큰 틀에서 '기시다노믹스(기시다 전 총리의 경제정책)'를 계승해 분배에 초점을 두지만, 성장도 함께 일궈내 '2마리 토끼'를 잡겠다고 한 점입니다.

그렇다면 잠시 기시다노믹스를 살펴볼까요? 2021년 10월 4일 총리로 취임한 기시다는 평소 분배의 중요성을 강조했습니다. 이에 신종 코로나바이러스 감염증(코로나19) 팬데믹에 따른 일본경제를 회생시키기 위해 30조 엔(약 275조 4,720억 원)을 투입했죠.

기시다노믹스의 핵심은 국민들에게 직접 현금을 주는 것입니다. 이에 따라 일본은 18세 이하 아동에게 1인당 10만 엔(약 91만 8,000원)을 나눠주었고, 이들 중 저소득층 아동에게는 5만 엔(약 45만 9,000원)을 추가 지급했습니다.

또한 국내 여행 장려 정책인 '고투 트래블(Go To Travel)' 프로그램을 본격화하고, 직원의 임금을 인상한 기업에는 법인세 등 세제 혜택을 지원했습니다.

기시다가 '일본판 헬리콥터 머니'를 추진한 배경은 코로나19의 영향으로 일본경제 버팀목인 내수와 수출이 타격을 입어 우선 내수시장부터 살려야 한다는 위기의식에서 비롯한 것입니다.

기시다의 경제정책을 이어간 이시바 역시 분배에 초점을 둔 경제 부양책을 추진하고 있습니다. 이를 위해 이시바는 최저임금 인상에 무게를 두고 있죠.

임금이 오르면 가계의 가처분소득(소비와 저축에 쓸 수 있는 돈)이 늘어나고, 이는 소비 증가로 이어질 가능성이 높습니다. 특히 임금 인상은 소비자에게 경제가 좋아지고 있다는 신호를 줄 수 있어 소비심리를 살리는 효과도 있습니다.

이에 이시바는 기시다 정권이 전국 평균 시급을 2030년 중반까지 1,500엔(약 1만 3,800원)으로 올리겠다고 밝힌 계획을 그보다 앞당겨 달성하겠다는 의지를 내보였습니다.

이와 함께 소비를 활성화하기 위해 저소득층에게 급부금(국가나 공공단체에서 제공하는 돈)을 지급하기로 했습니다. 이는 일본경제에서 민간 소비가 차지하는 비중이 절반을 훨씬 넘는 55~60%이기 때문입니다. 일본의 민간 소비는 경제 성장의 핵심 동력 중 하나죠.

또한 그는 금리를 올려 물가를 안정적으로 관리하겠다는 경제정책을 내놓았습니다. 일반적으로 금리가 오르면 대출 비용이 늘어나고 소비가 줄어 결국 고물가를 억제할 수 있습니다. 그러나 올라간 대출 비용은 가계 부채 상환에 부담을 주고, 기업들이 고금리 기조에 투자하는 것을 주저하게 만들기도 합니다. 양날의 검인 셈이죠.

이시바는 디지털 혁명과 친환경 정책 등에도 가속페달을 밟고 있습니다. 특히 일본은 AI와 반도체 산업을 육성하기 위해 2030년까지 최소 10조 엔(약 91조 8,000억 원)을 지원하고, 2025~2035년까지 공공 및 민간 부문에 50조 엔(약 459조 1,200억 원)을 투자한다는 야심찬 청사진을 내놓았죠.

이와 함께 일본을 탄소중립 에너지 허브(중심 국가)로 만들기 위해 2035년까지 탄소를 60% 감축하고, 2040년까지 전력의 50%를 재생에너지로 공급하겠다는 목표를 발표했습니다.

세계 4위 경제대국 일본을 이끌어나갈 이시바의 경제정책은 현재진행형입니다. 글로벌 경기침체 속에서 일본경제의 회복을 외치고 있는 그의 노력이 어떠한 결과를 가져올지 관심을 갖고 지켜볼 필요가 있습니다.

134 경제를 살리기 위해 시중에 돈을 푸는
양적완화

2014년 10월 미국 중앙은행 연방준비제도(Fed, 연준)의 산하기구 연방공개시장위원회(FOMC)는 회의를 통해 양적완화정책을 종료하기로 선언했습니다. FOMC는 미국의 기준금리를 결정하는 기구로, 한국은행의 금융통화위원회와 비슷한 역할을 합니다. 그렇다면 양적완화는 무엇이고, 왜 중단됐을까요?

양적완화는 시장 활성화를 위해 돈을 푸는 정책을 말합니다. 연준은 시중은행이 보유하고 있는 국채를 사들이고, 그에 대한 대금으로 은행에 달러를 공급합니다. 즉 시중에 돈을 푸는 것이죠. 국채를 판 돈을 확보한 시중은행은 금리를 내리고, 기업과 가계는 대출을 늘립니다. 이런 과정을 통해 소비가 늘어나고 경제가 활성화됩니다.

여기서 질문 하나! 대다수 국가가 경제 활성화를 위해 쓰는 정책은 금리 인하입니다. 그렇다면 미국은 왜 금리 인하정책을 쓰지 않고

미국 연방준비제도

양적완화정책에만 목을 맸을까요? 정답은 미국의 기준금리가 제로금리 수준이었기 때문입니다. 2014년 당시 미국의 기준금리는 0~0.25%였습니다. 금리가 이미 최저 수준이었기에 금리인하정책을 펼치고 싶어도 펼칠 수가 없었던 것이죠. 그래서 금리 인하 조치와 비슷한 효과를 거둘 수 있는 양적완화정책을 실시해온 것입니다.

미국이 3차례에 걸친 양적완화를 끝내기로 한 데는 미국의 경제지표 변화가 큰 역할을 했습니다. 2009년 10월 9.6%까지 치솟았던 미국의 실업률은 2014년 10월 말 5.9%로 뚝 떨어졌습니다. 또 2014년 3분기 미국의 국내총생산 성장률은 5.0%로, 2003년 3분기 이후 11년 만에 최고 성장률을 기록했습니다. 경제지표로 회복세를 확인하고 자신감을 얻은 미국은 그동안 해온 양적완화를 중단하기로 결정했습니다.

경제 성장에 자신감이 생긴 미국은 그동안 풀었던 돈을 다시 회수하기 위해 금리 인상을 단행했습니다. 연준은 2016년 12월 14일 이틀간 진행한 FOMC 정례회의에서 기준금리를 0.25% 올렸습니다. 이에 따라 미국의 기준금리는 기존 0.25~0.5%에서 0.5~0.75%로 상향 조정됐습니다. 연준이 세계 금융위기 이후인 2008년 12월 16일 기준금리 0~0.25%라는 이른바 제로금리를 실시한 이후, 2015년 12월 16일 금리를 0.25~0.5%로 조정한 지 1년 만에 두 번째 인상 조치가 단행된 셈입니다. 연준은 이에 그치지 않고 기준금리를 꾸준히 올렸고, 2018년 12월 미국의 기준금리는 2.20~2.50%로 올랐습니다.

이는 미국 고용시장이 개선되고 있고, 이에 따라 소비심리도 좋아지면서 물가 상승 기대감이 커진 데 따른 것입니다. 이와 함께 당시 대통령이었던 도널드 트럼프가 도로와 교량, 터널, 공항, 학교 등 사회간접자본에 1조

달러(약 1,184조 원)를 투자해 경제를 살리고, 수백만 명의 근로자에게 일자리를 제공하겠다고 한 이른바 '트럼프노믹스'에 대한 기대감 등이 두루 반영된 결과였습니다.

그렇다면 한국을 비롯한 신흥경제국들이 미국 금리 인상에 촉각을 곤두세우는 이유는 무엇일까요? 미국이 금리를 인상하면 신흥국에 투자된 미국 등 해외의 자금이 급격히 빠져나가는 자본 유출 현상이 벌어지기 때문입니다. 이른바 글로벌 자금이 미국으로 향하는 거대한 '머니 무브(Money Move, 자금 대이동)'가 가속화될 것이라는 이야기죠.

글로벌 펀드정보업체 이머징마켓포트폴리오리서치(EPFR)의 조사에 따르면, 미국 기준금리 인상을 앞둔 2016년 11월 8일부터 12월 7일까지 한 달간 신흥국 주식펀드에서 90억 8,100만 달러(약 11조 원), 신흥국 채권펀드에서 119억 6,500만 달러(약 14조 원) 등 210억 달러(약 25조 원) 이상이 빠져나갔습니다. 미국 기준금리 인상이 계속된다면 이 같은 대규모 자금 이동도 계속될 것으로 보입니다.

우리나라도 안심할 상황이 아닙니다. 미국이 2015년 12월 기준금리를 올리자, 그 후 3개월 동안 국내 금융시장에서 무려 6조 원이 넘는 외국인 자금이 이탈했습니다. 외화 자금이 급격히 유출되면 신흥경제국으로서는 상당한 어려움을 겪을 수밖에 없습니다. 국내경제가 오랫동안 적자이거나 외환보유고가 충분하지 않은 국가는 자칫 외환위기에 빠질 수도 있죠.

미국이 금리를 계속 올리면 한국은행은 금리 동결 기조를 계속 유지할 수 없습니다. 이에 따라 한국은행은 2018년 11월 30일 금리를 0.25%포인트 올렸고, 기준금리는 연 1.75%가 됐습니다. 이는 한국은행이 2017년 11월 기준금리를 0.25%포인트(연 1.5%)로 올린 후 1년 만입니다.

한국은행이 금리 인상에 따른 경제적 부담이 크다는 사실을 잘 알면서도 기준금리를 올릴 수밖에 없었던 데는 나름 속사정이 있습니다. 바로 미국 때문입니다. 연준은 2018년 한 해에만 기준금리를 1%씩 무려 4차례나 올렸습니다. 이에 따라 미국의 기준금리는 2.50%로 치솟았죠. 한국은행의 기준금리(1.75%)와 격차가 0.75%포인트로 벌어진 것입니다.

그러나 기준금리를 둘러싼 미국과 한국의 미묘한 신경전은 신종 코로나바이러스 감염증(코로나19)의 등장으로 크게 흔들렸습니다. 연준은 2020년 3월 15일 기준금리를 0~0.25%로 조정하며 제로금리로 돌아갔습니다. 한국도 2020년 3월 16일 기준금리를 0.75%로 전격 인하했죠.

하지만 현재 미국과 한국의 기준금리 경쟁은 연준이 기준금리를 여러 차례 올리며 미국이 주도권을 쥐고 있는 양상입니다. 미국의 기준금리는 2025년 1월 18일 기준 4.50%로 크게 올랐습니다. 이에 질세라 한국은행도 기준금리를 3%로 조정하면서 캐리 트레이드(58장 참고) 우려가 다시 불거지고 있습니다.

135 양적완화 규모를 축소하는 테이퍼링

테이퍼링(Tapering)이라는 말을 들어본 적이 있나요? 테이퍼링의 동사 형태인 '테이퍼(Taper)'는 '끝으로 갈수록 작거나 가늘어지다', '점점 줄어든다'라는 의미를 담고 있습니다. 이처럼 테이퍼는 물건 형태나 과정이 갈수록 축소되는 것을 뜻합니다.

이런 테이퍼링이 어느날 갑자기 세계경제의 핵심 용어로 자리매김했습니다. 미국 중앙은행 연방준비제도(Fed, 연준) 의장인 벤 버냉키가 2013년 5월 미국경제가 회복되고 있다는 지표를 잇달아 발표하면서 '테이퍼링'을 처음 언급했기 때문이죠. 테이퍼링은 연준이 양적완화(134장 참고)를 점진적으로 축소하겠다는 이야기입니다.

일반적으로 양적완화는 중앙은행이 경기를 부양하기 위해 통화를 시중에 직접 공급하는 방식을 말합니다. 양적완화는 기준금리 수준이 너무 낮아 금리 인하를 통한 경기 부양이 어려울 때 중앙은행이 시중의 다양한 자산을 직접 사들여 통화 공급을 늘리는 정책입니다.

테이퍼링은 엄밀하게 말하면 최근 등장한 개념이 아닙니다. 미국 연방공개시장위원회(FOMC)는 2013년 12월 회의를 열어 2014년 1월부터 국채와 주택담보대출채권(MBS) 매입 규모를 매월 850억 달러에서 750억 달러로 줄이고, 향후 경제 상황에 따라 추가로 축소할 것이라고 밝혔습니다.

연준이 이와 같이 결정한 건 당시 미국경제가 되살아나고 있다는 근거에 따른 것입니다. 이에 2007~2008년 세계 금융위기 때 진행했던 양적완화에 대한 1차 테이퍼링을 시작했습니다.

그 후 연준은 2014년 1월 채권 매입 규모를 750억 달러에서 650억 달러로 줄이는 2차 테이퍼링을 단행했고, 2014년 4월 양적완화 규모를 650억 달러에서 550억 달러로 줄이는 3차 테이퍼링을 단행했습니다. 그리고 2014년 10월 드디어 양적완화 정책의 종료를 선언했습니다. 미국경제가 다시 정상 궤도에 올랐음을 알린 것입니다.

연준은 공식적으로 양적완화를 끝낸 뒤 2016년 12월 기준금리를 0.25% 인상했습니다. 9년 6개월 만에 금리를 올린 것이죠. 이를 통해 미국은 길고 험난한 양적완화 정책에서 마침내 탈출하는 듯했습니다.

그러나 2019년 지구촌을 강타한 신종 코로나바이러스 감염증(코로나19) 대유행이 미국경제에 큰 타격을 주자 당시 대통령이었던 도널드 트럼프는 2020년 3월 14일 '국가비상사태'를 선포하며 양적완화 카드를 다시 꺼냈습니다. 이에 연준은 바로 다음 날인 2020년 3월 15일 기준금리를 기존 1.00~1.25%에서 0.00~0.25%로 전격 인하했습니다. 한동안 사라졌던 제로금리 시대가 다시 열린 것이죠.

이 때문일까요? 코로나19로 인한 경제적 위기에서 벗어난 미국의 최근 각종 경제지표가 놀라움을 안겨주고 있습니다. 미국의 경제성장률이 증가세를 나타내고 있기 때문이죠. 미국 경제성장률은 2020년 코로나19 영향으로 3.5%를 기록한 뒤 2021년 5.7%, 2022년 2.1%, 2023년 2.0%, 2024년 2.8%를 기록했습니다. 국제통화기구(IMF)는 2025년 미국의 경제성장률을

2.7%로 전망하고 있습니다.

    고용 지표도 긍정적입니다. 미국 실업률은 2019년 3.7%였지만 코로나19 여파로 2020년 무려 8.1%로 늘어났습니다. 그러나 코로나19 위기에서 벗어나면서 실업률은 2024년 4.05%로 크게 줄었습니다. 일반적으로 실업률이 3~4%이면 완전고용이라고 여깁니다. 완전고용은 일할 능력과 의지가 있는 구직자가 전부 고용되는 상황을 말하죠. 미국은 코로나19로 한때 2,000만 개가 넘는 일자리가 사라졌지만, 지금은 경제가 완만하게 회복되고 있습니다.

    이처럼 미국경제가 코로나19의 암운(暗雲)에서 벗어나 회복의 기지개를 켜면서 최근 미국 물가가 가파르게 오르고 있습니다. 이에 따라 물가상승률(인플레이션) 우려가 커지고 있는 상황이죠. 미국의 최근 물가 상승이 경제 회복에 따른 현상이 아닌 무제한 양적완화와 경기부양책에 따른 결과라는 뜻입니다.

    이런 상황에서 제롬 파월(Jerome Powell) 미국 연준 의장은 2022년 2월 테이퍼링에 종지부를 찍고 금리 인상이라는 새로운 길로 향했습니다. 미국 내 치솟는 물가를 잡기 위한 어쩔 수 없는 금융 정책이라고 볼 수 있습니다. 즉 테이퍼링에 따른 과도한 유동성 공급으로 금리 인상을 추진할 수밖에 없게 된 것이죠. 이처럼 미국은 금리 인상으로 치솟은 물가를 잡는 데 성공했지만, 고금리로 일자리 증가가 둔화되고 실업률이 오르는 추세를 보여 최근에는 금리가 다시 조금씩 내려가는 추세입니다.

새로운 세대의 등장
잘파 세대

우리 인류 역사를 뒤돌아보면 시대별 세대 명칭이 참 많습니다. 구체적으로 살펴보면 잃어버린 세대, 가장 위대한 세대, 침묵의 세대, 베이비붐 세대, X세대, 밀레니얼(Y) 세대, 주머스(Z) 세대, 알파 세대가 있죠.

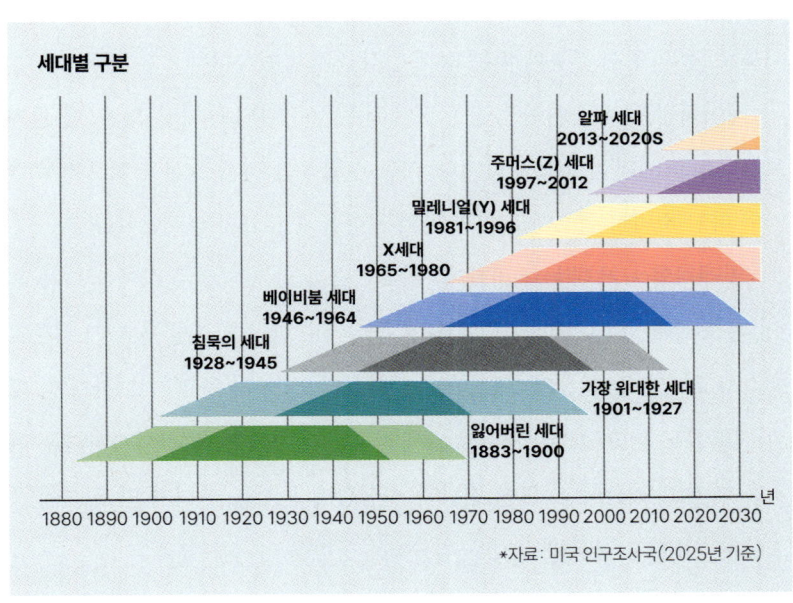

'상실의 시대', '길 잃은 세대'라고도 불리는 '잃어버린 세대'는 제1차 세계대전으로 수많은 사람의 목숨을 앗아간 시대적 아픔을 상징하는 용어입니다.

잃어버린 세대의 바통을 이어받은 '가장 위대한 세대'는 대공황(1929~1939년)의 충격에서 성장해 제2차 세계대전(1939~1945년)을 겪었지만 이에 굴하지 않고 전후(戰後) 경제 부흥을 추진한 이들을 말합니다.

'침묵의 세대'는 성장기에 대공황과 세계대전 등 대격변을 겪으면서 보수적인 성향을 지니게 된 세대를 뜻합니다. 이들은 어른들에게 '늘 조용히 행동해야 하고, 말을 많이 해서는 안 된다'라고 교육받아 순종적인 태도를 보이죠.

'베이비붐 세대'는 제2차 세계대전 이후 출산율이 급증한 시기에 태어난 이들로, 전후 경제 부흥에 따른 경제 성장을 경험했습니다.

베이비붐 세대에 이어 등장한 'X세대'는 뮤직비디오 채널 'MTV'를 즐겨 보아 'MTV 세대'라고도 불립니다. 이들은 급속한 경제 발전을 겪으면서 절약이 아닌 소비를 선호하고 일과 삶의 균형을 중요하게 생각합니다.

'밀레니얼(Y) 세대'는 컴퓨터 등 정보기술(IT)과 디지털 문화에 익숙해 흔히 '테크 세대', '디지털 네이티브'라고 불리기도 합니다. 이들은 자기 위주로 생각하고 행동한다는 의미로 '미(Me) 제너레이션'이라 불리기도 하지만, 대학 진학률도 높고 소셜미디어(SNS)에 익숙해 자기표현 욕구가 강하다는 특징을 가지고 있습니다. 또한 건강과 식생활에 투자를 아끼지 않고, 제품을 소유하기보다는 공유하는 것을 추구하는 성향을 가지고 있죠.

이들 세대에 이어 등장한 '주머스(Z) 세대'는 개인주의 성향이 강해 독립적이며, 경제적인 가치를 중요하게 여깁니다. 자신들이 원하는 제품의 가격이 비싸도 주저하지 않고 지갑을 열어 구매하죠. 특히 이들은 첨단 IT제품 추이에 민감하게 반응하며 최신 제품 구매에 열정을 보입니다.

Z세대에 이어 21세기에 모습을 드러낸 '알파 세대'는 태어난 순간부터 디지털 기기, 특히 스마트폰이 빚어내는 모바일 문화 신봉자입니다. 아날로그를 경험하지 못한 알파 세대의 등장으로 아날로그 플랫폼의 종식이 더욱 앞당겨질 것으로 보입니다.

여기서 퀴즈 하나! 알파 세대와 Z세대의 특징을 공유하는 세대를 무엇이라고 부를까요? 정답은 잘파 세대(Zalph Generation)입니다. 2025년 기준 28세 이하 연령층이 잘파 세대에 속합니다.

이들은 시대적 화두가 된 디지털 문화에 익숙한 '디지털 네이티브'이고, 비즈니스 마인드가 두드러져 어린 나이에도 수익을 창출하려는 모습을 보입니다. 기존 언론 매체가 아닌 SNS 등 소셜미디어를 통해 정보를 검색하고 콘텐츠를 소비하는 점도 이들의 특징이죠.

특히 잘파 세대는 1분 이내 짧은 영상을 뜻하는 숏폼(Short Form)을 주로 접해 '디토(Ditto) 소비' 핵심 계층이기도 합니다. 디토는 '나도', '나 역시'라는 뜻을 지닌 라틴어입니다. 이는 유명인사나 최신 유행을 따라 소비하는 성향을 뜻합니다.

2025년 기준 잘파 세대가 우리나라 전체 인구에서 차지하는 비중은 26%에 이릅니다. 스마트폰 등 기존 디지털 기기에 이어 '생성형 인공지능(AI)'이 우리 삶의 한 부분으로 등장하면서 디지털 문화를 활용한 잘파 세대의 행보는 더욱 두드러질 것으로 보입니다.

137 중국이 주도하는 국제 금융기구
AIIB

2016년 1월 16일 중국이 주도하는 AIIB가 베이징에서 개소식과 창립총회를 열고 공식 출범했습니다. AIIB는 아시아인프라투자은행(Asia Infra Investment Bank)의 약칭입니다. 말 그대로 아시아 지역 개발도상국이 추진하는 도로, 항만 등 인프라(기초 시설) 건설 자원에 투자하는 은행을 말하죠.

그런데 국제기관 중에 아시아개발은행(ADB)이라는 기관이 이미 있습니다. 아시아 지역의 개발과 협력을 위해 설립된 국제개발은행인 ADB는 한국과 일본, 필리핀 등 67개국이 참여해 아시아 지역 내 개발투자와 지역 개발에 필요한 기술과 돈을 제공하고 있죠.

ADB가 아시아 지역의 개발 사업에 총대를 메고 있는 상황에서 AIIB가 새롭게 등장한 이유는 무엇일까요? AIIB는 시진핑 중국 국가주석이 지난 2013년 9월 카자흐스탄 등 중앙아시아와 동남아시아를 순방하면서 떠올린 국제기구입니다. 시진핑은 이 국가들을 순방한 뒤 그해 10월 AIIB의 핵심 사항인 '일대일로(一帶一路)'라는 경제전략을 발표했습니다. 일대일로는 동남아시아에서 시작해 중앙아시아, 유럽, 아프리카를 잇는 해상·육상 실크로드를 말합니다. 일대일로가 완성되면, 미국이 포함된 미주 대륙을 빼놓고 아시아, 유럽, 아프리카를 하나로 묶은 거대 경제권이 탄생하게 되죠.

일대일로 프로젝트에 포함된 국가는 65개국이며, 이들 국가의 총인구는 약 44억 명, 국내총생산(GDP)의 합계는 약 21조 달러(약 2경 3,982조 원)입니다. 이는 전 세계 인구의 63%, 글로벌 GDP의 29%를 차지합니다. 중국은 일대일로를 통해 특정 지역에만 몰려 있는 개발 사업을 중국 대륙 전체로 넓히고 아세안, 중앙아시아 등 인접국과의 무역을 늘려 중국 수출입을 활성화하는 등 새로운 성장 동력을 발굴할 방침입니다.

그러나 이를 실행하는 데는 문제가 있습니다. 중국이 2024년 11월 말 기준 3조 2,659억 달러(약 4,766조 원)에 달하는 막대한 외환보유고(115장 참고)를 가지고 있다고는 하지만, 이를 하나의 프로젝트에 모두 쏟아부을 수는 없기 때문이죠. 중국이 이 돈을 일대일로 프로젝트에 모두 사용한다면, 외환위기를 막아주는 보호막이 사라질 수도 있으니까요.

그래서 중국은 AIIB 자본금을 1,000억 달러(약 120조 300억 원)로 정하고, 회원국을 대상으로 돈을 낼 수 있는 출자비율(또는 지분율)을 만들었습니다. AIIB 창설을 주도해온 중국은 출자비율 30.34%로 1위를 차지했고, AIIB 관련 투표권도 26.06%를 확보해 사실상 주요 안건에 대한 찬성과 거부권을 확보했습니다.

반면 미국은 중국이 주도하는 거대 개발은행 AIIB를 보며 충격에 빠졌습니다. 중국이 이제는 금융 분야까지 넘보며 미국을 위협하는 존재로 떠올랐으니까요. 사실 기존의 세계은행이나 ADB는 미국과 일본의 영향력 아래에 있는 개발기구였습니다. AIIB의 출범은 미국의 영향력이 줄어드는 것을 뜻하고, 이는 자연히 중국의 경제적 세력 강화로 연결되죠.

AIIB의 위력은 좀처럼 그칠 줄 모르는 모습입니다. AIIB는 2018년 12월 20일 6개국(알제리, 가나, 리비아, 모로코, 세르비아, 토고)의 참가 신청을 승인했습니다. 그로 인해 AIIB 회원국은 처음 57개국에서 무려 109개국으로 2배 이상 늘었습니다. 국제 금융사회에서 중국이 이끄는 AIIB의 역할이 더욱 커지고 있다는 이야기입니다.

특히 호주, 프랑스, 영국, 캐나다 등 그동안 우방으로 여겨온 국가들이 AIIB에 대거 참여한 사실은 미국에 큰 충격을 안겼습니다. 미국의 AFP통신은 캐나다가 AIIB에 가입을 신청하자, 이는 미국에 대한 쿠데타라며 강하게 비판하기도 했습니다.

우리나라도 중국과 미국의 첨예한 신경전 속에 2015년 3월 AIIB 가입을 결정했습니다. 한국은 창립 회원국 57개국 중 중국, 인도(8.52%), 러시아(6.66%), 독일(4.57%)에 이어 지분율 3.81%로 5위입니다.

이와 관련해 무척이나 아쉬운 대목이 있습니다. 바로 홍기택 AIIB 리스크 담당 부총재(CRO)의 사임입니다. 산업은행장 출신인 홍 부총재는 2016년 청와대와 기획재정부, 금융당국 등이 산업은행의 대우조선해양 추가 지원을 일방적으로 결정했다고 주장해 파문을 일으켰습니다. 이 일로 홍 부총재가 휴직계를 낸 뒤 돌아오지 않자 중국은 이 자리를 국장급으로 격하했습니다. 사실상 AIIB에서 하차한 셈이죠. AIIB는 지분참여비율에 따라 5개 나라에 부총재직을 배분하는데, 우리나라는 무려 37억 달러(약 4조 3,253억 원)라는 거액의 투자금을 내고도 우리 몫의 AIIB 부총재직을 잃었으니 통탄할 일입니다.

그러나 지나친 비관은 금물입니다. 최근 한국은 AIIB와 손잡고 해외 사업을 따내는 등 두드러진 성과를 보이고 있습니다. 효성과 LS전선 등이 대표적인 사례입니다. 효성은 2017년 11월 방글라데시에서 2,200만 달러(약 242억 원) 규모의 변전시설 건설 사업을 따냈고, LS전선은 같은 달 방글라데

시에서 4,600만 달러(약 506억 원)에 달하는 전력 케이블 공사를 수주했습니다. 비록 규모가 크지는 않지만 한국 기업이 AIIB 사업을 수주한 것은 이번이 처음입니다. 한국으로서는 AIIB와 손잡고 그동안 진출이 부진했던 AIIB 회원국을 집중 공략할 수 있는 절호의 기회를 잡은 셈입니다.

국가별 AIIB 투자액

(단위: 달러)

역내국	투자액	역외국	투자액
중국	289억	독일	45억
인도	84억	프랑스	34억
러시아	65억	이탈리아	26억
한국	37억	스페인	18억
호주	37억	캐나다	10억
인도네시아	34억	네덜란드	10억
터키	26억	폴란드	8억
사우디아라비아	25억	스위스	7억
이란	16억	이집트	7억
태국	14억	핀란드	3억
기타	14억	기타	34억

*자료: 《The Banker》(2021년 7월 1일 기준)

138 정치적 기싸움에 휘청거리는 무역 자유화
TPP

TPP는 'Trans-Pacific Partnership'의 약어로, '환태평양경제동반자협정'이라 불립니다. 이는 태평양 연안의 광범위한 지역을 하나의 자유무역지대로 묶는 협정으로, 아시아·태평양 지역의 일본, 미국, 호주, 캐나다 등 12개국이 무역 장벽을 없애고 시장을 개방해 무역자유화를 이룩하자는 취지로 설립됐습니다.

세계 무역시장을 송두리째 뒤흔들 수도 있는 TPP는 버락 오바마 미국 전 대통령과 아베 신조 일본 전 총리가 앞장서서 추진했는데, 그 이유는 중국을 견제하기 위해서입니다. GDP 규모에서 일본(4,715조 원)을 제치고 미국(2경 585조 원)에 이어 세계 2위로 등장한 중국(1경 2,995조 원)은 일본에게 눈엣가시 같은 존재입니다. 또한 미국으로서도 중국이 뒤를 바짝 쫓아오는 현실이 결코 기분 좋은 일은 아니죠.

중국의 급부상으로 가뜩이나 미국과 일본의 심기가 불편한데, 중국이 앞장서서 2016년 2월 아시아인프라투자은행(AIIB, 137장 참고)을 출범시킨 것도 원인이 됐습니다.

이런 TPP가 2017년에 들어서며 붕괴될 위기에 처했습니다. 흥미롭게도 TPP의 붕괴를 부추긴 나라는 바로 미국입니다. 도널드 트럼프는 2016년

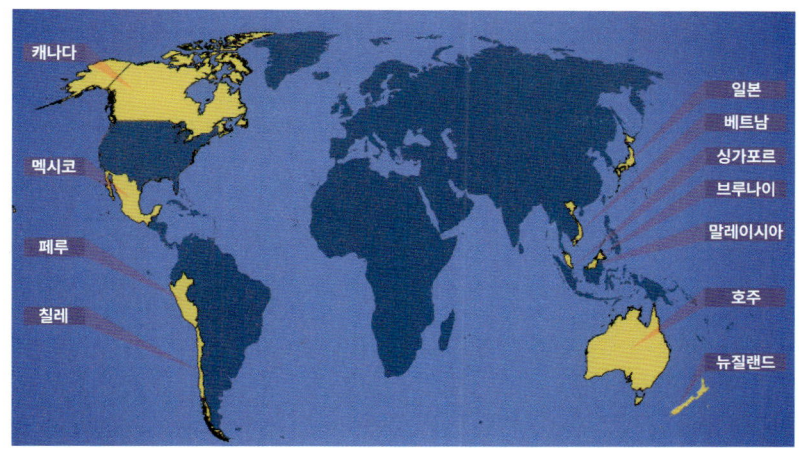

환태평양경제동반자협정(TPP) 회원국

대통령 선거 유세 기간 내내 TPP, FTA 등 각종 무역협정이 미국 내 일자리를 빼앗고 있다며 TPP에 반대하는 입장을 밝혔습니다. 그리고 2017년 1월 백악관의 주인이 되자마자 취임 3일 만에 TPP에서 탈퇴하는 서류에 서명했죠. 그로 인해 TPP는 미국이 빠진 11개 국가 체제로 남았습니다.

트럼프가 자국의 이익만을 강조하며 국제 교역 무대에서 신(新)고립주의를 선언하자 가장 당황한 나라는 일본입니다. 일본은 '큰형'인 미국을 앞세워 아시아와 세계에서 영향력을 키워가는 중국을 견제할 생각이었는데, 트럼프의 무역 고립주의 선언으로 큰 혼란에 빠진 것이죠.

이 가운데 돌아서서 웃는 나라가 있습니다. 바로 중국입니다. 2020년 11월 15일 중국은 TPP와 유사한 형태의 자유무역협정인 역내포괄적경제동반자협정(RCEP)을 출범시켰습니다. RCEP는 미국을 견제하기 위해 만들어진 무역협정으로, 현재 한국, 일본, 브루나이, 태국, 호주 등 15개국이 참여했습니다.

2025년 1월 기준 RCEP의 회원국 국민은 전 세계 인구(78억 명)의 30%가 넘는 22억 명이며, 국내총생산은 전 세계 GDP의 30%인 29조 7,000억 달러(약 4경 3,347조 1,500억 원)에 이릅니다. 이는 역사상 최대 규모의 자유무역협정이죠. 특히 RCEP는 아시아 주요 경제대국인 한국, 중국, 일본 등이 모두 참여한 최초의 자유무역협정 체제라는 점에서도 의미가 있습니다.

미국이 TPP에서 탈퇴한 가운데 RCEP는 국제 무대에서 미국의 영향력을 더욱 위축시키는 계기가 됐습니다. 하지만 이것도 쉽지 않을 전망입니다. 미국이 빠진 TPP 11개 회원국이 포괄적(Comprehensive)-점진적(Progressive) TPP, 즉 CPTPP 추진에 합의했기 때문입니다. 이들은 2018년 3월 8일 칠레의 수도 산티아고에서 CPTPP에 공식 서명했습니다. 이에 따라 미국의 탈퇴로 TPP가 폐기 수순을 밟을 것이라는 암울한 전망은 없던 일이 됐습니다.

RCEP와 TPP 비교

구분	RCEP	TPP
서명	2020년 11월 15일	2016년 2월 4일
회원국	한국, 일본, 호주 등 15개국	일본, 호주, 뉴질랜드, 페루 등 11개국
회원국 인구수	22억 명	5억 5,000만 명
회원국 경제 규모	26조 2,000억 달러	13조 5,000억 달러
전 세계 GDP 차지 비중	30%	13.4%
특징	• 중국과 아세안 회원국 주축 • 서비스 분야 개방, 지식재산권 보호	• 미국이 TPP에 복귀할 경우 한국 가입 요청 예상 • 환경·노동·디지털·국영기업 등 촘촘라한 협정

내심 TPP의 붕괴와 함께 RCEP가 체결되길 원했던 중국은 씁쓸한 입맛을 다시고 있습니다. 세계경제 주도권을 쥘 수 있는 절호의 기회를 놓쳤기 때문이죠.

미국의 TPP 탈퇴 이후 새롭게 재편되고 있는 세계 무역경제에 전 세계의 관심이 집중되고 있습니다. 한국도 이에 주의를 기울이며 현명하게 대처할 필요가 있습니다.

139 국제무대에서 끼리끼리 뭉쳤다
G20

G5, G7, G20에서 G는 그룹을 뜻합니다. 그렇다면 그다음 숫자는 무슨 의미일까요? 그룹에 속해 있는 국가 수를 의미합니다. 즉 '5개 회원국', '7개 회원국', '20개 회원국'이라는 뜻이죠. 몇몇 국가가 국제사회에서 그룹을 지어 행동하는 이유는 무엇일까요? 국제 무대에서 끼리끼리 뭉쳐 그룹의 힘을 과시하는 것은 물론이고, 궁극적으로 자국의 이익을 극대화하기 위해서입니다.

그럼 각 그룹의 역사를 살펴볼까요? 국제경제 질서의 시초는 G5(미국, 일본, 영국, 프랑스, 독일)로, 이른바 '선진 5개국 회의'였습니다. 이들이 모임을 결성한 이유는 1973년 국제 오일쇼크가 전 세계를 강타하자 위기를 타개할 해법을 마련하기 위해서였습니다.

이를 시작으로 1975년 이탈리아, 1976년 캐나다가 G5 회의에 참여하면서 세계 7대 경제강국이 모두 포함된 G7이 탄생했습니다. 그리고 사실 지금까지도 세계경제는 이들이 쥐락펴락한다고 해도 과언이 아닐 정도로, 이들이 전 세계 경제에 미치는 영향력은 절대적입니다.

그러다 1997년 러시아가 G7에 가입하면서 G8이 됐습니다. 그러나 정상회담과 외무장관회의는 G8으로 개최하지만, 재무장관회의는 여전히 러시아를 제외한 G7 국가들만 모여서 열고 여기서 정책을 결정합니다. 러시아의 경제 발전에 따라 G8 편입은 허용했지만, 실제로 중요한 결정은 여전히 G7이 독점하는 배타성을 엿볼 수 있는 대목입니다.

하지만 '달도 차면 기운다'라고 했던가요. 최근 경제가 욱일승천하는 중국과 인도 그리고 남미의 자원부국 브라질을 포함해 세계경제의 중심으로 자리매김한 브릭스(BRICs, 브라질·러시아·인도·중국) 등 신흥국들이 세계경제를 좌지우지해온 G8 체제에 도전장을 내밀었습니다. 브릭스 국가 중 이미 G8에 포함돼 있는 러시아를 제외한 3개국과 멕시코, 남아프리카공화국 등 5개국은 지난 2005년 영국 글래스고에서 개최된 G8 정상회담에 참석해 G8을 G13 체제로 확대하자고 제안했습니다.

이후 1997년 아시아 각국을 강타한 IMF 외환위기의 영향으로 우리나라를 비롯해 호주, 사우디아라비아, 터키, 인도네시아, 아르헨티나 등 신흥공업국이 대거 포함되면서 G8은 G20으로 모습을 바꿨습니다.

우리나라는 경제 규모에 비해 뒤늦게 세계 20대 주요국에 포함됐지만, 국제사회에서 한국에 대한 관심이 커지면서 2010년 G20 의장국으로 선정됐습니다.

가입국의 국기로 나타낸 G20

2010년 11월에는 우리나라 서울에서 G20 정상회의가 열리기도 했죠.

G7이 G20까지 확대된 데는 G7이 국제위기를 타개할 제대로 된 해법을 제시하지 못한 점, 미국의 국제적 리더십 부재에 대한 비판이 커진 점 등이

그룹 유형별 대상국

명칭	대상국	비고
G5	미국, 일본, 영국, 프랑스, 독일	• 1970년대 중반 경제정책 협력을 위한 선진 5개국의 모임으로 출발 • 1985년 플라자합의
G7	G5 + 이탈리아, 캐나다	• G5에 1975년 이탈리아, 1976년 캐나다 참여 • 오일쇼크 이후 결성 • 매년 정상회담, 재무장관과 중앙은행 총재 회담 개최
G8	G7 + 러시아	• G7에 1997년부터 러시아가 참여해 정치 현안을 논의하는 모임으로, Political8(P8)이라고도 함
G10	G7 + 스웨덴, 네덜란드, 벨기에, 스위스	• 국제통화기금(IMF)과 일반차입 협정을 체결한 10개국이 1962년에 결성한 모임. 1984년 스위스가 IMF와 일반차입 협정을 체결하면서 참가국 수가 11개가 됐지만, 명칭은 그대로 사용
G20	G7 + 12개 신흥 개발도상국(한국, 중국, 인도, 인도네시아, 아르헨티나, 브라질, 멕시코, 러시아, 호주, 남아프리카공화국, 사우디아라비아, 터키) + EU	• 국제 금융 체제 강화에 관한 G7 재무장관 보고서에 기초해 1999년 9월 창설된 선진국과 주요 신흥 개발도상국 간의 회의체 • 국제 금융 체제 개편의 기본 방향에 관한 광범위한 합의 형성과 합의 사항 추진을 목적으로 함 • G20 재무장관, 중앙은행 총재, EU, ECB, IMF, 세계은행 대표 참석
G24	아프리카(알제리, 에티오피아, 가나, 나이지리아, 이집트, 가봉, 코트디부아르, 콩고) + 아시아(스리랑카, 이란, 파키스탄, 시리아, 인도, 레바논, 필리핀, 유고슬라비아) + 라틴아메리카(아르헨티나, 페루, 멕시코, 콜롬비아, 트리니다드토바고, 브라질, 과테말라, 베네수엘라)	• G7에 대응하는 개발도상국 모임 • 1971년 페루 리마에서 열린 제2차 국제연합무역개발협의회(UNCTAD) 연차총회 때 77그룹 각료회의 결의에 따라 같은 해에 설립 • 국제통화 문제에 관한 개발도상국의 공동 입장 수립이 주목적

*자료: 기획재정부

한몫했습니다. G7은 미국과 영국 등 서방선진국의 금융 패권이 중국, 인도, 브라질, 한국 등 신흥시장국 쪽으로 이동하기 시작했음을 보여주는 사례라고도 할 수 있습니다.

요즘에는 G2라는 말도 자주 쓰입니다. G2는 신흥 강국으로 급부상한 중국과 여전한 초강대국인 미국을 함께 일컫는 말입니다. 하지만 중국은 인권, 빈부격차, 부패 등으로 G2라 불리기에는 선진국의 품격을 갖추지 못했다는 비판의 목소리도 높습니다.

두 나라 모두와 지리적·경제적으로 밀접한 관계를 맺고 있는 우리나라에 어떤 변화가 생길지 관심을 갖고 지켜볼 필요가 있습니다.

140 EU와 NAFTA에 맞서는 남미 경제공동체
메르코수르

메르코수르(MERCOSUR)는 1991년 브라질, 아르헨티나, 우루과이, 파라과이 4개국으로 출범한 관세동맹입니다. 베네수엘라가 2012년에 정회원국이 되고, 볼리비아가 2024년 7월에 합류하면서 회원국은 모두 6개국으로 늘어났죠. 이후 칠레, 콜롬비아, 페루, 에콰도르, 가이아나, 수리남 등이 준회원국으로 가입하며 세력을 확대하고 있습니다. 하지만 2017년 8월 베네수엘라가 회원국 자격을 정지당하는 일이 벌어졌습니다. 대체 어떻게 된 일일까요?

1999년 사회주의자 우고 차베스(Hugo Chavez)가 베네수엘라 대통령으로 당선되며 미국과의 관계가 틀어지기 시작했습니다. 당시 베네수엘라는 미국과 앙숙이었던 쿠바와 외교를 강화하고, 이라크의 사담 후세인(Saddam Hussein)을 만나는 행보를 보이기도 했죠. 두 나라의 관계는 도널드 트럼프의 대통령 당선으로 더욱 악화됐습니다. 또 계속되는 베네수엘라의 반정부 시위는 미국뿐 아니라 메르코수르 회원국의 질타를 받기에 충분했습니다.

2017년에는 베네수엘라에서 니콜라스 마두로(Nicolas Maduro) 대통령의 퇴진을 요구하던 100여 명의 시위대가 사망하자 메르코수르는 베네수엘라의 회원국 자격을 무기한 정지시키는 극약 처방을 내렸습니다.

일부 회원국의 정세 불안으로 혼란을 겪고 있지만 메르코수르의 전망은 밝습니다. 세계은행의 자료에 따르면, 메르코수르 회원국의 총인구는 2024년 7월 말 기준 2억 9,500만 명을 돌파했으며, 회원국의 국내총생산(GDP)은 2조 6,380억 달러(약 3,550조 7,480억 원)에 달합니다. 이 같은 수치만 따지면 메르코수르가 세계 5대 경제블록이 되는 셈입니다.

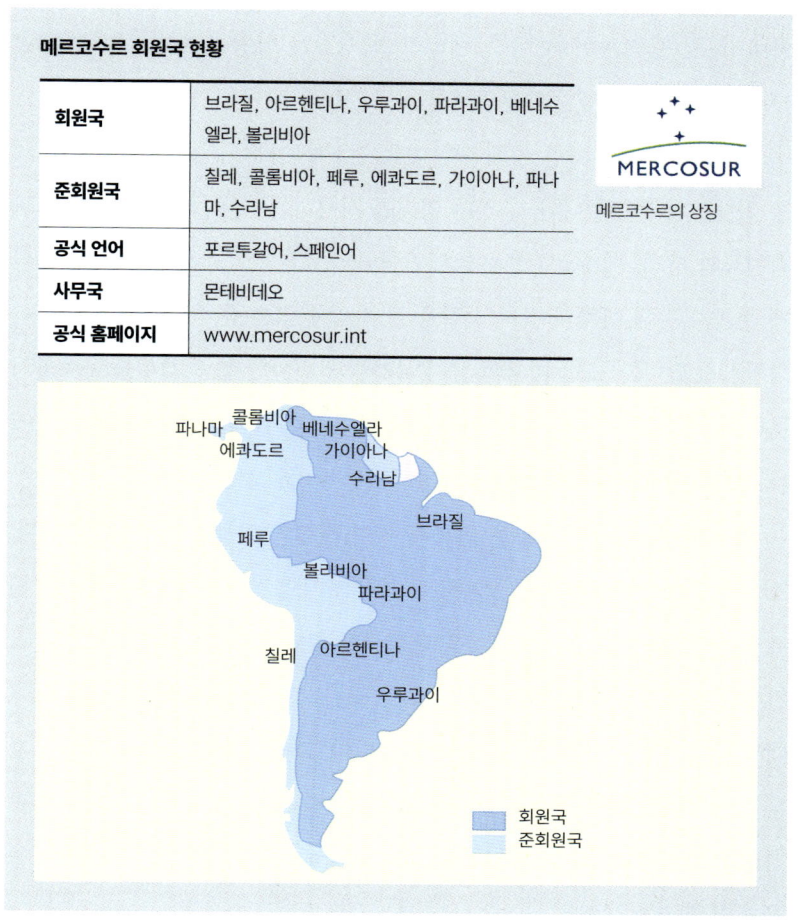

메르코수르 회원국 현황

회원국	브라질, 아르헨티나, 우루과이, 파라과이, 베네수엘라, 볼리비아
준회원국	칠레, 콜롬비아, 페루, 에콰도르, 가이아나, 파나마, 수리남
공식 언어	포르투갈어, 스페인어
사무국	몬테비데오
공식 홈페이지	www.mercosur.int

메르코수르의 상징

재미있는 점은 유럽 대륙이 유럽연합(EU)이라는 단일경제공동체를 향해 나아가고 있는 데 반해, 아메리카 대륙은 미국·캐나다·멕시코 3국이 관세와 무역 장벽을 없앤 북미자유무역협정(NAFTA, 나프타)과 브라질 등 남미 4개국이 뭉친 메르코수르로 나누어진 양상을 보이고 있다는 점입니다.

출범 시기를 따지면 메르코수르가 나프타를 훨씬 앞지릅니다. 메르코수르는 1980년대에 브라질과 아르헨티나의 경제 협력 프로그램으로 출발한 반면, 나프타는 1992년 미국·캐나다·멕시코가 협정에 조인하고 1994년 1월부터 정식 발효됐기 때문입니다.

일각에서는 EU처럼 아메리카 대륙 전체를 아우르는 거대 경제협력체를 기대할지도 모릅니다. 그러나 영어를 사용하는 미국, 캐나다 등 나프타 회원국과 달리, 메르코수르는 스페인어와 포르투갈어를 사용하는 등 라틴계 문화가 강해 어차피 각자의 길을 갈 수밖에 없는 운명이라는 분석이 더 적절한 듯합니다. 또한 미국이 남미 국가들과 긴밀한 협력 체제를 구축하지 못하고, 오히려 정치적 반목을 일삼아 남미 국가들의 반발을 사고 있기에 나프타와 메르코수르의 통합을 예견하기는 어려워 보입니다.

그러던 중 남미에 새로운 판도가 짜여 세간의 이목을 집중시켰습니다. 2011년 4월 칠레, 콜롬비아, 멕시코, 페루의 대통령이 모여 새로운 경제블록인 태평양동맹(Pacific Alliance)을 탄생시킨 것입니다. 이 국가들은 미국과 친하다는 공통점이 있습니다. 이 경제블록은 브라질 중심의 메르코수르에 대항하는 기구로 발전할 가능성이 있습니다. 그러니 브라질이 긴장하는 것은 당연하겠죠. 메르코수르, 나프타 그리고 태평양동맹의 국가들이 엎치락뒤치락하며 남미시장의 패권을 어떻게 장악해나갈지 국제적인 관심이 쏠리고 있습니다.

141 우리 물건 싸게 팔게 세금 많이 내!
스무트-홀리 관세법

미국과 중국이 무역전쟁의 포문을 열었습니다. 미국 정부는 2018년 7월 10일 대중(對中) 수입의 절반에 달하는 2,000억 달러(약 223조 원) 규모의 중국산 수입품에 10%의 추가 관세를 부과하겠다고 밝혔습니다. 이는 미국이 2018년 7월 6일 340억 달러(약 38조 원) 규모의 중국산 제품에 25%에 달하는 관세를 매긴 지 불과 4일 만에 이뤄진 조치입니다. 충격이 아닐 수 없습니다. 이 정도면 관세 폭탄이 따로 없기 때문입니다.

그렇다고 그냥 앉아만 있을 중국이 아닙니다. 중국 상무부는 미국 추가 관세 부과에 "보복할 수밖에 없다"라고 목소리를 높이며 맞대응하겠다고 밝혔습니다. 2018년 7월 6일 340억 달러어치 미국산 수입품에 25%의 관세 철퇴를 내린 중국이 어떤 수순을 밟을지 세계가 촉각을 곤두세우고 있습니다.

미국 경제학자들은 당시 미국 대통령이었던 도널드 트럼프가 시작한 '미중 무역전쟁'에 동의하지 않았습니다. 하지만 트럼프는 중국의 대미(對美) 무역흑자가 연간 3,750억 달러(약 400조 원)에 달한다며 미중 무역전쟁의 당위성을 옹호했습니다.

이를 반증하듯 노벨경제학상을 받은 15명을 포함해 1,140명의 경제학자는 2018년 5월 3일 트럼프에게 공개서한을 보냈습니다. 그들은 트럼프의

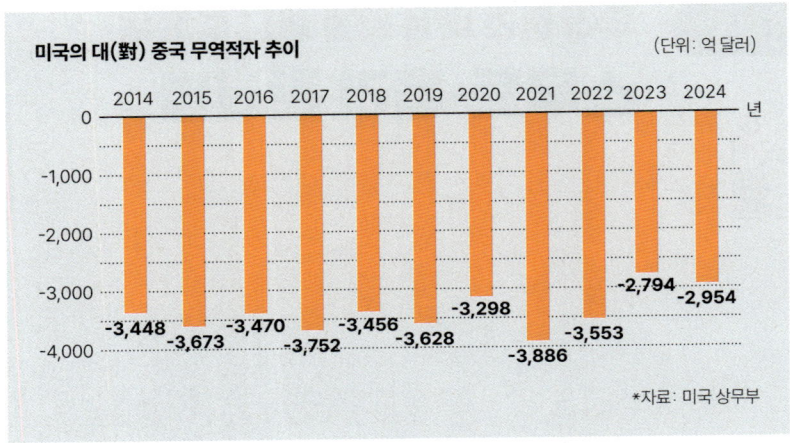

보호무역주의를 시대착오적이라며 맹비난했죠. 트럼프의 경제정책에 미국 경제를 대표하는 집단지성이 일제히 반기를 든 것입니다.

그들은 미국이 1930년대에 대공황을 맞이하게 된 데는 외국산 제품에 대한 관세를 올린 것이 주된 원인이며, 트럼프는 같은 실수를 되풀이하지 말아야 한다고 목소리를 높였습니다.

1930년대 미국에서는 어떤 일이 있었을까요? 사업가 출신 허버트 후버(Herbert Hoover)는 '미국 우선주의' 포퓰리즘 공약을 내세워 1928년 제31대 미국 대통령에 당선됐습니다. 그러나 당선의 기쁨도 잠시였죠. 1929년 가을 미국 뉴욕 주식시장에서 주가가 대폭락했습니다. 기업들이 줄파산하고 근로자들은 직장에서 쫓겨나 실업률이 25%대로 치솟았습니다. 대공황으로 인해 미국경제는 끝없이 추락했습니다.

경제위기에 깜짝 놀란 후버는 대공황의 해법으로 1930년 6월 17일 <mark>스무트-홀리 관세법</mark>(Smoot - Hawley Tariff Act)을 발동했습니다. 공화당 소속 리드 스무트(Reed Smoot) 의원과 윌리스 홀리(Willis Hawely) 의원이 주도한 이 법안은 보호무역주의 정책을 고스란히 담았습니다. 구체적으로 살펴보면, 이 법은 2만여 개 수입품에 평균 59%, 최대 400%의 고율관세를 부과했습니다. 이 정도면 사실상 수입 금지나 다름없죠.

당시 미국 경제학자 1,028명은 후버에게 보호무역주의 철회를 요구하는 편지를 보냈습니다. 하지만 후버는 끝내 그들의 요구를 받아들이지 않았습니다.

그 결과는 어떠했을까요? 후버는 미국 산업을 보호하기 위해 제정한 관세법이라고 옹호했지만, 미국 관세 폭탄에 유럽 국가들도 관세보복으로 맞대응해 세계 무역은 급감하고 대공황은 매우 극심한 불황의 늪에 빠졌습니다. 미국 관세정책이 미국 산업을 보호하기는커녕 더 큰 피해를 준 셈이죠. 스무트-홀리 관세법이 없었다면 대공황이 그리 오래가지는 않았을 거라는 우스갯소리가 나오는 것도 바로 이 때문입니다.

그러나 무역전쟁은 승자가 없는 게임입니다. 양국 무역전쟁이 세계경제에 치명적이라는 것은 불을 보듯 뻔합니다. 미국의 압박에 중국이 수출량을 10%만 줄여도 아시아 국가의 국내총생산(GDP) 성장률이 1.1%포인트 하락할 것이라는 미국 시장조사업체 블룸버그 인텔리전스(BI)의 보고서만 봐도 잘 알 수 있습니다.

우리나라는 미중 무역전쟁을 강 건너 불구경하듯 쳐다만 봐서는 안 됩니다. 2024년 기준 중국은 한국 수출에서 차지하는 비중(19.7%)이 가장 높은 국가입니다. 그다음은 미국(18.3%)이고요. 한국 국내총생산 대비 미국과 중국 무역의존도는 68.8%에 달합니다. 미국과 중국이라는 '2마리 고래' 싸움에 한국 '새우등'이 터질 수도 있는 상황입니다.

미국과 중국의 기싸움이 언제 끝날지는 알 수 없습니다. 그렇다면 우리의 교역구조를 분석해 긴 안목으로 해법을 마련해야 합니다. 고장 난 레코드판처럼 되풀이되는 이야기지만, 한국은 수출시장을 다변화해 중국과 미국의 의존도를 줄여나가야 합니다.

더욱 중요한 것은 우리 기업의 경쟁력 강화입니다. 첨단기술을 개발하고 원가를 절감해 무역전쟁의 파고를 헤쳐 나가야 한다는 이야기죠. 또한 수출 못지않게 내수 산업 개발에도 주력해야 합니다. 관광, 서비스 등 내수 산업을 진작시키고, 중소기업을 육성해 수출과 내수가 적절한 균형점을 찾을 수 있도록 노력해야 합니다.

142 달러화 강세가 몰고 올 세계경제의 소용돌이
패리티

2008년 글로벌 금융위기 이후 미국과 유럽은 금리 인하와 양적완화를 내세우며 통화정책을 같은 방향으로 유지해왔습니다. 이 시기에는 미국의 경제가 좋지 않으면 유럽도 가라앉았고, 유럽의 경제가 좋으면 미국경제도 살아났습니다.

그런데 2015년 12월 미국이 두드러진 경제 회복 조짐을 보이며 유럽과 동일한 경제정책에서 벗어나, 기준금리를 종전 연 0~0.25%에서 0.25~0.5%로 올려 시장의 유동성을 회수하려는 모습을 보였습니다. 반면 경제 회복이 뚜렷하지 못한 유럽은 금리를 내리는 데 그치지 않고 마이너스 금리(68장 참고)라는 파격적인 조치를 내놓으며 시장에 유동성을 풀어 경제를 살리려고 노력했죠. 이처럼 세계경제의 핵심축인 이들 국가들이 금융정책에서 서로 다른 기조를 보이는 것을 '그레이트 다이버전스(Great Divergence)'라고 합니다.

유럽과 미국의 상반된 통화정책인 그레이트 다이버전스로 글로벌경제는 큰 소용돌이에 휘말렸습니다. 시장의 유동성을 회수하려는 미국의 금리 인상 정책과 시장에 유동성을 풀려는 유럽의 양적완화 정책이 전 세계 환율시장에 불안정을 가져온 거죠. 이처럼 미국과 유럽의 상반된 경제정책은 1달러와

1유로의 화폐가치가 같아지는 패리티(Parity) 현상을 일으킬 수 있습니다.

유로는 몇 년 전까지만 해도 달러와 격차가 컸습니다. 2014년만 해도 1유로의 가치는 1.4달러로, 1.4달러를 지불해야 1유로를 살 수 있을 정도로 가치가 높았죠.

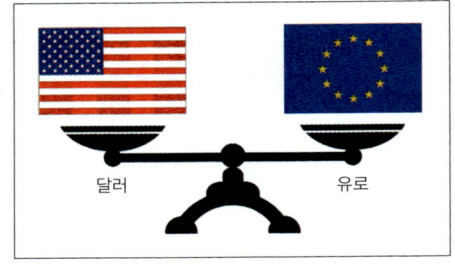

그런데 2017년 1월 유로화 환율은 1.04달러를 기록했습니다. 이는 2003년 1월 1.03달러 이후 14년 만에 기록한 최저 수준입니다. 지난 14년 동안 유로는 달러보다 늘 강세를 보여왔죠.

대체 어떤 이유로 달러와 유로의 화폐가치가 점차 같아졌을까요? 가장 큰 이유는 달러 강세입니다. 2008년 글로벌 금융위기 이후 미국은 뚜렷한 경기 회복세를 보였습니다. 이는 달러가치 상승으로 이어졌고, 2016년 도널드 트럼프의 미국 대통령 당선도 달러 강세에 한몫했습니다.

여기에 유로 약세까지 겹친 것이 또 하나의 이유입니다. 2008년 글로벌 금융위기로 타격을 입은 유럽연합(EU)은 경기침체에 따른 실업률 급증, 경제성장률 하락 등 디플레이션을 겪었습니다. 이에 유럽중앙은행(ECB)은 경기를 부양하기 위해 2015년 3월부터 2016년 9월까지 매월 600억 유로(약 76조 1,844억 원, 총 1조 1,400조 원)에 달하는 막대한 돈을 시장에 공급했습니다.

그런데 '백약이 무효'라는 말처럼 EU의 2016년 3분기 성장률은 0.3%에 머물며 사실상 제로 성장을 보였습니다. ECB는 경제를 되살리기 위해 시중에 유로를 더 풀었습니다. 문제는 유로가 시중에 많이 풀리다 보니 그만큼 가치가 떨어진 것이죠. 이에 달러가치는 올라가고, 유로가치는 내려가 결국 두 통화의 가치가 비슷해지는 패리티 현상이 벌어지게 된 것입니다.

그렇다면 2025년 1월 20일 트럼프의 미국 대통령 취임으로 향후 패리티는 어떤 운명을 맞을까요? 트럼프의 취임 전부터 달러 대비 유로가치가 계속 추락하고 있어 유로/달러 환율이 2022년 이후 처음으로 패리티를 밑돌 수 있다는 전망까지 나오고 있습니다.

2025년 1월 19일 금융 정보 사이트 인베스팅닷컴에 따르면, 유로/달러 환율은 2005년 1월 13일 1.0244달러까지 내려갔다가 16일 1.0302달러로 소폭 올랐습니다. 유로/달러 환율이 1.024달러 선까지 내려간 것은 2022년 11월 21일 1.0241달러 이후 처음입니다.

이처럼 유로가 약세를 보이는 이유는 크게 2가지입니다. 첫 번째는 독일과 프랑스 등 주요국의 2025년 경제성장률 전망이 1%를 밑도는 등 부진한 모습을 보이는 데다 유로존의 정책금리(연 3.5% 안팎)가 미국(4.25~4.5%)보다 낮게 형성됐기 때문입니다.

두 번째는 트럼프의 재등장을 꼽을 수 있습니다. 트럼프 행정부가 교역국에 보편적 관세(미국 내 수입품에 최대 20% 관세 부과)를 시행하고, 최근 강해진 미국 경제 펀더멘털에 힘입어 글로벌 달러 강세 기조가 이어질 가능성이 큽니다. 이는 결국 유로가치 하락으로 이어질 것입니다.

143 공해로도 돈을 번다
탄소배출권거래소

'공해'라고 하면 많은 사람이 아무짝에도 쓸모없는 해로운 것이라고 생각합니다. 그런데 이처럼 나쁘다고 여겨온 공해로 돈을 버는 국가가 속속 생겨나고 있습니다.

<u>탄소배출권거래소</u>는 지구온난화의 주범인 온실가스 배출을 줄이기 위해 탄소를 배출하는 권리에 가격을 매겨 거래하는 시장을 말합니다. 쉽게 말해 사전에 정해진 배출 쿼터만큼 탄소를 소비하지 않은 국가나 기업은 배출권을 팔고, 쿼터를 초과해 탄소를 소비한 국가나 기업은 배출권을 사들이는 곳입니다.

탄소배출권거래소는 미국 시카고기후거래소, 영국 기후거래소 등 '기후거래소'라는 이름으로 유럽과 미국 등에 10여 곳이 설립돼 있습니다. 아시아에서는 일본에 처음으로 설립됐습니다. 일본에서는 국책은행인 일본국제협력은행(JBIC)을 비롯해 주오미쓰이신탁은행, 해외투융자정보재단 등이 탄소배출권거

래소 설립에 앞장섰습니다.

탄소배출권거래소는 배출권을 팔고 싶은 기업이 유엔에 등록한 배출권을 신탁은행에 신탁자산으로 예탁하면 다른 기업이 그 수익권을 사는 방식으로 운영됩니다.

중국은 2021년 7월 16일 중국 통합 탄소배출권거래소를 출범시켜 눈길을 모았습니다. 전국 8곳에 나뉘어져 있던 탄소배출권거래소를 하나로 합친 통합 거래소를 상하이에 열었기 때문입니다. 이를 통해 탄소배출권 시장을 육성하겠다는 뜻이죠. 중국의 탄소배출권시장 규모는 2020년 2억 5,700만 유로(약 3,513억 원)로, 한국(8억 7,000만 유로=1조 1,893억 원)의 3분의 1 수준에 불과합니다.

여기서 퀴즈 하나! 전 세계에서 탄소배출권시장 거래 규모가 가장 큰 곳은 어디일까요? 미국? 인도? 동남아? 정답은 유럽연합(EU)입니다. 2024년 1월 기준 EU의 탄소배출권 총규모는 7,700억 유로(약 1,120조 574억 원)로, 전 세계 배출권 거래대금의 약 85%를 차지하고 있습니다.

우리나라에서도 2015년 1월 탄소배출권거래소가 문을 열었습니다. 국내 업체들도 할당량보다 오염물질 배출이 적으면 남는 배출권을 다른 기업에 팔 수 있게 된 것이죠. 그런데 탄소배출권거래제가 실시된 지 꽤 오랜 시간이 지났지만, 거래가 거의 없어 실제 온실가스 감축에 별다른 도움이 되지 않는다는 지적이 나오고 있습니다. 이런 거래 부진의 원인은 무엇일까요?

수급 간 불균형을 꼽을 수 있습니다. 좀 더 자세히 설명하면, 공급이 거의 없는 가운데 수요만 많았기 때문이라는 게 한국거래소(KRX) 측의 설명입니다. 공급이 부진한 이유는 기업이 정부로부터 받은 할당량에 여유가 있다는 오해를 살까봐 우려하는 데서 찾을 수 있습니다. 배출권을 시장에 많이 내놓으면 자칫 이듬해에 할당량이 줄어들지는 않을까 싶어 쉽사리 시장에 내놓지 못하는 것이죠.

이러한 수급 불균형은 가격 상승을 초래하고 있습니다. 탄소배출권이 처음 거래된 2015년 1월에는 온실가스 1톤당 8,640원이었지만 2025년 1월에는 1만 1,100원 수준입니다.

현재 우리나라는 세계 7위 온실가스 배출국입니다. 그리고 2030년까지 국가 배출전망치 대비 온실가스 40% 감축을 목표로 하고 있죠. 우리나라로서는 앞으로 해결해야 할 과제가 많습니다. 그런 만큼, 정부당국도 이를 효율적으로 처리할 수 있도록 더욱 세밀하게 준비하고 관리해야 할 필요가 있습니다.

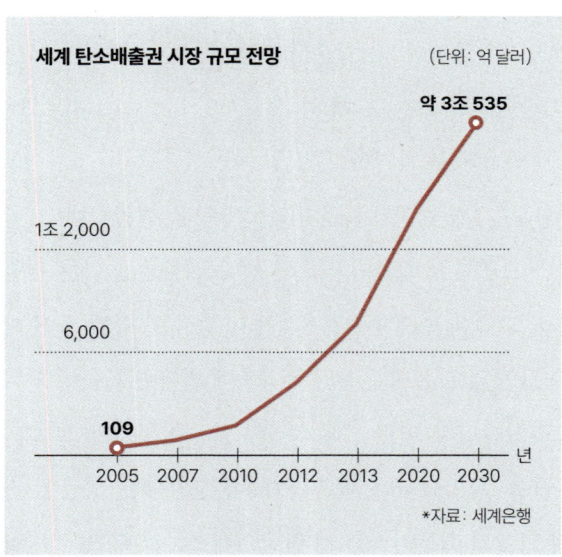

144 우물 안 개구리가 된 일본 IT산업
갈라파고스 신드롬

갈라파고스제도가 어디에 있는지 알고 있나요? 제도(諸島)는 '여러 섬'이라는 뜻입니다. 갈라파고스제도는 에콰도르에 속하는 19개의 섬으로, 남아메리카 대륙에서 1,000km 정도 떨어져 있습니다.

멸종위기에 처한 갈라파고스땅거북

육지에서 멀리 떨어져 있다 보니 독자적으로 진화한 종들이 고유한 생태계를 이루고 있어 갈라파고스제도는 '살아 있는 자연사 박물관'이라 불렸습니다. 그런데 현대로 오면서 육지와의 교류가 빈번해지자 외래종이 유입됐습니다. 이에 면역력이 약한 고유종들은 멸종되거나 멸종위기를 맞게 됐죠.

이러한 갈라파고스제도의 상황은 오늘날의 경제 현상에도 적용되고 있습니다. 경제학에서 말하는 갈라파고스 신드롬(Galapagos Syndrome)은 어떤 사회가 고립돼 세계화에서 멀어지는 모습을 뜻합니다. 쉽게 말하면 '우물 안 개구리'나 '독불장군'을 의미하죠.

갈라파고스 신드롬의 대표적인 예로 일본 IT산업을 들 수 있습니다. 갈라파고스 신드롬이라는 말을 처음 사용한 사람은 일본 휴대전화 인터넷망 '아이모드(i-mode)'를 개발한 게이오대학 교수 나츠노 다케시입니다. 나츠노는 일본의 휴대전화가 기술적으로 앞서 있지만 일본 이외의 지역에서는 팔리지 않는 현상을 갈라파고스 신드롬이라고 말했습니다. 아이모드는 기술 수준이나 혁신성에서 세계 최고라는 평가를 받았지만, 해외시장에서는 인기를 얻지 못했습니다.

사실 일본은 1999년에 이메일 서비스를 선보인 데 이어 2000년에는 카메라폰, 2001년에는 3세대(3G) 네트워크, 2002년에는 음악 파일 다운로드, 2004년에는 전자결제, 2005년에는 디지털 서비스 등을 선보이며 시대를 앞서갔습니다. 하지만 일본이 국제표준을 기다리지 않고 각종 서비스를 몇 년씩 앞서 상용화한 것은 오히려 스스로 국제시장에서 고립을 자초하는 결과를 낳고 말았습니다.

1990년대와 2000년대 초반 일본 휴대전화 내수시장이 급성장할 당시, 일본업체들은 해외시장으로 눈을 돌릴 만한 커다란 매력을 찾지 못했습니다. 2001년부터 3G 서비스를 시작한 일본에서는 한때 1억 명이 3G 스마트폰을 사용했고, 이는 미국시장의 2배였으니까요. 참고로 우리나라는 2007년에야 당시 KTF에서 국내 이동통신사 최초로 3G를 도입했습니다.

그러나 일본경제의 장기침체와 내수시장의 포화로 휴대전화시장이 크게 위축되면서, 이후에는 겨우 3,000만 대 미만의 내수시장을 놓고 8개 업체가 경쟁해야 하는 상황을 맞이하게 됐습니다. 이처럼 일본 기술이 세계시장에서 인기를 얻지 못한 것을 가리켜 '잘라파고스(Jalapagos=Japan+Galapagos)'라고도 부릅니다.

그럼 이러한 갈라파고스 신드롬이 우리에게 시사하는 것은 무엇일까요? 치열한 글로벌 경영 시대를 맞아 시대흐름에 능동적으로 대처하지 못하면 갈라파고스제도의 생태계처럼 세계시장에서 고립되고, 갈라파고스제도의 면역력 약한 고유종이 육지의 외래종에 밀려 멸종하듯 존망의 위기에 처할 수도 있다는 것이겠죠.

145 중국의 경제 개발을 이끈 흑묘백묘론

중국의 모습을 자세히 살펴보면, 이 나라가 과연 사회주의 간판을 내걸고 있는 곳이 맞는지 의심스러울 정도입니다. 중국의 인구는 2025년 1월 기준 14억 828만 명으로 인도(14억 2,862만 명)에 이어 세계 2위이며, 3조 2,659억 달러에 이르는 엄청난 외환보유고를 가지고 있습니다. 또한 중국의 국내총생산(GDP)은 18조 2,730억 달러로, 일본(4조 700억 달러)을 멀리 제치고 세계 2위 경제대국으로 부상했습니다.

이처럼 중국이 사회주의국가라는 꼬리표를 달고 있으면서도 세계 최대 경제대국인 미국을 위협하는 국가로 도약한 비결은 무엇일까요? 바로 중국의 최고지도자 덩샤오핑이 펼친 경제정책 덕분입니다. 마오쩌둥 사망 이후 권력을 차지한 덩샤오핑은 심각한 수준이었던 빈곤 문제를 해결하는 것이 가장 시급하다고 판단했습니다. 이에 흑묘백묘론(黑猫白猫論)과 선부론(先富論)을 경제 구호로 내세웠죠.

흑묘백묘론은 '검은 고양이든 흰 고양이든 쥐만 잘 잡으면 된다'라는 뜻으로, 중국의 개혁과 개방을 진두지휘해온 덩샤오핑이 1979년 미국을 방문하고 돌아와 주장한 말입니다. 덩샤오핑은 1997년 2월 19일에 사망했지만, 현재 중국은 여느 자본주의국가 못지않은 경제대국으로 발돋움했습니다.

이에 관해 최근 밝혀진 재미있는 이야기가 하나 있습니다. 원래는 흑묘백묘가 아니라 '황묘흑묘'였다고 하네요. 덩샤오핑은 "누렇든 검든 쥐만 잘 잡으면 좋은 고양이다"라고 말했지만, 흑과 백의 대조가 더 분명하다 보니 전파되는 과정에서 그렇게 바뀌었다고 합니다.

한편 선부론은 '누구든지 부유해질 수 있는 사람이 먼저 부유해져라'라는 뜻입니다. 이는 부자가 돼야 나눠줄 것이 생기니 먼저 돈을 벌라는 주장입니다. 쉽게 말하면 '아랫목이 따뜻해지면 윗목도 자연스럽게 따뜻해진다'라는 뜻으로, 지역적으로는 중국 동남연해를 먼저 개발하면 자연스럽게 내륙지방도 발전한다는 뜻을 담고 있습니다.

덩샤오핑의 선부론 주장은 예상대로 맞아떨어져, 중국은 현재 상하이 등 동남연해를 중심으로 경제 발전을 일궈내며 발전의 축을 내륙 깊숙이 이동시키고 있습니다.

결국 덩샤오핑이 주장한 경제 이론은 사회주의의 핵심이라 할 수 있는 '분배'가 아니라 '성장'에 치중한 정책을 낳았습니다. 성장이냐 분배냐를 놓고 논쟁하지 말고, 먼저 돈부터 벌어야 한다는 실용주의 노선을 강조한 것입니다.

이와 같은 정책들은 웬만한 자본주의국가 못지않은 성장을 이룬 오늘날 중국경제의 근간으로 평가받고 있습니다.

1975년 베이징에서 미국 대통령 제럴드 포드와 정상회담 중인 덩샤오핑

146

20년 전부터 아프리카에 공들인 중국

차이나프리카

과거 제국주의 시대에 아프리카 대륙을 지배한 프랑스의 영향력을 일컬어 '프랑사프리카(Francafrica)'라고 합니다. '프랑스'와 '아프리카'를 합성해 만든 용어죠. 그렇다면 과거 프랑스의 영향력을 능가해 현재 아프리카의 정치 경제에 막강한 영향력을 미치는 국제 관계를 칭하는 용어는 무엇일까요? 바로 차이나프리카(Chinafrica)입니다. '중국'과 '아프리카'를 합성해 만든 용어로, 중국이 아프리카에서 과시하는 위용이 얼마나 엄청난지 알 수 있습니다.

과거 영국, 프랑스, 미국 등은 아프리카에서 반민주, 부패 등을 저지르며 정치적 요인에 관심을 쏟았지만, 중국은 경제 발전에 필요한 석유, 철광석 등 각종 자원을 확보하기 위해 공격적으로 아프리카에 진출했습니다.

2011년 5월 대한무역투자진흥공사(KOTRA)가 발간한 〈팍스 시니카, 한국의 기회와 위협〉 보고서에 따르면, 중국은 1990년대 개방화정책 이후 아프리카와 중남미, 아시아 등지 신흥시장에서 자원 개발과 인프라 사업을 지속적으로 늘려가고 있습니다. 중국은 이미 남아프리카공화국의 광산에 2억 3,000만 달러를 투자했고, 석유 매장량이 아프리카 내 5위인 수단과는 유엔이 금지한 무기류를 판매하는 무리수까지 써가면서 돈독한 관계를 유지하고 있습니다.

중국이 아프리카에 끝없는 러브콜을 보내는 또 하나의 이유는 '일대일로(一帶一路)'를 꼽을 수 있습니다. 일대일로는 중국, 중앙아시아, 유럽으로 뻗는 육상 실크로드 '일대(One Belt)'와 중국, 동남아시아국가연합(아세안), 중동, 아프리카, 유럽으로 향하는 해상 실크로드 '일로(One Road)'를 합친 개념입니다. 이는 고대 중국이 실크로드로 세계를 주름잡던 시절처럼 일대일로를 통해 유럽과 아프리카까지 중국의 영향권에 넣겠다는 의미입니다.

후진타오 전 국가주석과 원자바오 전 총리는 2003년에 집권한 이후 2013년에 퇴임할 때까지 아프리카를 10번 이상 방문했습니다. 무례하고 잘난 척하는 백인에 비해 중국인은 겸손하고 과묵해 아프리카 사람들도 호의를 보인다고 합니다. 그래서 동양인이 콩고 등 아프리카 국가에 가면 그곳 주민들이 "니 하오!(중국어로 '안녕'이라는 인사말)"를 외친다고 합니다.

이처럼 중국과 아프리카 간 거래는 점차 확대되어 2005년 1,269억 달러였던 교역액이 2024년에는 2,950억 달러를 기록했습니다.

한 언론에 따르면, 2010년 3월 왕치산 중국 부총리가 짐바브웨에 방문해 6억 8,700만 달러의 차관을 추가로 약속하자 짐바브웨의 웹스터 사무(Webster Shamu) 공보장관은 이렇게 말했다고 합니다.

"중국 같은 친구가 있는데, 누가 미국처럼 쇠락해가는 거인을 필요로 하겠습니까?"

하지만 중국의 아프리카 진출을 신중하게 바라봐야 한다는 경계의 시선도 증가하고 있습니다. 나이지리아 중앙은행 총재 라미도 사누시(Lamido Sanusi)는 "중국은 더 이상 동료 저개발 국가가 아니다. 서구와 똑같이 아프리카를 착취할 수 있는 세계 2위 경제대국이다"라고 말했습니다. 또한 미국 전 국무장관 힐러리 클린턴 역시 "21세기에는 외부인들이 아프리카에 들어와 자원만 빼낸 뒤 떠나는 시대가 끝나야 한다"라고 말하며 중국을 공격했습니다.

이는 중국과 아프리카가 20년 가까이 교역을 하고 있지만 양측 간 교역에서 최대 수혜자는 중국이기 때문이죠. 중국은 15년 연속 아프리카 최대 교역 파트너라는 지위를 누리고 있지만 아프리카는 중국과의 무역에서 적자를 벗어나지 못하고 있습니다. 한 예로 2023년 아프리카의 중국 수출은 6.7% 줄어든 반면, 중국의 아프리카 수출은 7.5% 늘어났습니다. 상황이 이러함에도 중국과 아프리카 간의 경제 및 무역 협력은 계속될 전망입니다.

147 중국경제, 초고속 성장 시대는 끝났다!
바오우(保五) 시대

요즘 중국경제가 심상치 않습니다. 중국 경쟁력의 핵심이던 값싼 인건비는 20년 새 5배나 뛰었으며, 최근 1~2년 기준으로는 멕시코 인건비보다 높아졌습니다. 이는 중국 정부가 추진했던 소강(小康)사회 건설과 밀접한 관련이 있습니다. 소강사회는 국민 모두가 중산층 이상으로 잘사는 사회로, 중국은 2020년에 소강사회를 달성했다고 공표했습니다. 나아가 중국은 '중국몽'이라는 표어 아래 2035년 선진국 진입, 2050년 슈퍼 선진 강국 도약을 목표로 내세웠습니다.

사정이 이렇다 보니 중국시장으로 진출하던 외국 기업들은 인건비가 더 싼 인도나 베트남 등지로 생산 거점을 이전하고 있습니다. 글로벌경제가 불안한 상황에서 중국경제에 대한 부정적 인식이 확산되고 있는 것도 한몫하고 있죠.

중국의 경제성장률은 7%대를 유지해오다 2016년 6.8%로 하락했고, 코로나19 영향으로 2020년 2.2%로 역대 최저 성장률을 기록했습니다. 2021년 8.4%로 다시 회복하는 듯했으나 2023년 5.2%, 2024년 5%의 낮은 성장률을 보여주었죠.

이제 사람들은 중국이 5%대 성장률을 유지하기 위해 노력해야 하는 바오우(保五, 5%대 경제 성장) 시대를 맞이했다고 이야기합니다. 중국경제가 과거 7%대 고속 성장을 거듭한 '바오치(保七, 7%대 경제 성장)' 시대를 지나 6%대 중속(中速) 성장을 뜻하는 '바오류(保六)' 시대를 거쳐 바오우 시대에 진입한 것입니다. 경제 성장이 둔화하는 '신창타이(新常態, 뉴노멀)' 경제를 보이고 있는 셈이죠.

사실 14억 인구를 가진 중국이 해마다 7% 이상의 고속 성장을 한다는 것은 결코 쉬운 일이 아닙니다.

반면 중국경제에 대해 긍정적인 전망을 내놓고 있는 석학들도 적지 않습니다. 미국 투자금융회사 모건스탠리 아시아의 전 회장 스티븐 로치(Stephen Roach)는 "중국 경착륙(硬着陸, 비행기가 비행장에 제대로 착륙하지 못하고 요동치는 모습으로, 급작스런 경기 악화를 뜻함)에 대한 공포가 매우 과장됐다"라고 지적했습니다.

중국은 코로나19의 어두운 터널에서 벗어나 다시 도약을 꿈꾸고 있습

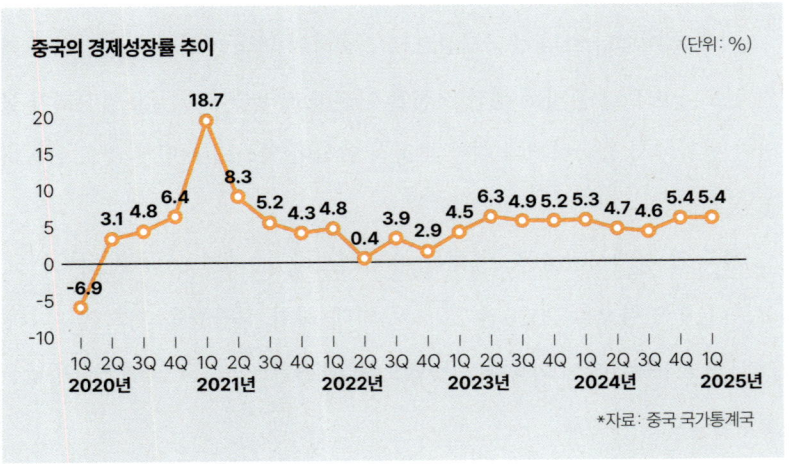

니다. 중국은 2025년 경제성장률 목표치를 5%로 잡았습니다. 중국 정부는 이 목표를 달성하기 위해 추가 경기부양책 등 경제 살리기에 적극 나서겠지만, 달성은 쉽지 않을 것으로 보입니다. IMF는 2025년 중국의 경제성장률을 4.6%로 전망했습니다. 중국경제는 우리나라에도 큰 영향을 미치는 만큼, 중국이 저성장 모드에서 어떻게 벗어나는지 지켜볼 필요가 있습니다.

148 세계 관광시장의 큰손
유커와 싼커

2013년 중국은 해외 관광 소비국 1위를 차지하면서 전 세계의 이목을 집중시켰습니다. 그 중심에는 일명 유커(游客)로 통칭되는 중국인 관광객들이 있습니다. 유커는 관광객을 뜻하는 중국어 뤼커(旅客)에서 나온 말입니다.

초창기 유커들의 목적은 단순한 관광이었습니다. 하지만 관광객 수가 점점 늘어나면서 이들의 관광 행태도 단순 관광에서 쇼핑 관광으로 변모했습니다. 중국관광연구원(CTA)에 따르면, 2024년 중국인 해외 관광객은 약 1억 3,000만 명으로, 이들이 지출한 돈은 1,680억 달러(약 245조 1,960억 원)에 이른다고 합니다.

2024년 한국을 찾은 외국 관광객은 1,771만 명에 달하며, 이들 중 중국인 관광객은 약 500만 명으로 전체의 28%를 차지할 정도로 비중이 큽니다. 이는 일본인 관광객(약 400만 명)보다 많은 규모죠. 한국과 중국의 지리적 인접성과 한국의 음악, 영화 등 한류(韓流)가 큰 몫을 했습니다.

한국을 방문한 유커들의 1인당 평균 소비액은 300만 원을 넘어선 것으로 알려져 있습니다. 특히 면세점의 경우, 중국인 관광객 매출이 전체의 60%를 차지할 정도로 영향력이 무척 큽니다. 이들이 주로 구입하는 물품은 명품, 화장품, 가전 등 매우 다양합니다. 그들의 공통점은 고가의 물품을 구입하는 걸 꺼리지 않고 대량으로 구매한다는 것입니다.

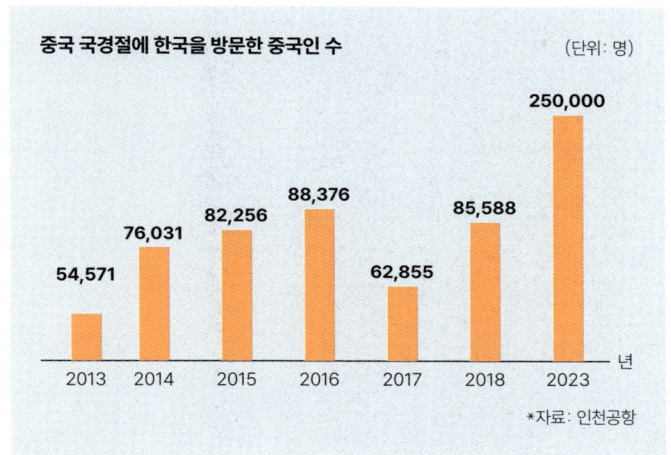

저렴한 인건비로 부를 축적한 세계의 공장 중국은 현재 전 세계를 호령하는 소비강국으로 다시 태어났습니다. 이들을 유치하기 위해 아시아뿐 아니라 여러 유럽 국가와 관광지들은 다양한 유인책을 사용하고 있습니다. 호주는 중국 관광객을 유치하기 위한 광고에 무려 2억 5,000달러(약 2,895억 원)를 지출했으며, 영국의 해롯백화점에서는 중국어를 하는 직원 70명을 채용하는 등 중국인 관광객 모시기에 적극적으로 나서고 있습니다.

최근에는 개별적으로 한국을 방문하는 여행족인 싼커(散客)도 눈에 띄게 늘어났습니다. 중국 통계국에 따르면, 2024년 중국인의 해외 여행 횟수는

1억 3,000만 회였고, 이 중 자유여행 비중은 64%였다고 합니다. 자유여행은 대부분 싼커에 의해 이뤄집니다.

    이처럼 해외를 찾는 중국인 관광객이 늘어나고 있지만 2020년 지구촌을 강타한 코로나19 팬데믹과 중국경제 성장률 감소로 관광업 지형도가 조금 바뀌고 있습니다. 중국 경제 상황이 나빠지면서 관광객이 예전처럼 지갑을 열고 있지 않기 때문이죠. 한 예로 한국면세점협회에 따르면 2023년 11월 국내 면세점 매출은 1조 1,553억 원으로, 2022년 11월과 비교해 20.3% 감소했습니다.

    한국으로 들어오는 중국 관광객이 대부분 유커가 아닌 싼커가 되면서 객단가(1인당 매출)가 줄어든 것도 원인입니다. 이는 대량 소비에서 합리적 소비로 바뀌고 있는 데 따른 것이죠.

149 중국을 들썩이게 하는 인터넷 슈퍼스타
왕훙

왕훙은 중국 온라인상의 유명 인사, 즉 '인터넷 스타'를 말합니다. 우리나라로 생각하면 파워 블로거 혹은 1인 인터넷 방송 진행자(BJ) 등으로 바꿔 말할 수 있겠네요. 왕훙들은 개인 방송을 통해 특정 상품이나 콘텐츠 등을 소개하고 다양한 사람과 의견을 공유합니다. 그들이 소개한 상품의 판매가 급증하는 등 중국 내에서 왕훙이 미치는 영향력은 갈수록 커지고 있으며, '왕훙경제'라는 신조어까지 등장했습니다.

중국에서 왕훙이 큰 인기를 얻게 된 일등공신은 이른바 '지우링허우(九零後)' 세대입니다. 이들은 1990년대 이후 출생한 세대로, 'MZ 세대'라고 부르기도 하죠. 어릴 때부터 컴퓨터와 스마트폰 등 최신 IT 기기들을 접하고, 하루 평균 3.8시간 휴대폰을 사용하는 지우링허우 세대는 주변 친구 등 지인이나 영향력이 있는 사람들의 의견을 따르는 속성이 있습니다. 왕훙은 지우링허우의 소비 성향을 파악하고 컴퓨터, 스마트폰 등의 플랫폼을 통해 그들의 마음을 사로잡았습니다.

중국의 통계에 따르면, 2023년 기준 중국에서 활동하고 있는 왕훙은 1,508만 명에 달하고, 2025년에는 1,941만 명에 달한 것으로 예측하고 있습니다. 중국의 라이브커머스시장 규모는 5조 위안(약 968조 원)이라고 하니

실로 어마어마한 규모가 아닐 수 없습니다.

중국 내 왕훙의 영향력과 활동 폭이 넓어지면서 한국 기업들도 이들을 활용한 마케팅을 펼치고 있습니다. 특히 화장품과 패션업체들이 왕훙을 적극 공략하고 있죠. 아모레퍼시픽은 샴푸 홍보를 위해 유명 왕훙을 국내로 초청해 생방송을 진행했고, 신라면세점 역시 왕훙 초청 체험 행사를 진행했습니다.

국내 기업이 왕훙을 선호하는 이유는 이들의 영향력 때문만이 아닙니다. 한국 기업은 중국 SNS에 계정을 만들 수 없습니다. 결국 중국 내에서 제품을 홍보하기 위해서는 인기 왕훙이 필요하죠. 그래서 왕훙들이 먼저 국내 기업에 마케팅을 제안하기도 합니다.

하지만 팔로어가 실제와 다르게 부풀려 있거나 지나친 금전을 요구하는 등 피해 사례도 많습니다. 또 현재의 왕훙들은 지나치게 외적인 요소에만 집착하는 경향도 있습니다. 전문가들은 왕훙경제가 지속되기 위해서는 외적인 요소보다는 콘텐츠에 집중해야 한다고 말합니다.

150 달러화냐, 유로화냐, 위안화냐?
기축통화

국제 외환거래에서 자주 등장하는 용어 중 하나는 바로 기축통화입니다. 기축통화란 '국가 간의 결제나 금융거래에서 기본이 되는 통화'라는 뜻으로, 미국 예일대학 교수 로버트 트리핀(Robert Triffin)이 처음으로 사용한 용어입니다.

그렇다면 전 세계에서 통용되는 대표적인 기축통화는 무엇일까요? 바로 미국의 달러화입니다. 달러화는 제2차 세계대전 이후 최대 경제대국으로 부상한 미국이 전 세계 금융과 통화의 주도권을 쥐면서 자연스레 기축통화 자리를 꿰찼습니다. 영국 파운드화도 영어권에서 사용할 수 있는 기축통화입니다. 결국 '기축통화=달러화+파운드화'라는 등식이 성립됐습니다.

그런데 1990년대에 들어서면서 이 같은 패러다임이 깨지기 시작했습니다. 유럽에서 단일통화인 유로화가 등장했기 때문입니다. 유로화는 1995년 12월 15일 스페인 마드리드에서 열린 유럽연합(EU) 정상회의에서 15개 회원국이 1999년 1월 유럽경제통화동맹(EMU)을 출범시키고, 단일통화의 명칭을 '유로'로 하기로 합의하면서 탄생했습니다.

중요한 점은 EMU를 맺은 유로존 19개국 이외에도 유로화를 쓰는 국가가 늘어나고 있다는 것입니다. 몬테네그로, 바티칸, 산마리노, 안도라, 모나

코 등 유럽 내 소국가들이 유럽중앙은행(ECB)의 허가를 받지 않은 채 유로화를 공식 화폐로 쓰고 있으며, 2008년 세르비아로부터 독립한 코소보도 유로화를 공식 화폐로 사용하고 있습니다. 이는 미국 달러화를 사용하는 국가가 종전에 비해 크게 줄어들 수밖에 없음을 뜻합니다.

미국이 전 세계 경제의 중심축으로 떠오른 영광을 경험한 상당수 미국 정치인과 일반인들은 달러화의 세력이 약해진 지금 상황을 맞이하면서, 어쩌면 2000년 3월 9일에 있었던 역사적인 사건을 떠올리며 아쉬워할지도 모르겠습니다. 바로 그날, 에콰도르 대통령 구스타보 노보아(Gustavo Noboa)는 천정부지로 치솟는 인플레이션을 억제하기 위해 자국 통화인 '수크레'를 버리고 달러화를 공식 화폐로 받아들였습니다. 다시 말해 자국 화폐를 포기하고 달러화를 공식 화폐로 받아들이는 달러라이제이션(Dollarization)을 단행한 것이죠. 당시 에콰도르 국민들은 이를 두고 경제 주권을 내팽개치는 수치스러운 일이라고 비난했지만, 미국 입장에서는 전 세계 경제를 좌지우지하던 당시 자신들의 위상을 웅변하는 사건이었습니다.

그런데 미국의 달러화를 위협하는 존재가 나타났습니다. 바로 위안화입니다. 2015년 12월 1일 국제통화기금(IMF)이 집행이사회를 열고 중국 위안화를 특별인출권(SDR) 통화바스켓에 편입하기로 결정했습니다.

SDR은 88개 IMF 회원국이 외환위기를 당했을 때 IMF에서 끌어다 쓸 수 있는 일종의 비상금고입니다. 그동안 SDR은 4개 통화, 즉 달러화, 유로화, 파운드화, 엔화로 이뤄져 있었으며, SDR 통화바스켓 구성비율을 살펴보면 달러화 41.9%, 유로화 37.4%, 파운드화 11.3%, 엔화 9.4%로, 달러화와 유로화가 압도적인 비중을 차지했습니다.

IMF의 결정에 따라 중국 위안화는 2016년 10월 1일 IMF의 SDR에 정식 편입됐습니다. 이 조치로 위안화는 신흥국 통화로는 처음으로 미국 달러화, 영국 파운드화, 일본 엔화, 유로화와 더불어 세계 5대 기축통화 대열에 합류하게 됐죠.

사실 중국은 세계 최대 무역대국이자 미국에 이은 세계 2위 경제대국입니다. 물가 수준을 감안해 계산하는 구매력 기준 국내총생산에서는 이미 2014년에 미국을 앞질렀습니다. 이러한 중국의 경제력을 감안하면, 위안화의 SDR 편입은 오히려 늦은 감이 있습니다.

물론 SDR에 편입됐다고 해서 위안화가 바로 기축통화가 되는 것은 아닙니다. 중국 금융시장을 개혁하고 개방해 위안화를 명실상부한 글로벌 스탠다드로 올려놔야 하죠. 만일 중국 중앙은행이 중국 정부에 휘둘려 위안화의 가치가 불안하다면 누가 위안화를 보유하려 할까요? 전 세계가 안심하고 위안화를 보유하고 거래할 때 비로소 위안화가 기축통화의 지위를 인정받을 수 있을 것입니다.

달러화

중국이 세계경제에 미치는 영향을 감안하면, 앞으로 세계 무역에서 위안화로 결제하는 비중이 점점 높아질 것으로 보입니다. 국제 금융 전문가들이 위안화의 SDR 비중이 10% 이상으로 늘어나 달러화, 유로화에 이은 3대 통화가 될 거라 점치는 것도 이 같은 이유에서입니다.

유로화

위안화

151 달라진 세계 금융시장의 판도
신자본주의

영국 경제일간지 〈파이낸셜타임즈〉는 2007년 6월 19일 자 기사에서 <mark>신자본주의</mark>(New Capitalism)에 대해 다뤘습니다. 많은 사람이 신자본주의를 수정자본주의(Revised Capitalism)와 같은 용어라고 생각하는데, 수정자본주의는 1970년대에 등장한 경제학 용어로, 자본주의의 여러 모순을 국가의 개입 등으로 수정함으로써 자본주의를 영속하려는 이론입니다.

〈파이낸셜타임즈〉가 다룬 신자본주의는 전 세계 금융시장의 급속한 발전과 새로운 금융상품의 등장이 지금껏 보지 못한 형태의 자본주의 경제를 만들어간다는 취지에서 나온 용어입니다. 한마디로 기존 자본주의가 기업 경영 중심의 '산업자본주의'였다면, 새롭게 부상하는 신자본주의는 '글로벌 금융자본주의'라는 이야기입니다.

이와 관련해 유럽은 신자본주의를 적극 지지하는 입장입니다. 한 예로 지난 2009년 유럽의 주요 경제대국인 독일과 프랑스는 미국발 금융위기와 유럽 재정위기 등 글로벌위기에 맞서 금융시장에 대한 감시와 개입을 강조하는 신자본주의를 거듭 역설했습니다.

구체적인 예로, 프랑스 전 대통령 니콜라 사르코지(Nicolas Sarkozy)와 전 독일 총리 앙겔라 메르켈(Angela Merkel)은 2009년 프랑스 파리에서 '자본주의의 미래'라는 주제로 열린 경제회담에서 새로운 금융 질서 구축의 필요성을 강조했습니다. 사르코지는 투기에 기반을 둔 금융자본주의는 자본주의 논리를 왜곡하는 '부도덕한 시스템'이라며 신자본주의의 필요성을 역설했습니다.

이에 대해 메르켈은 국제통화기금(IMF)이 자본주의를 규제하는 데 성공하지 못했다면서, 유엔에 각 정부정책을 평가할 수 있는 안전보장이사회와 유사한 경제기구를 창설할 것을 제안했습니다. 또한 미국의 재정적자와 중국의 경상수지 흑자로 국제 환율이 불안정하고 자본의 흐름이 원활하지 않다면서, 이를 극복하는 방안을 마련해야 한다고 강조했습니다.

이와 함께 전 세계 금융시장도 기존의 상업은행에서 벗어나 기업이나 정부, 정부 관계기관 등에 자금 조달을 중개하는 것을 주 업무로 하는 투자은행으로 변모하고 있습니다. 뿐만 아니라 기존의 채권, 주식, 상품, 외환의 틀을 탈피해 옵션, 선물, 스와프 등 다양한 형태의 파생금융상품이 속속 등장한 점도 글로벌 금융자산을 활성화하는 요인이 되고 있습니다.

경제 규모가 커지면서 우리나라의 금융자산 규모도 크게 팽창했습니다. 2024년 한국의 총금융자산 규모는 약 4,822조 원으로 집계되었습니다. 이 중 금융자산 10억 원 이상을 보유한 부자는 약 46만 1,000명으로, 전체 인구의 0.9%를 차지합니다. 이들이 보유한 총금융자산은 약 2,826조 원으로, 전체 가계 금융자산의 58.6%에 해당합니다. 또한 금융자산 300억 원 이상을 보유한 초고액 자산가는 약 1만 명으로 추정됩니다.

헤지펀드와 사모펀드의 등장도 전 세계 금융자산을 크게 늘리는 요인입니다. 글로벌 컨설팅업체 딜로이트에 따르면, 2024년 기준 전 세계 헤지펀드가 관리하는 자산 규모는 4조 5,000억 달러에 달합니다. 이는 2022년 3조 5,000억 달러에서 크게 늘어난 것으로, 헤지펀드 산업이 지속적으로 성장하고 있음을 보여주는 대목이죠.

특히 한국의 파생상품시장은 최근 꾸준한 성장세를 보이고 있습니다. 2024년 개별주식 선물의 하루 평균 거래량은 약 542만 계약으로, 2023년에 비해 45.6% 증가했습니다. 물론 이러한 규모는 세계적인 파상상품 거래소 시카고상품거래소(약 2,830만 계약)와 비교하면 아직 작은 편입니다.

전 세계 파생상품거래소 순위와 거래량

구분	거래소명	국가	연간 거래량(계약 수)
1위	NSE	인도	64억 9,000만 건
2위	B3	브라질	47억 2,000만 건
3위	CME	미국	45억 3,000만 건
4위	KRX	한국	38억 2,800만 건
5위	ICE	미국	35억 1,000만 건

*자료: 국제파생상품협회(FIA), 2024년 연간 보고서

시장을 예측하는 능력이 없는 개인 투자자가 복잡하게 구성된 파생상품으로 수익을 내기란 하늘의 별 따기와 같습니다. 2011년 5월에는 선물옵션 투자로 손실을 입은 40대 남성이 주가를 조작하기 위해 서울 고속터미널에서 폭발물을 터뜨리기도 했죠.

파생상품은 복잡하고 어렵기 때문에 실패할 확률이 훨씬 더 높은 분야입니다. 이것저것 따지지 않고 덤벼든다면 승자는 기관 투자자나 외국계 펀드 그리고 수수료 수입을 챙기는 증권회사나 거래소가 될 가능성이 높습니다. 폭증하는 글로벌 금융 거래량에 부화뇌동하지 말고 신중하게 투자 원칙을 세우는 자세가 절실히 필요합니다.

152 인류 역사에 큰 영향을 미친 귀금속
금

금(金)만큼 인류 역사에 큰 영향을 미친 귀금속도 많지 않습니다. 《동방견문록》을 쓴 마르코 폴로(Marco Polo)의 모험과 미국 대륙을 발견한 탐험가 크리스토퍼 콜럼버스(Christopher Columbus)의 항해도 실은 동양의 금을 찾기 위한 것이었죠. 서양인들은 동양을 금으로 뒤덮인 엘도라도(El Dorado, 황금도시)라고 생각했습니다.

그뿐만이 아닙니다. 1848년 수많은 미국인이 일확천금을 좇아 캘리포니아주(州) 북부의 금광으로 몰려갔습니다. 이를 '골드러시(Gold Rush)'라고 합니다. 그 덕분에 당시 1만 5,000명에 불과하던 캘리포니아주 인구가 1854년에는 30만 명으로 불어났죠. 19세기 미국 캘리포니아주에 불어닥친 골드러시는 미국 서부 개발의 토대가 됐습니다.

이처럼 금은 동서고금을 막론하고 인류 역사와 문화에 큰 획을 그은 귀금속입니다. 그렇다면 금이 이처럼 인기를 모으는 이유는 무엇일까요? 금은 귀금속으로서는 물론이고, 세계경제에서도 매우 중요한 기능을 하기 때문입니다. 무엇보다 금은 이른바 '안전한 도피처(Safe Haven)'라는 엄청난 매력을 갖고 있습니다. 이 말은 '인플레이션 헤지(Inflationary Hedge)'를 뜻합니다.

인플레이션 헤지란, 화폐가치의 하락으로 비롯된 손실을 막기 위해 화폐의 가치를 지니는 상품으로 바꿔 보유하는 것을 말합니다. 주로 귀금속, 보석, 토지, 주식 등 변질이나 부패의 염려가 없고 환금이 자유로운 상품이 인플레이션 헤지용으로 거래됩니다. 즉 금은 인플레이션에 따른 금전 손실을 막는 안전한 대비책이 될 수 있습니다.

금은 전 세계 어디서나 화폐에 버금가는 대접을 받습니다. 그러면서도 화폐와 달리 물가가 오르면 따라서 가치가 커지죠. 금값은 달러가치와 관련이 있습니다. 달러가치가 상승하면 가격이 떨어지고, 달러가치가 하락하면 가격이 오릅니다. 따라서 달러가치가 하락하면 달러보다는 가격이 안정적인 금을 사는 것이 더 좋습니다. 그러면 금 수요가 늘어 가격이 오릅니다.

여기서 퀴즈 하나! 지구상의 사람들이 갖고 있는 금을 모두 합하면 얼마나 될까요? 아주 많을 것 같지만 15만 톤에 불과한 것으로 알려졌습니다. 중국에서 한 해에 생산되는 철이 4억 톤 이상인 것을 감안하면, 금이 얼마나 희소성이 있는지 알 수 있겠죠?

그렇다면 전 세계에서 금을 가장 많이 보유한 나라는 어디일까요? 정답은 미국입니다. 2023년 말 기준 미국이 보유한 금은 8,133.5톤에 달합니다. 이는 전 세계 각국 정부가 보유한 전체 금 보유량 중 3분의 1에 해당합니다. 영화 〈다이하드 3〉의 소재로 다뤄진 것처럼, 맨해튼 소재 뉴욕 연방준비은행(Fed)의 지하 24m 수장고에는 약 2만 5,000개의 금괴가 보관돼 있습니다. 그러나 여기에 보관된 금은 미국 재무부가 소유하고 있는 금의 일부에 불과합니다. 나머지 대부분은 켄터키주(州) 군사기지 포트녹스(Fort Knox)의 금괴 보관소에 보관돼 있죠.

그렇다면 우리나라의 금 보유량은 얼마나 될까요? 우리나라는 2024년 1월 기준 104.45톤(약 63억 8,000만 달러)의 금을 보유하고 있으며, 이는 세계

35위에 해당합니다.

일각에서는 우리나라의 금 보유량을 더 늘려야 한다는 목소리도 나오고 있습니다. 우리나라의 금 보유량은 외환보유고 대비 1.4%에 불과하기 때문이죠. 현재 보유하고 있는 104.45톤의 금 중 90톤은 2011~2013년에 사들인 것입니다. 외환보유고의 일정 부분을 금으로 돌리려는 노력 때문이었는데, 2013년 이후 금 보유량은 현재까지 동일합니다.

어느 때보다 변동성이 큰 요즘, 안전자산으로서 금을 보유하려는 전 세계의 심리는 당분간 지속될 것으로 보입니다.

주요 국가 금 보유량 (단위: 톤)

국가	보유량
미국	8,133.5
독일	3,352.6
이탈리아	2,451.8
프랑스	2,436.9
러시아	2,332.7
중국	2,226.4
일본	846.0
인도	803.6
대만	422.4
영국	310.3

*자료: 세계금위원회(2023년 말 기준)

포트녹스에 보관된 금괴

섣불리 촬영했다가는 바로 체포된다는 금괴보관소

MEMO